U0498160

四川省社会科学高水平研究团队"农村教育的历史发展与当代改革研究团队"、四川乡村教育发展研究中心阶段性研究成果

2024年四川省高校思想政治工作精品项目"党建引领乡土青春——乡村振兴后备人才'育苗班'的探索与实践"阶段性研究成果

2024—2026年四川省高等教育人才培养质量和教学改革重点项目"地方师范院校'爱农兴农'人才培养模式创新实践——以乡村振兴'育苗班'为例"（项目编号：JG2024-1036）阶段性研究成果

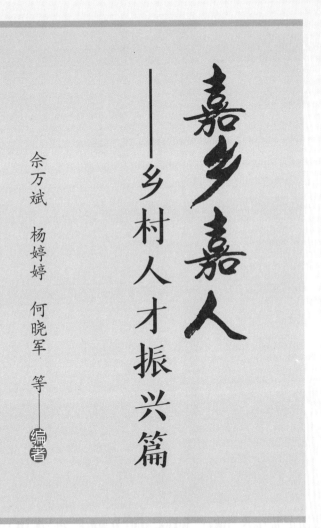

嘉乡嘉人
——乡村人才振兴篇

佘万斌 杨婷婷 何晓军 等 编著

西南财经大学出版社

中国·成都

图书在版编目(CIP)数据

嘉乡嘉人:乡村人才振兴篇/佘万斌等编著.
成都:西南财经大学出版社,2025.1.--ISBN 978-7-5504-6558-9
Ⅰ.F327.713
中国国家版本馆 CIP 数据核字第 2025QY2922 号

嘉乡嘉人——乡村人才振兴篇

JIAXIANG JIAREN——XIANGCUN RENCAI ZHENXING PIAN

佘万斌　杨婷婷　何晓军　等 编著

策划编辑:王青杰
责任编辑:王青杰
责任校对:王　琳
封面设计:墨创文化
责任印制:朱曼丽

出版发行	西南财经大学出版社(四川省成都市光华村街55号)
网　　址	http://cbs.swufe.edu.cn
电子邮件	bookcj@swufe.edu.cn
邮政编码	610074
电　　话	028-87353785
照　　排	四川胜翔数码印务设计有限公司
印　　刷	四川五洲彩印有限责任公司
成品尺寸	170 mm×240 mm
印　　张	18.25
字　　数	312 千字
版　　次	2025 年 4 月第 1 版
印　　次	2025 年 4 月第 1 次印刷
书　　号	ISBN 978-7-5504-6558-9
定　　价	88.00 元

1. 版权所有,翻印必究。

2. 如有印刷、装订等差错,可向本社营销部调换。

编著人员名单

主要编著人员：佘万斌　杨婷婷　何晓军

参与编著人员：左　莉　吴永胜　金春燕

　　　　　　　张广云　魏阳灿

总　序

　　实施乡村振兴战略，是党的十九大作出的重大决策部署，是实现全面建成社会主义现代化强国的重要途径，旨在推动农村地区的全面发展和进步。习近平总书记指出，"乡村振兴是包括产业振兴、人才振兴、文化振兴、生态振兴、组织振兴的全面振兴"①，而"人才振兴"是乡村振兴的关键因素，它具有基础性、战略性的支撑作用。2021年，中共中央办公厅与国务院办公厅印发《关于加快推进乡村人才振兴的意见》，提出把乡村人力资源开发放在首要位置，大力培养本土人才，为全面推进乡村振兴、加快农业农村现代化提供有力的人才支撑②。2025年1月，中共中央、国务院发布《关于进一步深化农村改革 扎实推进乡村全面振兴的意见》，明确要求健全乡村人才培育和发展机制，作出深入实施"乡村振兴人才支持计划""乡村振兴青春建功行动""'三支一扶'计划等基层服务项目"的具体部署③。

　　为了贯彻落实党中央决策部署和习近平总书记关于推动乡村人才振兴的重要指示精神，加快乡村振兴人才队伍建设，引导和激励一大批优秀大学生投身乡村基层干事创业、成长成才，2022年，乐山师范学院党委与中共乐山市委组织部联合开办"乡村振兴后备人才育苗班"，通过"选苗""墩苗""定苗"三阶段递进培养，为广大农村培养具有乡村建设情怀、掌握乡村工作方法、扎根乡村振兴一线的高素质基层人才。但是在实践探索

---

① 习近平. 习近平谈治国理政：第3卷［M］. 北京：外文出版社，2020：259.

② 中共中央办公厅 国务院办公厅印发《关于加快推进乡村人才振兴的意见》［EB/OL］. (2021-02-23)［2024-04-26］.https://www.gov.cn/zhengce/2021-02/23/content_5588496.htm.

③ 中共中央 国务院关于进一步深化农村改革 扎实推进乡村全面振兴的意见［EB/OL］.(2025-01-02)［2025-03-02］.https://www.gov.cn/gongbao/2025/issue_11906/202503/content_7011166.html.

中，我们发现"育苗班"学生到乡村跟岗实践的意愿并不强烈，在乡村振兴第一线有效开展工作时还存在能力素质短板，特别是对地方乡村情况与发展概况不熟悉不了解，迫切需要我们编写一套乐山市乡村振兴人才培养丛书来对其进行指导。

"知之深"才能"行之远"。只有对乡村社会、乡村文化、乡村经济、乡村地理、乡村生态、乡村教育、乡村治理、乡村居民等有全面、深入、透彻的了解，才能帮助青年大学生认识乡村工作价值，厚植乡村情怀，增强投身乡村建设的自觉性、主动性。为此，乐山师范学院秉承80余年服务乡邦的办学情怀，发挥四川省社会科学高水平研究团队"农村教育的历史发展与当代改革研究团队"、四川乡村教育研究中心等研究队伍的智力优势，在中共乐山市委组织部以及乐山市教育局、农业农村局、文化广播电视和旅游局、自然资源和规划局、生态环境局等的大力支持下，组织校内专家、学者聚焦乐山市乡村产业、农村教育、文化旅游、生态环境、基层治理等领域，撰写了这套具有浓烈的嘉州乡土气息的"'嘉乡嘉土'乡村振兴人才培养丛书"，旨在展现乐山乡村产业兴旺、生态宜居、乡风文明、治理有效、生活富裕的阶段性成就，帮助"育苗班"学生了解乐山乡村振兴的发展概况与实践知识，掌握乐山乡村振兴发展规划与政策文件，立体感知乐山乡村振兴的实施路径与特色亮点，进一步涵养热爱乐山、扎根乡村、服务人民的情怀，增强服务乐山乡村振兴的能力和本领，矢志在广阔的乡村振兴大舞台上实现人生理想。

"'嘉乡嘉土'乡村振兴人才培养丛书"是一套融学术性、教育性与实践性于一体的著作，旨在为乐山乡村振兴提供坚实的人才支撑和智力支持。本丛书以乡村产业、人才、文化、生态、组织"五个振兴"为核心，包括《嘉乡嘉产——乡村产业振兴篇》《嘉乡嘉人——乡村人才振兴篇》《嘉乡嘉文——乡村文化振兴篇（上）》《嘉乡嘉文——乡村文化振兴篇（下）》《嘉乡嘉美——乡村生态振兴篇》《嘉乡嘉理——乡村组织振兴篇》五个系列共6册，系统阐述乡村振兴的理论与实践路径。

在学术性上，本丛书坚持以习近平新时代中国特色社会主义思想为指导，深入贯彻党的二十大精神，将乡村振兴战略置于国家发展全局的高度进行系统研究。在理论阐释方面，本丛书深入探讨了乡村振兴的理论基础，如城乡融合发展理论、乡村区域系统理论等，为乡村振兴提供了坚实的理论支撑。同时，本丛书还结合国内外乡村振兴的实践经验，分析了不同地区的乡村振兴模式及其适用性，为乐山乡村振兴提供了有益的借鉴。

在教育性上，本丛书强调立德树人，将社会主义核心价值观贯穿人才培养全过程。通过深入挖掘乡村文化中的优秀传统文化，如乡愁文化、红色文化等，激发青年学生、乡村工作者对乡村文化的认同感和自豪感。此外，本丛书还注重培养青年学生、乡村工作者的主体意识，强调青年学生、乡村工作者在乡村振兴中的主体地位，倡导通过利益机制和自治机制，激发青年学生、乡村工作者参与乡村振兴的积极性和创造性。

在实践性上，本丛书紧密结合乐山乡村振兴发展战略，具有很强的现实指导意义。在产业振兴方面，本丛书提出了发展特色产业、推动产业升级的路径，为乐山乡村经济发展提供了具体方案。在人才振兴方面，本丛书强调吸引和培养高素质人才，为乡村振兴提供智力支持。在文化振兴方面，本丛书倡导保护和传承乡村优秀传统文化，增强乡村文化软实力。在生态振兴方面，本丛书倡导积极践行绿色发展、生态宜居理念，助力乐山乡村生态环境建设。在组织振兴方面，本丛书探讨了加强基层党组织建设、提升乡村治理水平的策略，为乡村治理现代化提供了理论支持。

在编写体例上，本丛书采用理论阐释、总体情况、案例分析的逻辑路径，通过点评解读、知识拓展、实践操作等，提升本丛书的理论性、知识性、可读性与趣味性。这种编写方式不仅有助于读者系统理解乡村振兴的理论与实践，还能激发读者的学习兴趣，增强本丛书的实用性。

"'嘉乡嘉土'乡村振兴人才培养丛书"是2024—2026年四川省高等教育人才培养质量和教学改革重点项目"地方师范院校'爱农兴农'人才培养模式创新实践——以乡村振兴'育苗班'为例"（项目编号：JG2024-1036）、2024年四川省高校思想政治工作精品项目"党建引领乡土青春——乡村振兴后备人才'育苗班'的探索与实践"、乐山师范学院2024年校级教育教学改革研究项目"地方师范院校'爱农兴农'人才培养模式创新实践——以乡村振兴'育苗班'为例"（项目编号：JG2024-5）、乐山师范学院2024年高质量教材培育项目育苗班专项教材以及四川省社会科学高水平研究团队"农村教育的历史发展与当代改革研究团队"、四川乡村教育发展研究中心的阶段性研究成果，并得到上述项目的出版经费资助，在此一并表示感谢。

乡村兴旺繁荣，不仅是中国式现代化进程中不可或缺的一环，更是乡村发展美好图景的生动呈现。人才，尤其是具有创新精神和实践能力的人才，构成了推动乡村振兴、实现乡村现代化的关键动力。"'嘉乡嘉土'乡村振兴人才培养丛书"集中反映了乐山师范学院服务地方发展的创新成果，全面展示了乐山师范学院培养乡村振兴人才的生动实践，充分体现了乐山师范学院专家、学者对乡村发展的深切关怀、责任意识以及勇于担当的精神。2023年5月，习近平总书记在给中国农业大学科技小院同学们的回信中说，要把课堂学习和乡村实践紧密结合起来，厚植爱农情怀，练就兴农本领①。我们期待，青年学生、乡村工作者真心喜欢、学好用好本丛书，并以本丛书为阶梯，扎根泥土，奋跃而上，在乡村振兴的大舞台上实现人生理想，共同书写乡村兴旺繁荣发展的绚丽篇章。

是为序。

佘万斌

于乐山师范学院弘毅楼

2025 年 3 月

---

① 习近平给中国农业大学科技小院的同学们的回信[EB/OL].(2023-05-03)[2024-04-26].https://www.gov.cn/yaowen/2023-05/03/content_5754012.htm.

前　言

人是乡村活力的基础性因素，人才是乡村发展的关键性要素。没有人的乡村将失去其人文意义，缺乏人才的乡村将步入衰败甚至消亡。人才振兴是乡村振兴的主要内容之一，在推进乡村振兴中起着决定性的作用。如何培养高质量与高适应性的乡村振兴人才，怎样让越来越多的青年大学生愿意到乡村、能够在乡村贡献智慧力量，这是乡村人才振兴中一个必须予以正视与解决的关键课题。因此，增加地方乡村知识，丰富地方乡村实践，培养爱农兴农的乡村人才，显得尤为重要而紧迫。

农村教育是乡村人才培养的基点与基础。中共中央、国务院印发的《教育强国建设规划纲要（2024—2035 年）》，作出了"办好必要的乡村小规模学校""持续做好国家乡村振兴重点帮扶县教育人才"组团式"帮扶工作""有序推进市域义务教育优质均衡发展"① 等战略部署，这为培养高质量乡村人才提供了良好的政策机遇。乡村人才振兴需要农村教育发挥关键性作用，立足德智体美劳"五育并举"的育人目标要求，把乡村环境、地理地貌、森林资源、农副产品、乡村经济活动、乡村非物质文化遗产、特色农事节庆活动、乡村风土人情等富有乡村特色的教育要素与文化资源，融入农村学校教育教学与课程教材之中，增加学生的乡村知识，厚植学生的乡土情怀，这是培养爱农村、懂农业的乡村振兴人才的破题之法。

在中共乐山市委组织部、乐山市教育局的大力支持下，我们收集了乐

---

① 中华人民共和国中央人民政府. 中共中央 国务院印发《教育强国建设规划纲要（2024—2035 年）》［EB/OL］.（2025-01-26）［2025-01-19］.https://www.gov.cn/zhengce/202501/content_6999913.htm.

山市具有特色的学校教育典型案例，组织编写了《嘉乡嘉人——乡村人才振兴篇》一书，并作为"'嘉乡嘉土'乡村振兴人才培养丛书"的一部分。本书围绕乡村人才振兴战略与"五育并举"要求，立足乡村基础教育发展，采取理论阐释与案例分析相结合的方法，重点介绍了乡村人才振兴的理论、乐山市乡村教育发展概况、乐山市乡村学校德育概况与典型案例、乐山市乡村学校智育概况与典型案例、乐山市乡村学校体育概况与典型案例、乐山市乡村学校美育概况与典型案例、乐山市乡村学校劳动教育概况与典型案例、"乡村振兴后备人才'育苗班'"案例等内容。本书对育人案例的基本知识点以及相关理论作简要阐释，从政策上、理论上、实践上、价值上进行多维度评价，帮助读者加深对内容的理性感知，在此基础上对"五育"的相关理论框架、政策制度、实践知识等进行丰富拓展，拓展乡村知识深度与广度。

人才兴则乡村兴，人才强则乡村强。我们期待以本书为引子，开辟培养高素质爱农兴农人才新天地，为抓好乡村振兴后继有人这个根本大计作出贡献。我们希望以本书为线索，引导越来越多的大学生投身乡村基层干事创业，激励越来越多的青年人登上乡村振兴广阔舞台，共同谱写中国式现代化城乡融合发展新篇章。

佘万斌

于乐山师范学院弘毅楼

2025 年 3 月

目　录

第一章 乡村人才振兴理论概述

乡村现代化是一个全面而复杂的过程，事关中国式现代化战略的全局。乡村振兴是推动乡村现代化的核心支撑，人才作为推动乡村全面振兴、实现乡村现代化发展的关键因素，具有不可替代的重要性。在乡村五个振兴的部署中，人才振兴是其中的关键一环。本章将对乡村人才振兴的概念与原则、乡村人才振兴的背景与理论、乡村人才振兴与五育并举的关系进行介绍。

第一节 乡村人才振兴的概念与原则

乡村人才振兴是指通过教育、培训、政策支持等手段，提升农村地区人才的素质和能力，促进农村经济社会发展和文化传承，实现乡村振兴战略目标。这一概念不仅涉及教育领域，还关联到经济、社会、文化等多个方面，是实现乡村全面进步和农民全面发展的重要途径。

一、乡村人才振兴的概念

乡村振兴的关键在于"人才资源"的有效动员与"发展动力"的持续激发。作为社会发展的首要推动力，人才对于乡村振兴战略的成功实施至关重要。该战略涉及多个领域的专业人才，包括但不限于农业经营管理、新型职业农民、农业科技专家以及农村电商运营者。乡村振兴的根本目标是培养一支深刻理解农业、对农村充满热爱并与农民紧密相连的人才团队，从而为乡村振兴战略提供坚实的人力支持和智力基础。

在乡村振兴的广泛框架中，人才振兴不仅是核心组成部分，还与产业发展、文化繁荣、生态保护及组织建设等其他方面紧密相连，形成互补和互促的关系。人才振兴与乡村整体振兴互为基础、互相促进。它是实现产业繁荣、生态宜居、文明乡风、有效治理和富裕生活目标的关键因素。

为了有效地推进乡村人才振兴，必须平衡本地人才的培养与外来人才的引入。这不仅涉及利用本地人才对当地条件的深刻理解，也包括借助外来人才带来的创新思维和宽广视野，实现人才资本的最优配置。这一过程并非与城市人才集中形成对立，而是旨在促进城乡之间人才资源的自由流动与优化分配，避免简单的人才竞争。

综上所述，乡村人才振兴是一项系统工程，它要求我们在人才培养、引进、利用和激励等多个维度进行全面考量，以促进乡村的全方位发展和振兴。

二、乡村人才振兴的原则

乡村人才振兴的原则主要有以人为本、因地制宜、教育优先、能力为重、公平公正、可持续发展、文化传承、多方参与、政策引导以及效果导向等。

（一）以人为本原则

以人的发展为核心的理念构成了推动乡村人才振兴的基础原则，强调所有发展策略和措施都应致力于促进个体的全面成长。在探讨乡村人才振兴的框架内，这一理念要求教育和培训计划必须基于农村居民的实际需求来设计，旨在提升他们的生活水平和职业技能。同时，对农村儿童及青少年的教育也应给予关注，为他们提供一个全方位的成长环境，这包括艺术、体育以及社会实践活动的机会。贯彻以人为本的原则，需要深入理解农村社区的具体需求，这不仅涉及教育资源，还包括健康服务、就业机会以及文化活动等方面的需求。这一过程需通过社区参与和反馈机制来实现，保障当地居民能在决策过程中发声并对其有所影响。此外，对于农村妇女及处于边缘地位的群体，其教育和培训机会应受到重视，确保他们能够享有平等的发展机会。进一步而言，以人为本的原则还着重于对农村人才的尊重与价值认同，鼓励他们参与到乡村发展的规划、实施以及评估等各个环节。赋予农村居民更多的权利和责任，激发他们的创新精神和主动性，从而加快推进乡村人才振兴的步伐。

（二）因地制宜原则

因地制宜原则是实现乡村人才振兴的核心策略之一，强调在制定发展计划时必须综合考虑乡村的地理、文化、经济和社会差异。鉴于不同区域的资源分布、发展阶段和文化传承的差异性，农村人才振兴的方案和项目设计需要展现出高度的灵活性和适应性，以契合各个乡村区域的独特条件和需求。举例来说，山区的发展可能更加集中于生态农业和旅游业的推进，而平原地带则可能将重点放在粮食生产及其加工上。教育计划的设计同样需要基于当地的经济基础和文化背景，确保其实用性和有效性。在某些乡村地区，或许需要着重发展职业教育和技术培训，以满足当地产业升级的需求；而在其他一些地区，则可能需要加强基础教育和成人教育，以提升整体教育水平。此外，遵循地域特性定制原则还要求在推进农村人才振兴的过程中充分考虑环境保护的可持续性。这表示在促进经济发展的同时，需保护自然资产和生态环境，防止对环境造成永久性破坏。同时，还应致力于保护和弘扬地方文化遗产，促进文化多样性，并在教育培训项目中融入对本土文化和传统的学习与尊重。

（三）教育优先原则

教育被普遍认为是推动农村人才振兴的关键因素，这意味着对农村基础教育设施进行投资、提升教师的专业素质、更新教学方法以及确保所有儿童都能接受到公平且优质教育的重要性。教育优先原则强调，教育不仅是塑造价值、传授知识的过程，还是培养学生批判性思维、创新能力和实践技能的过程。在实施这一原则的过程中，需要关注以下几个关键领域：第一，在乡村基础教育方面，必须确保所有农村儿童都能完成基础教育，提高基础教育的普及率和完成率。这意味着我们需要投入更多的资源来改善农村地区的教育设施和条件，以便让更多的孩子有机会接受良好的教育。第二，在乡村教师培训方面，需要加强农村教师的专业发展，提升他们的教学技能和专业知识水平。这可以通过提供定期的培训课程、研讨会和工作坊来实现，以便让教师们能够不断更新自己的教学方法和知识库。第三，在乡村学校教学内容方面，需要及时更新教学内容，使之与农村地区的实际需求相符。这包括农业知识、环境保护和文化传承等方面的内容，以确保学生们能够学到与他们生活密切相关的知识。第四，在乡村教育质量方面，需要通过评估和监测机制来提高乡村学校的教育教学质量，确保农村学生能够获得必要的知识和技能。这可以通过定期的学校评估、学生考试和教师评价来实现。第五，在继续教育方面，需要为农村成年人提供继续教育和终身学习的机会，帮助他们提升技能，以适应经济发展的需求。这可以通过开设成人教育课程、职业培训项目和在线学习平台来实现。第六，在教育公平保障方面，需要消除所有形式的歧视，确保所有群体，特别是妇女和边缘群体，都能获得平等的教育机会。这需要我们制定和实施一系列公平的政策和措施，以确保每个人都能享有平等的教育权利。通过贯彻教育优先原则，我们可以为乡村人才振兴奠定坚实的基础，培养出一批具备现代知识和技能的农村人才，为乡村的可持续发展提供人才支持。这将有助于缩小城乡之间的差距，促进社会的和谐发展。

（四）能力为重原则

在乡村人才振兴战略中，能力为重原则强调个体的实际操作能力和问题解决技能的培养。这不仅指专业技能的提升，还包括创新思维、团队合作以及领导力的发展。教育和培训计划应当鼓励学习者参与到社区服务、创业项目和文化交流等实践活动中，以此来促进他们综合能力的提升。在实施能力为重原则时，需要关注以下几个关键要素：首先，要强化乡村生产生活实践导向，确保教育与培训项目以实际操作为核心，使农村学生能够通过实践学习掌握乡村知识和农业技术。其次，要重视问题解决技能的培养。鉴于乡村发展的复杂性，需要提高农村学生运用创造性和批判性思维处理复杂问题的能力。再次，要强调团队合作的重要性，通过团队项目和协作学习，培养农村学生的团队精神和沟通技巧。此外，要加强农村人才领导力的培养，为有潜力的农村青年提供领导力训练，塑造他们成为推动乡村发展的领导者。同时，要注重创新创业能力的培育，鼓励创新思维与创业精神，支持农村青年进行创业活动，为乡村经济增添新动能。最后，要培养农村学生的终身学习能力，帮助他们适应快速变化的社会和经济环境。根据每位农村学生的兴趣和特长提供定制化的教育培训，助力其个人发展。通过这些措施的实施，我们能够培育出具备实际操作能力和创新精神的乡村人才，为乡村振兴与发展贡献核心动力。

（五）公平公正原则

公平公正的原则是实现乡村人才振兴的基础，这一理念强调在人才培养、利用和发展的各个环节中，必须确保每个人都能获得平等的机会和得到公正的对待，特别是对于那些处于不利地位的群体（如妇女、残疾人士以及来自贫困家庭的成员）。为了消除一切形式的歧视并确保所有人在一个无偏见的环境中成长和发展，乡村人才振兴计划在设计和执行阶段必须充分考虑到不同群体的具体需求和利益，尤其是那些在历史上被边缘化的群体。例如，为农村地区的妇女提供定制化的培训和教育机会，帮助她们提升技能，增加收入，并在乡村发展中扮演更加积极的角色。同时，也需要确保所有关于乡村人才振兴的政策和措施都是透明的，决策过程是开放的，所有的利益相关者都有机会参与和表达意见。公平公正原则还要求建立有效的监督和评估机制，以确保乡村人才振兴的成果能够惠及所有群体，特别是那些最需要帮助的人。这包括定期收集和分析数据，评估项目的影响，并根据评估结果调整和改进政策和措施。通过这些努力，我们可以实现一个更加公平和公正的乡村人才振兴环境。

（六）可持续发展原则

在推动乡村人才振兴的进程中，可持续发展的原则扮演着至关重要的角色。这一原则明确指出，任何关于人才振兴的努力都必须确保其与可持续性发展的目标保持一致。具体而言，这涉及在满足当前对于人才的需求的同时，确保我们的行为不会对未来世代满足其需求的能力构成威胁。遵循此原则，乡村人才振兴的策略设计不仅应着眼于获取即时的经济利益，还应深入考虑长期的生态、社会及文化效应。实施这些策略时，必须将生态环境保护纳入考量范围，防止对自然资源的过度开发和利用。例如，在开展农业技能培训项目时，应倡导采用那些促进可持续性的农业实践，如有机耕作方法、节水灌溉系统以及生态循环农业模式。进一步地，培养乡村人才对于提升当地人的环境保护的意识也至关重要，旨在使他们成为推动并实践乡村地区可持续发展的核心力量。此外，根据可持续发展的原则，乡村人才振兴的项目还应当致力于促进社会公正与文化多样性。这要求在人才培养与发展的过程中，必须尊重并妥善保护乡村的文化传统和社会价值观，以防止文化同质化趋势的出现以及避免社会分裂的现象。通过这样的方式，乡村人才振兴项目不仅能够实现经济上的自给自足，还能在生态保护、社会和谐以及文化传承方面做出贡献，真正实现可持续发展的愿景。

（七）文化传承原则

文化传承在乡村振兴中扮演着至关重要的角色，它是实现乡村全面振兴的关键要素之一。在乡村人才的培养过程中，我们应当高度重视乡村的文化传统的保护和价值观的培育。这些文化传统和价值观不仅是乡村社会的核心资产，同时也是维护其社会结构和推动可持续发展的重要力量。在具体实施乡村振兴战略时，我们必须遵循文化传承的原则，将学习和传承乡村文化传统的内容纳入其中。这可以通过多种方式实现，例如将乡村的文化传统纳入教育和培训课程，或是通过举办丰富多彩的文化和节庆活动来传承和弘扬乡村文化。同时，我们也需要着力培养乡村人才对本土文化传统的认同和自豪感。只有这样，他们才能成为乡村文化的传播者和倡导者，为乡村文化的传承和发展贡献自己的力量。此外，文化传承原则还要求我们在乡村振兴项目中促进文化创新和多样性的发展。这意味着，在尊重和保护乡村文化传统的同时，我们还应鼓励人才发挥创造力，探索新的文化表达方式，并促进不同文化之间的交流与融合。总之，文化传承是乡村振兴的重要基石，我们应当高度重视并采取有效措施来保护和传承乡村的文化传统和价值观。通过学习和传承乡村文化传统、培养乡村人才的文化认同感以及促进文化创新和多样性等方式，我们可以推动乡村文化的繁荣发展，为实现乡村全面振兴奠定坚实基础。

（八）多方参与原则

实现农村人才振兴的关键在于多方参与，这一策略强调了该过程的复杂性以及涉及的众多利益相关者。为了有效地应对这些挑战，政府、教育机构、社会组织、企业和个人必须共同努力和协作。在实施这一原则时，应建立有效的合作平台和机制，以促进各方之间的沟通与协作，并确保所有利益相关者在项目的规划、执行及评估中都能发挥作用。此外，建立监督和评估机制也是必要的，以确保项目能够满足各方的需求。考虑到不同参与者的能力和资源，发挥各自的优势至关重要。例如，政府可以提供政策和资金支持，教育机构可以提供培训资源，社会组织可以提供技术和服务支持，企业可以提供就业和市场渠道，而个人则可以贡献创新思维和实践智慧。这种方式，可以有效地整合资源和能力，形成推动农村人才振兴的强大动力，从而提高项目的效率和成效。同时，这也有助于建立可持续的发展机制，确保项目的长期影响和发展。

（九）政策引导原则

政策导向在推动农村人才发展方面扮演着至关重要的角色。这种导向强调，政府需要通过制定和执行一系列策略来促进和支持农村人才的培养、吸引及留存。这些策略旨在创建一个有利于人才成长的环境，并解决农村发展中的结构性挑战。在策略制定过程中，政府必须根据农村的具体条件和长期发展需求，制订全面的人才发展计划。这涉及教育与培训、就业与创业支持、医疗保健、住房安全等多个领域。在资源整合方面，政策导向要求政府有效地集中各种资源，如财政资金、教育资源和就业机会，以支撑农村人才的全面发展。为了激励农村人才的创新和创业活动，政府可以通过减税、补贴和表彰等措施来提升他们的社会地位和经济状况。在法律支持方面，建立和完善相关的法律法规是必要的，以确保农村人才的合法权益得到保护，包括知识产权和劳动权益的保护。提供高质量教育和医疗的公共服务，对于吸引和留住人才十分重要。同时，创造一个开放、包容和公平的社会环境也是让农村人才能够充分展现其潜力的关键。政策的制定和执行需要持续地监控和评估，以确保其有效性，并根据农村发展和人才需求的变化进行适当的调整。政府应鼓励和引导社会各界，包括企业、社会组织和个人，参与到农村人才发展的进程中来。

（十）效果导向原则

在推动乡村人才振兴的过程中，坚持效果导向原则是至关重要的。这意味着所有的政策、项目和活动都应以实际效果为目标，旨在提升乡村人才的数量和质量，进而推动乡村的经济与社会发展。为了实现这一目标，首先，需要设定包括短期和长期目标在内的明确目标，并确保所有行动都围绕这些目标展开。其次，建立科学的评估机制也是必不可少的，这包括定期对乡村人才振兴的政策和项目进行效果评估，采用定量和定性分析的方法。利用数据和研究结果来指导政策的制定和项目的实施，可以确保决策的科学性和有效性。同时，关注在乡村人才振兴过程中出现的问题和挑战，并及时采取措施进行解决，这也是提高工作效果的关键。基于评估结果，不断改进和优化乡村人才振兴的政策和措施，可以提高其针对性和有效性。此外，确保所有利益相关者，包括乡村居民、教育工作者、企业家等，都能参与到乡村人才振兴的评估和改进过程中，也是非常重要的。总结和分享乡村人才振兴的成功案例和经验，可以为其他地区提供借鉴和参考。从长远发展的角度出发，考虑乡村人才振兴的效果，避免短期行为和急功近利，也是实现乡村人才振兴的重要策略。实施政策引导和效果导向原则，可以确保乡村人才振兴工作更加科学、系统和有效，从而为乡村振兴提供坚实的人才支撑。

总的来说，促进农村人才的发展是一个多方面的任务，它要求政府、社会各界以及农民本身共同参与和努力。借助教育、提供培训课程以及政策上的支持等多种措施，可以显著提高农村人才的能力和水平，进而推动乡村经济和社会的进步，同时保护并发扬乡村文化传统，以实现乡村振兴的战略目标。

第二节　乡村人才振兴的背景与理论

人是乡村发展的主体，人才是乡村振兴的关键因素。重视人才培养和引进，充分发挥人才的潜力和作用，对于实现乡村振兴具有重要意义。本节主要分析了乡村人才振兴的背景以及相关理论与主要观点。

一、乡村人才振兴的背景

（一）全球化与城市化背景下的乡村挑战

1. 全球化对乡村人才振兴的挑战

全球化是一个多维度的复杂进程，涉及经济、文化、政治和社会等众多领域的交互与整合。在全球化的大背景下，乡村地区的人才面临诸多挑战，具体包括：

（1）经济全球化与人才流失问题。在全球经济体系中，发达国家及城市中心通常成为资本、技术及人才的汇聚点。相比之下，经济发展水平较低的乡村地区难以提供与城市相比有竞争力的工作机会和生活条件，导致许多乡村人才，尤其是年轻且受过高等教育的人才流向城市。这种现象不仅削弱了乡村的发展潜能，也加剧了城乡之间的发展不均衡。

（2）文化全球化与文化冲突问题。全球化促进了文化交流与融合，使得乡村年轻人更易接触到外来文化。然而，这也可能导致乡村传统文化的边缘化。同时，外来文化的冲击可能引发文化冲突，影响乡村社会的稳定与和谐。

（3）教育全球化与教育资源分配不均问题。教育全球化意味着全球范围内教育资源和机会上的竞争。由于地理位置偏远和基础设施落后，乡村地区往往难以获得高质量的教育资源。全球化加剧了教育资源在城乡间的不均衡分配，使乡村学生在教育机会上处于不利地位。

（4）信息全球化与信息鸿沟问题。信息技术的快速发展使得信息传播更为迅速和广泛。但是，由于网络基础设施的不完善，乡村地区的信息获取能力相对较弱，形成了信息鸿沟。这不仅限制了乡村人才获取新知识和信息的机会，也影响了他们参与全球化竞争的能力。

（5）环境全球化与生态压力问题。全球化经济的发展常常伴随着对自然资源的大量消耗和环境污染。由于缺乏有效的环境保护措施，乡村地区更容易面临环境问题。环境的恶化不仅降低乡村居民的生活质量，也不利于乡村吸引人才。

2. 城市化对乡村人才振兴的挑战

城市化作为现代化进程的关键组成部分，对农村地区的人才流动产生了显著影响。这一过程导致了大规模的人口迁移，其中既包括普通劳动力，也包括那些具备特定技能和教育背景的乡村人才。这种单向的人才流失现象在农村地区引发了人才匮乏的问题，从而削弱了这些地区自我发展的能力。

随着城市化的推进，教育资源往往偏向城市，致农村教育面临资金短缺和师资力量不足的挑战。这进一步造成了农村学生所受教育的质量与城市学生相比存在较大差距，对他们的成长和发展带来了不利影响。

城市化还促使农村产业结构发生变革，出现了如观光农业、休闲农业等新的产业形态。传统农业向现代农业的转型，对农村人才的质量规格提出了新的要求。然而，由于教育和培训机会的限制，许多农村人才难以满足新兴产业的需求，面临着就业挑战。

此外，城市化改变了农村的社会结构，传统的社会关系和价值观念受到冲击。这种社会变迁可能导致农村人才的价值观和行为模式发生变化，影响他们对农村发展的认同和归属感。

城市化进程中，农村地区还面临着生态环境的挑战，如土地资源的过度开发和水资源的污染等问题。这些问题不仅威胁到农村人才的生活环境和健康，也降低了他们对农村的忠诚度和满意度。

全球化和城市化对农村人才振兴带来了一系列挑战，这些挑战需要通过政策支持、教育改革、文化传承和环境保护等多方面的努力来应对。农村人才振兴不仅是农村发展的关键，也是实现国家可持续发展的重要组成部分。综合施策，可以有效地缓解全球化和城市化带来的挑战，促进农村人才的成长和发展，为农村的全面振兴提供坚实的人才支撑。

（二）乡村人才振兴的战略意义

乡村人才振兴对于推动乡村经济的发展、促进社会的进步具有关键作用，并且是实现国家长期发展和构建和谐社会的重要基石。

一是促进乡村经济发展。乡村地区构成了中国社会经济的根基，其经济的繁荣直接关系到国家的粮食安全和农村稳定。实施乡村人才振兴计划，可以培养出一批掌握技术、懂得经营、善于管理的新型职业农民，从而提高农业生产的效率，推动农业向现代化发展。同时，乡村人才还能通过创新和创业活动，发展具有乡村特色的产业，进而带动乡村经济的多元化发展。

二是缩小城乡发展差距。长期以来，我国城乡之间在发展上存在显著差异，这不仅体现在经济发展水平上，还涉及教育资源、医疗条件、文化生活等多个方面。通过执行乡村人才振兴战略，提高乡村人才的素质和能力，可以促进乡村社会事业的发展，提升乡村居民的生活质量，从而逐步缩小城乡之间的发展差距。

三是保障国家粮食安全。粮食安全是国家整体安全的关键环节。乡村人才振兴，尤其是农业科技人才的培养，对于提升我国农业的综合生产能力、确保国家粮食安全具有深远的意义。强化农业科技创新及其推广应用，可以提高农作物的产量和品质，提高农业抵御风险的能力。

四是推动农业现代化。农业现代化是我国农业发展的主导方向。乡村人才振兴，特别是对农业科技人才的培养，是推动农业现代化的关键因素。加强农业科技创新，能够促进农业生产方式的现代化转型，全面提高农业生产效率，从而实现农业的可持续发展。

五是促进农村社会和谐稳定。乡村人才振兴有助于提高乡村居民的素质和能力，增强乡村社会的凝聚力和向心力。加强乡村文化建设和精神文明建设，可以提升乡村居民的思想道德水平，促进乡村社会的和谐与稳定。

六是推动乡村治理体系和治理能力现代化。乡村治理是国家治理体系中重要组成部分。实施乡村人才振兴，可以培养出一批了解农业、热爱农村、关心农民的乡村治理人才，从而推动乡村治理体系和治理能力的现代化，提升乡村治理的水平。

七是促进农村生态文明建设。生态文明建设是我国发展战略的重要组成部分。乡村人才振兴，尤其是对生态环保人才的培养，对于推进农村生态文明建设具有重要意义。加强对生态环保知识和技能的培训，可以增强乡村居民的生态环保意识，促进农村生态文明建设。

八是增强农村文化软实力。文化是民族的灵魂，是人民的精神家园。乡村人才振兴，特别是对文化人才的培养，能够增强农村的文化软实力，促进农村文化的繁荣发展。我们应通过培养乡村文化人才，进一步传承与创新乡村优秀传统文化，加强乡村精神文明与现代乡村文化建设，提升乡村居民的精神文化生活质量，增强乡村文化的影响力和凝聚力。

九是提升农村国际竞争力。在全球化的大背景下，农村的国际竞争力日益受到关注。乡村人才振兴，尤其是培养具有国际视野的乡村人才，可以提升农村的国际竞争力。加强国际交流与合作，可以开阔乡村人才的国际视野，提升其竞争力，促进农村对外开放和国际合作。

十是促进农村全面深化改革。全面深化改革是推动我国发展的重要动力。乡村人才振兴，特别是对改革创新人才的培养，为农村全面深化改革提供了人才支持。加强改革创新教育和培训，可以增强乡村人才的改革创新意识和能力，推动农村全面深化改革。

实施乡村人才振兴战略，能够促进乡村经济高质量可持续发展，缩小城乡发展水平的差距，全面保障国家粮食安全，推动我国农业加快现代化；能够促进农村社会和谐稳定，提升乡村治理现代化水平，促进农村生态文明建设，增强农村文化软实力，提升农村国际竞争力，并促进农村全面深化改革。从这个意义上讲，乡村人才振兴对于实现我国农业农村现代化、推动乡村振兴战略具有重要的战略意义。

二、乡村人才振兴的相关理论与主要观点

乡村人才振兴的理论基础涉及多个学科领域，包括教育学、经济学、社会学和文化学等。从教育学的角度看，乡村人才振兴需要建立适应乡村特点的教育体系，提供符合乡村发展需求的教育培训。从经济学的角度看，乡村人才振兴需要通过政策激励和市场机制，激发乡村人才的创新精神和创业活力。从社会学的角度看，乡村人才振兴需要构建公平正义的社会环境，保障乡村人才的基本权益。从文化学的角度看，乡村人才振兴需要保护和发展乡村文化，培养乡村人才的文化自信。理解乡村人才振兴需要了解以下四种理论。

（一）人力资本理论

人力资本理论是由经济学家舒尔茨（Theodore W. Schultz）和贝克尔（Gary S. Becker）等于 20 世纪 60 年代提出的，它将教育、健康、技能和知识等非物质因素视为一种资本形式，即人力资本。人力资本理论认为，人力资本是推动经济增长和社会进步的关键因素，其重要性甚至超过了物质资本。它强调通过正规教育和非正规教育提高个体的知识水平和技能，通过医疗保健和良好的生活习惯提高个体的身体健康和工作能力，通过工作实践和职业培训提高个体的专业技能和工作效率，通过迁移到更有利于个人发展的国家或地区，获取更好的教育和工作机会①。

在乡村人才振兴的背景下，人力资本理论强调对乡村人才的教育和培训投资，以提升其技能和知识水平，增强其在农业生产、乡村治理、文化传承等方面的能力。一是注重教育投资。乡村人才振兴的首要任务是增加对教育的投资，特别是加强农业职业教育和技能培训，以提高乡村人才的生产力。二是重视技能培训。除了基础教育，还应提供针对性的现代农业发展技能培训，如现代农业技术、电子商务、乡村旅游等，鼓励乡村人才进行创业活动，以适应乡村多元化发展的需求。三是强调终身学习。鼓励乡村人才参与终身学习，不断更新知识和技能，以适应快速变化的社会和经济环境。四是倡导文化教育。加强乡村文化教育，提高乡村人才的文化素养和社会责任感。总之，人力资本理论为我们提供了一个理解和分析乡村人才振兴问题的新视角，强调加大对人力资本的投资，可以提高乡村人才的生产能力和创新能力，促进乡村经济的增长和社会的进步。同时，人力资本的积累还可以提高乡村人才的福利水平，促进乡村社会的稳定和发展。因此，人力资本理论对于乡村人才振兴具有重要的理论和实践意义。

（二）内生增长理论

内生增长理论是 20 世纪 80 年代由经济学家罗默（Paul Romer）和卢卡斯（Robert Lucas）等提出的一种经济增长理论。该理论的核心观点是，经济增长的动力来自经济体系内部的技术进步和人力资本积累，而非外部的资本投入或资源配置。内生增长理论把技术进步视为经济增长的内生变量，强调技术进步的作用。该理论认为技术进步源于知识的积累，而知识的积累又依赖于研发（R&D）活动；由于研发活动具有规模经济效应，即研发成本相对固定，而产出可以无限扩大，因此，研发投资可以带来持续的经济增长；技术知识具有非竞争性和非排他性，即一个经济主体的技术进步可以被其他主体免费使用，从而产生正的外部性，具有显著的溢出效应。而技术进步必须依靠人力资本，人力资本的积累可以提高劳动力的素质，促进技术的吸收和创新。内生增长理论强调要重视教育投资，因为教育是人力资本积累的主要途径，对教育的投资可以提高个体的生产效率和

---

① 魏浩. 国家经济安全概论 [M]. 北京：机械工业出版社，2022：22-26.

创新能力；关注知识溢出，因为人力资本的积累可以促进知识的传播和溢出，提高整个社会的技术水平；推动内生增长，人力资本的积累和知识溢出效应共同推动了经济的内生增长①。

在乡村人才振兴中，内生增长理论强调通过提升乡村人才的创新能力和技术水平，激发乡村的内生增长动力。一是重视技术创新，鼓励乡村人才学习和应用新技术，如智能农业、生物技术等，以提高农业生产效率和产品质量。二是推动知识扩散。建立乡村发展知识共享平台和网络，促进知识和技术的扩散，提高乡村人才的整体技术水平。三是关注创新激励，建立激励机制，鼓励乡村人才进行技术创新和创业活动，以促进乡村经济的多元化和可持续发展。总之，内生增长理论为我们提供了一个理解和分析经济增长的新视角，强调了技术进步和人力资本积累在经济增长中的关键作用。在乡村人才振兴的背景下，加大对研发和教育的投资，建立有效的知识传播机制，可以促进乡村经济的内生增长，实现乡村的可持续发展。

（三）社会资本理论

社会资本理论是 20 世纪 70 年代由社会学家科尔曼（James S. Coleman）等提出的概念，后来被经济学家如普特南（Robert D. Putnam）等进一步发展。社会资本指的是个体或团体通过社会网络、社会规范、信任和信任关系等社会结构所获取的资源和优势。该理论认为社会资本在经济和社会生活中扮演着重要角色。一是可以促进合作。社会资本可以促进个体间的合作，提高合作效率。二是可以降低交易成本。社会资本可以减少信息不对称，降低交易成本。三是可以促进知识传播。社会资本有助于知识的传播和创新，提高社会整体的知识水平等②。

在乡村人才振兴中，社会资本理论强调通过建立和利用社会网络，促进乡村人才的交流合作，提升乡村社会的凝聚力和协同效应。一是促进社会网络建设。鼓励乡村人才建立和扩展社会网络，包括家庭、朋友、同事等，以获取信息、资源和支持。二是完善合作机制。加强乡村社区建设，建立如合作社、行业协会等合作机制，提升信任关系，降低乡村人才合作的交易成本，促进乡村人才之间的合作与交流，共同解决问题和应对挑

---

① 丁玉龙. 数字经济、信息通信技术与绿色发展 [M]. 芜湖：安徽师范大学出版社，2022：44-45.

② 万江红，张翠娥. 农村社会工作 [M]. 2 版. 上海：复旦大学出版社，2022：99-101.

战。三是提高社会参与度。激励乡村人才参与社区服务和公共事务，培养乡村社区的合作规范和互助精神，提高乡村社区的活力和凝聚力。四是注重文化传承。重视乡村文化和传统的传承，通过文化活动和传统仪式，营造相互信任的社会环境，增强乡村社区的认同感，提高乡村社会的自我管理能力。总之，社会资本理论为我们提供了一个理解和分析社会关系在农村经济和社会发展中作用的新视角。加强乡村社会网络建设、培养社会规范、增强信任关系和社会参与，可以有效地提高乡村社会的凝聚力和合作效率，促进乡村人才的振兴和社会经济的可持续发展。

（四）可持续发展理论

从哲学的角度来看，可持续发展可以被理解为一种伦理和价值观的体现，它强调了人与自然、人与人之间的和谐共处，以及对未来世代的责任。可持续发展的概念最早在 1987 年的《我们共同的未来》报告中被明确提出，其定义为"可持续发展是既满足当代人需求，又不对后代人满足其需要的能力构成危害的发展"。可持续发展理论是一个涵盖经济、社会、环境和政治等多个维度的综合性理论框架，旨在实现经济增长、社会发展和环境保护的协调统一，通常由环境可持续性、经济可持续性、社会可持续性三个相互关联的支柱构成。其主张在资源分配和环境保护中实现代际公平和代内公平；鼓励所有利益相关者，包括政府、企业、社区和个人，参与可持续发展的决策和实施；采取预防措施，避免对环境和社会造成不可逆转的损害[①]。

在乡村人才振兴中，可持续发展理论关注如何在提升乡村人才能力的同时，保护乡村的生态环境和社会文化。一是强调乡村生态保护，培养具有环保意识和可持续发展理念的乡村人才。比如提升绿色农业发展能力，推广生态农业和有机农业，减少化学肥料和农药的使用，保护乡村环境，引导其注重生态保护和环境可持续性；又如增强循环经济意识，提高资源的循环利用率，减少废弃物的产生，避免对自然环境造成破坏；等等。二是强调社会责任，注重培养乡村人才的社会责任感，鼓励他们参与社区服务和公共事务，促进乡村社会的和谐发展。三是关注乡村长远规划，把乡村人才振兴与产业振兴、文化振兴、生态振兴、组织振兴进行统筹规范，确保乡村人才振兴的政策和措施能够兼顾经济、社会、环境等多方面的可

---

① 王璐瑶. 国土空间功能双评价及分区优化研究 [M]. 北京：中国经济出版社，2022：21.

持续发展，增强乡村的自我永续发展能力。总之，可持续发展理论为我们提供了一个全面理解和推动乡村人才振兴的框架。通过实现经济、社会和环境的协调发展，我们可以确保乡村人才振兴不仅能满足当前的发展需求，而且为后代留下一个更加繁荣、公正和健康的乡村社会。可持续发展理论强调了长远规划、环境保护和社会参与的重要性，为乡村人才振兴提供了重要的理论和实践指导。

第三节　乡村人才振兴与"五育并举"

乡村人才振兴是实现乡村全面振兴的关键，而"五育并举"是培养全面发展人才的有效途径。本节将深入探讨乡村人才振兴与"五育并举"的内在逻辑关系。

一、乡村人才的全面发展

全面发展是教育的核心目标，旨在促进个体在道德、智力、体育、美育和劳动教育等方面的均衡发展。在乡村人才振兴的背景下，全面发展具有特别重要的意义，因为它不仅关系到个体的健康成长，也是推动乡村社会进步和经济发展的关键。

（一）德育：塑造乡村责任感

德育旨在塑造学生的道德品质和公民素养。在推进乡村人才振兴的进程中，德育起到了关键作用，它助力学生构建科学的世界观、人生观及价值观，同时加深他们对本土乡村的认同与承担责任的意识。经由德育的引导，学生将理解个人成长与乡村振兴的密切关联，并被激励投身于促进乡村持续进步的行动中。

（二）智育：提升乡村知识和技能

智育旨在通过系统地传授专业知识和培养批判性思维技巧，全面提升学生的智力水平。在当前推动乡村人才发展的大背景下，智育显得尤为关键。它为学生提供了掌握现代农业科技、管理理论以及多种实用技能的机会，从而促进他们的创新思维和实际操作能力的提升。此外，智育还助力学生适应知识经济时代的需求，增强他们在就业市场上的竞争力及创业潜力。

（三）体育：促进身强体壮

体育活动不仅能够提高学生的身体素质，还能够培养他们的团队合作精神和竞争意识。在乡村环境中，体育活动可以结合乡村特色，如民间传统体育项目，来增强学生对乡村文化的认同感。此外，良好的身体素质是学生参与乡村建设和劳动实践的基本前提。

（四）美育：激发创造力

美育的核心目标是提升学生的审美鉴赏力和创造力。在推动乡村人才振兴的战略中，美育发挥着至关重要的作用，它使学生能够识别并欣赏乡村的天然景观与文化遗产，从而增强其对本土文化的自信心和荣誉感。此外，美育对于提高学生的艺术素养、促进乡村文化艺术的繁荣及其历史传承同样具有不可忽视的影响。

（五）劳动教育：培养勤劳精神

劳动教育在培养学生的劳动习惯和实践技能方面发挥着至关重要的作用。在乡村人才振兴战略中，劳动教育显得尤为关键，因为它能够使学生深刻理解劳动的重要性，同时培养他们的勤奋精神和务实的工作态度。通过积极参与农业生产和乡村建设活动，学生有机会掌握农业生产以及其他相关的劳动技能，从而为乡村的经济和社会发展做出实质性的贡献。

在乡村人才振兴的进程中，全面发展构成了一个不可或缺的基石。实施全面的教育策略，即所谓的五育并举，可以全面提升乡村学生的综合素质和能力，进而培养出德才兼备、全面发展的乡村人才，为乡村振兴战略提供坚实的人才支持和智力保障。因此，学校应当对乡村教育给予高度重视，积极推进五育并举的教育模式，为乡村人才振兴和乡村振兴战略提供坚实的教育支撑。

二、乡村教育的育人功能

教育不仅是知识传递和技能培养的过程，也是促进个体发展、社会进步和经济发展的重要手段。在乡村人才振兴的背景下，教育的功能尤为重要，它直接关系到乡村的未来发展和社会的整体进步。

（一）培养高素质乡村人才

教育的最基本功能是人才培养。乡村人才振兴需要大量具备专业知识和技能的人才。教育系统通过提供农业科技、经济管理、乡村治理等方面的教育，发展与乡村发展紧密相关（如农业科学、乡村管理等）的专业教育，为已在乡村工作的成年人提供继续教育和职业培训，提升其专业技能和知识水平，培养出能够适应乡村发展需求的人才。

（二）促进现代知识传播

教育是知识传播和技术创新的关键途径。我们通过教育，可以将现代农业技术、可持续农业实践、乡村企业管理等知识传授给乡村居民，建立农业技术推广体系，将最新的农业技术和管理知识传授给农民，提高他们的知识水平和创新能力，鼓励乡村学校和研究机构开展技术创新，并将创新成果转化为乡村发展的实际应用。

（三）实施正确价值引导

教育在塑造个体的价值观、世界观方面发挥着重要作用。在乡村人才振兴中，教育可以帮助学生树立正确的发展观念，比如在课程中融入乡村文化、历史和社会发展的内容，增强学生对乡村的认同感；通过让他们参与乡村社区服务和公共事务，培养其社会责任感和公民意识，激发他们对乡村的热爱。

（四）促进乡村社会建设

乡村教育可以促进乡村社会的和谐发展。可以鼓励学生参与如乡村文化保护、环境治理等社区发展项目，建立志愿服务体系，鼓励学生参与志愿服务活动，鼓励他们参与乡村建设和社会服务，培养学生的社会服务意识，提升乡村居民的生活质量。

教育在乡村人才振兴中发挥着至关重要的作用。通过人才培养、知识传播、价值引导和社会服务，教育为乡村发展提供人才支撑、智力支持和道德支撑。充分发挥教育的功能，需要政府、学校、社区和社会各界的共同努力，形成促进乡村人才振兴的教育合力。只有这样，才能培养出德才兼备、全面发展的乡村人才。

三、人才在乡村振兴中的作用

乡村人才振兴是实现乡村振兴战略的核心和关键，因为人才是推动社会进步和经济发展的最活跃因素。

（一）经济发展的驱动力

乡村人才振兴能够为乡村经济发展提供必要的智力支持和创新动力。具备现代农业知识和技能的人才，能够运用现代科技提高农业生产效率，能够引入和推广新技术，提升农业生产力，能够引导传统农业向高附加值的现代农业转型，能够利用电子商务等现代营销手段，拓宽农产品销售渠道，推动农业产业化和市场化，促进农村经济结构的优化升级。

（二）社会进步的引领者

乡村人才在推动社会进步方面能起到引领作用。他们通常具有较高的文化素养和开阔的视野，能够引入新观念、新风尚，保护和发展乡村文化，促进文化多样性的发展，参与乡村治理，提高乡村社会管理水平，通过个人示范作用，提升乡村居民的道德水准，促进乡村社会文明程度的提高。

（三）文化传承的中坚力量

乡村人才是乡村文化的传承者和创新者。他们熟悉乡村的传统和习俗，能够保护乡村的传统文化遗产，防止文化断层，结合现代审美和需求，创新乡村文化表达方式，在尊重传统的同时，注入时代精神，使乡村文化焕发新的活力。

（四）生态文明建设的实践者

乡村人才在推动生态文明建设中能起到关键作用。他们能够运用可持续发展的理念，指导农业生产和乡村建设，推广生态农业，减少农业生产对环境的负面影响，参与乡村环境治理，提升居民的环保意识，保护乡村生态环境。

（五）政策落实的执行者

乡村人才是乡村振兴政策的接收者和执行者。他们理解政策意图，准确理解政府的乡村振兴政策和措施，能够将政策转化为具体的行动，转化为具体的乡村发展项目，确保政策措施的有效实施。

乡村人才振兴是实现乡村振兴的关键，它关系到乡村的经济、社会、文化、生态等各个方面的发展。我们通过教育、培训、环境营造、激励机制和人才引进等措施，可以有效促进乡村人才的培养和发展，为乡村振兴提供坚实的人才支撑和智力支持。乡村人才振兴是一项系统工程，需要政府、社会、企业和个人共同努力，形成推动乡村振兴的强大合力。

四、乡村人才振兴与"五育并举"的内在逻辑关系

从逻辑关系上看，乡村人才振兴与"五育并举"之间存在目标一致性、过程互动性与结果互补性的深刻内在逻辑。具体来说，"五育并举"旨在培养德、智、体、美、劳各方面均衡发展的优秀人才，而乡村人才振

兴战略的核心同样聚焦于培育能够促进农村经济和社会进步的复合型人才。因此，两者在追求的目标上展现出明显的一致性。在乡村人才振兴的实施过程中，"五育并举"作为一种全面的教育模式，为学生提供了一个多方面发展的平台，确保他们在道德、智力、体能、审美和劳动技能等方面都能获得均衡的提升。这种教育过程的互动性质对于实现乡村人才振兴具有关键作用，因而两者在人才培养的过程中表现出强烈的互动性。此外，通过"五育并举"培养出的人才具备了多元化的能力，这些能力在乡村振兴的实际操作中可以相互补充，共同推动农村社会经济的全面进步。因此，两者在最终的培养成果上也显示出互补性。

从逻辑机理上看，德育在乡村人才培养中起到了引领作用，有助于乡村人才树立正确的价值观，确保其发展方向与乡村振兴的目标保持一致。智育则为乡村人才提供了必要的知识基础和技术技能，构成了乡村振兴的技术支柱和智力支持。体育在乡村人才培养中起到了保障作用，增强了人才的体质，有助于他们更好地开展可能面临的艰苦乡村工作。美育则激发了乡村人才的审美情感和创造力，唤起了他们对本土文化和自然环境的热爱。劳动教育在乡村人才培养中扮演了实践角色，培养了他们的实际操作能力，使他们能够将理论知识有效运用到乡村建设的实际工作中。

乡村人才振兴与"五育并举"之间存在紧密且复杂的逻辑联系。实施"五育并举"教育不仅可以全面提升乡村学生的素质和能力，培养出既有德行又有才能、全面发展的乡村人才，为乡村振兴提供坚实的人才和智力支持；同时，乡村人才振兴的实践也为"五育并举"的教育提供了广阔的应用舞台和发展空间。因此，教育机构应高度重视乡村教育的发展，积极推动"五育并举"，以确保为乡村人才振兴和乡村振兴提供坚实的教育基础。

第二章 乐山市教育事业发展概述

"五育并举"是学校教育的基本要求，它体现了教育的全面性和均衡性，旨在为学生的一生幸福美好生活打下坚实的基础。

为更好地认识"嘉乡嘉土"人才振兴与"五育并举"之间的关系，我们有必要先了解乐山市的教育概况。本章主要分学段来介绍"嘉乡嘉土"教育概况，旨在为读者提供乐山地区教育系统的基本情况，帮助理解"嘉乡嘉土"特有的文化、经济和社会背景对教育的影响。本章通过数据和案例分析，展示乐山市教育的成就与不足，识别乐山市乡村教育发展中的关键问题和挑战，为后续章节讨论如何通过"五育"促进乡村人才振兴打下基础。

第一节 乐山市教育事业及教育综合改革发展概况

乐山市有人类活动的历史可追溯至石器时代。春秋时期蜀王开明故治，秦统一中国后，在现乐山市辖区范围内设置南安县，隶属蜀郡，可以说乐山的历史悠久、文化源远流长。乐山市位于南丝绸之路、长江经济带交汇点，是成渝地区双城经济圈建设的重要中心城市，成都平原经济区南部中心城市，物产富饶、经济发达。市内海拔高差 3 700 余米，属于青藏高原与四川盆地的过渡地带，地形地貌复杂多样，拥有世界自然与文化双遗产、世界灌溉遗产，可以说是山川奇骏、风光秀丽。

一、教育事业发展概况[①]

党的十八大以来，乐山市坚持以习近平新时代中国特色社会主义思想

---

① 数据资料由乐山市教育局提供。

为指导，深入学习习近平总书记关于教育的重要论述，深刻领悟"两个确立"的决定性意义，增强"四个意识"、坚定"四个自信"、做到"两个维护"，坚持和加强党对教育工作的全面领导，全面贯彻落实党中央、国务院和省委、省政府以及市委关于教育的决策部署，深化教育教学改革，赋能教育高质量发展，落实立德树人根本任务，以教育强国强市建设为目标，办好人民满意的教育。

截至 2023 年年底，乐山市共有学校 979 所，幼儿园 592 所（公办园 215 所，民办园 377 所），义务教育学校 333 所（单设小学 203 所，单设初中 91 所，九年一贯制学校 39 所），其中民办学校 9 所（单设小学 4 所，九年一贯制学校 5 所）。高中教育学校 29 所（单设高中 14 所，完全中学 11 所，十二年一贯制学校 4 所），其中民办学校 9 所（完全中学 2 所，高级中学 3 所，十二年一贯制学校 4 所），中等职业学校 17 所（含 2 所省属中职学校），特殊教育学校 4 所，高校 4 所。乐山市共有四川省校风示范校 29 所、乐山市校风示范校 170 所、四川省艺术教育特色学校 19 所、乐山市艺术教育特色学校 17 所。

其中，金口河区、峨边彝族自治县、马边彝族自治县三个少数民族区县共有各类学校 254 所。金口河区共有学校 42 所，其中：幼儿园 32 所（公办园 29 所，民办园 3 所），义务教育学校 9 所（单设小学 9 所，单设初中 0 所，九年一贯制学校 0 所），高中教育学校 1 所（完全中学 1 所）。峨边彝族自治县共有学校 157 所，其中：幼儿园 128 所（公办园 123 所，民办园 5 所），义务教育学校 27 所（单设小学 17 所，单设初中 6 所，九年一贯制学校 4 所），高中教育学校 1 所（完全中学 1 所），中等职业学校 1 所。马边彝族自治县共有学校 55 所，其中：幼儿园 15 所（公办园 5 所，民办园 10 所），义务教育学校 38 所（单设小学 29 所，单设初中 7 所，九年一贯制学校 2 所），高中教育学校 1 所（单设高中 1 所），中等职业学校 1 所。

乐山市在园在校学生共 48.74 万人，其中幼儿园 7.66 万人，小学 18.68 万人，初中 8.92 万人，高中 4.54 万人，中职 3.72 万人，特殊学校 0.05 万人，高校 5.17 万人。乐山市有成人教育注册学生 2.62 万人。

乐山市共有教职工 4.32 万人，其中幼儿园 0.96 万人，小学 1.24 万人，中学 1.59 万人，中职 0.19 万人，高校 0.34 万人。另有培训机构教职工 1 599 人。共有在职特级教师 64 人，在职正高级教师 61 人。

近年来，评选表彰省级以上名师 32 人，其中教育部新时代中小学名师名校长培养计划 1 人、教育部乡村优秀青年教师培养奖励计划 1 人、教书育人名师 6 人、最美教师 1 人、"四有"好老师 7 人、中小学名校长 5 人、卓越校长 8 人、天府青城计划 3 人。评选表彰市级名师 54 人，其中"嘉州英才" 24 人，"优秀教育人才"名师名校长 30 人。

二、教育综合改革发展概况①

乐山市委、市政府出台了《乐山教育现代化 2035》，聚焦体制机制，激发内生动力，推动城乡义务教育一体化发展；出台了《乐山市贯彻落实〈深化新时代教育评价改革总体方案〉任务分工方案及三张清单》，搭建乐山市教育评价改革制度框架，积极指导犍为县开展四川省教育评价改革试验区工作。进一步健全教师管理体制机制，出台了《乐山市"三县一区"培育教育人才的十条措施》《乐山市教育人才培养和管理实施意见》《乐山市教育人才发展"十四五"工作方案》。推进教育督导体制机制改革，市政府出台了《乐山市深化新时代教育督导体制机制改革的实施方案》。完善学前教育体制机制，推进学前教育普及、普惠安全优质发展，出台了《乐山市学前教育深化改革规范发展实施方案》《乐山市"十四五"学前教育发展提升行动计划实施方案》。为全面提升县中教育质量，实施了《乐山市普通高中高质量发展三年攻坚计划（2023—2025 年）》《乐山市"十四五"县域普通高中发展提升行动计划实施方案》。深化职业教育改革，推动乐山市职业教育高质量发展，市政府出台了《乐山市职业教育改革实施方案》，制定并实施了《乐山市职业教育提质攻坚行动计划（2023—2025 年）》。加快补齐民族地区教育发展短板，市委、市政府印发了《乐山市小凉山—乌蒙山片区教育振兴计划（2023—2025 年）》，市政府办印发了《乐山市小凉山–乌蒙山片区学前教育发展提升实施方案（2023—2025 年）》等 7 个实施方案。加强学校德育工作，制定了《乐山市中小学德育工作"15510"行动计划》，夯实全员德育、全科德育、全方位德育、全过程德育和全社会德育五条基本路径。市委办、市政府办印发了《乐山市贯彻落实〈关于全面加强和改进新时代学校体育工作的实施方案〉分工方案》《乐山市贯彻落实〈关于全面加强和改进新时代学校美育

---

① 数据资料由乐山市教育局提供。

工作的实施方案〉分工方案》，印发了《乐山市中小学生"乐游嘉学"研学旅行实践工作的实施方案》，成立了中小学生研学旅行实践工作协调小组。市委、市政府出台了《乐山市贯彻落实〈关于进一步减轻义务教育阶段学生作业负担和校外培训负担的实施方案〉分工方案》，确保到 2024 年学生过重作业负担和校外培训负担、家庭教育支出和家长相应精力负担显著减轻，人民群众教育满意度明显提升。

乐山市 2023 年顺利推进了 7 项改革任务。落实乐山市深改委 2023 年改革工作要点和台账，推进重点专项改革方案落实类 5 项、重点改革举措落实类 1 项、省级重大改革试点 1 项。推进省级试点。深入推进犍为县"四川省教育评价改革试验区"试点，在 12 所学校先行先试基础上，确定 2023 年为"教育评价改革主题年"，县域内全面开展创新实践。新申报一批省级试点。积极组织乐山市实验中学等 6 所单位申报四川省深化新时代教育评价改革试点项目，力争形成一批有特色、可复制、可推广的改革实践成果，推动新时代教育评价改革各项任务落实落地。

第二节　各学段教育发展情况

一、基础教育情况①

（一）学前教育发展情况

乐山市学前三年毛入园率达 97%，普惠性幼儿园覆盖率 85.3%，公办幼儿园在园幼儿占比 57.5%，全年提供普惠性学位 7 万个。有省级示范性幼儿园 32 所，市级示范性幼儿园 21 所。市中区、峨眉山市被列为全省幼小衔接攻坚行动实验区。深入推进"学前学普 2.0"行动计划，"两县一区"共有幼儿园（点）244 所，学前三年毛入园率达 95.1%。

截至 2023 年年底，评估认定了首批 50 所示范园建设；2023 年教育部语用所对乐山市小凉山地区儿童普通话水平进行评估的结果显示合格率 100%，大班儿童优秀率 92%；四川省教育评估院对民族地区学前推普工作成效的评估报告提到"学前儿童普通话总体表现最好的地区是乐山市，总分得分率达到了 92.33%，高出'三州两市'总分得分率近 8 个百分点；

---

① 数据资料由乐山市教育局提供。

该地区在'听懂''会说''敢说'三个板块均处于领先地位";参加四川省教育厅组织的"2023年民族地区学前学普教师辅导员技能大赛和学普儿童普通话展示活动"获一等奖9人、二等奖18人、三等奖19人。小凉山地区"学前学普"行动始终保持行政区域全覆盖,总共惠及3.8万名幼儿、2.3万个彝族家庭。

(二)义务教育发展情况

统筹推进县域内城乡义务教育一体化改革发展。义务教育巩固率达100%,残疾儿童、少年入学率达98.6%以上。乐山市11个县(市、区)在通过义务教育基本均衡发展国家评估认定的基础上,制订了当地义务教育优质均衡发展督导评估规划调整方案,明确了接受省级和国家评估时间节点,统筹推进义务教育优质均衡发展。峨眉山市实验小学校、四川省井研县研城中学等12所学校被遴选认定为四川省义务教育优质发展共同体领航学校,引领协同,提升教育教学质量,引领教师专业发展,促进学生全面发展。坚持义务教育阶段新生班额不超过55人,已全面消除义务教育学校大班额,55人以上大班额保持动态清零。

积极推进规范民办义务教育发展工作。乐山市共有民办义务教育学校15所(见表2.1),其中小学阶段学校12所,初中阶段学校11所。民办义务教育2023年在校生25 389人,比2022年减少320人。按国家及四川省相关政策,乐山市民办义务教育在校生占比需控制在义务教育阶段在校学生总数的5%以内,其中,市中区、五通桥区、峨眉山市、犍为县、夹江县的控比目标分别为10%、6%、8%、5%、6%,从2022年起的三年过渡期内允许以向民办学校购买学位的方式解决占比过高问题,购买学位的学生不纳入民办学校在校生总数。2022—2023学年共投入5 200万元购买学位1.28万个,民办义务教育学生占比4.85%。2023—2024学年上期,拟投入2 600万元购买学位1.27万个。

表2.1　乐山市民办义务教育学校情况统计表　　　单位:人

区域	学校名称	义务段在校生数量			举办者情况
		合计	小学	初中	举办(控股)者
乐山市	合计	25 389	13 074	12 315	

表2.1(续)

区域	学校名称	义务段在校生数量			举办者情况
		合计	小学	初中	举办（控股）者
市直属	小计	6 785	3 660	3 125	
	乐山市外国语小学	2 201	2 201	0	乐山立事达科技教育投资有限公司
	乐山艺术实验学校	1 182	581	601	宋晓维
	乐山市更生学校	542	235	307	阮平
	乐山外国语学校	2 217	0	2 217	乐山立事达科技教育投资有限公司
	乐山市翡翠实验学校	643	643	0	四川恒邦双林教育咨询有限公司
市中区	小计	4 913	2 960	1 953	
	乐山市市中区阳光实验学校	1 311	1 311	0	乐山立事达科技教育投资有限公司
	乐山市市中区海棠实验小学	1 649	1 649	0	范惠灵
	乐山市市中区海棠实验中学	1 953	0	1 953	范惠灵
五通桥区	小计	2 203	916	1 287	
	五通桥区东辰外国语学校	2 203	916	1 287	乐山图腾狮教育投资有限公司
峨眉山市	小计	4 582	2 074	2 508	
	四川博睿特外国语学校	4 261	1 933	2 328	辜晓罗
	峨眉文经武略学校	321	141	180	叶淑飞
夹江县	小计	2 649	1 699	950	
	夹江县文礼武术学校	83	27	56	刘明清
	夹江县外国语实验学校	2 566	1 672	894	四川宏睿教育投资有限公司
犍为县	小计	2 039	501	1 538	
	犍为外国语学校	2 039	501	1 538	四川智仁教育发展有限公司
高新区	小计	2 218	1 264	954	嘉祥教育科技集团有限公司
	乐山高新区嘉祥外国语学校	2 218	1 264	954	嘉祥教育科技集团有限公司

中心城区现有民办小学 7 所，毕业 34 个班；民办初中共有 4 所，毕业 48 个班。2023 年小学招生计划 1 241 人，初中计划 1 984 人，共 3 225 人，比 2022 年招生计划减少 24 人。2024 年小学招生计划数保持不变。总在校

生预计减少 122 人。

全覆盖开展课后服务工作，24 万余名中小学生参与其中。按照教育部课后服务"5+2"的要求，严格执行"五个严禁"，一校一案完善课后服务方案，提升服务质量，学生、家长满意率达 95% 以上。乐山中心城区义务教育阶段公办中小学课后服务，收费标准为每个学生每月 150 元。参加全省义务教育阶段"五育并举"发展水平评价典型案例评选，乐山市获一等奖、二等奖各 1 个，三等奖 3 个。在四川省中小学 2023 年春季学期作业设计大赛中，乐山市小学组获奖 248 个，初中组获奖 150 个，高中组获奖 36 个。

开展好青少年航空学校招生。乐山市初中毕业生 448 人次参加空军、海军招飞初选，9 名学生被空军青少年航空学校录取，3 名学生被海军青少年航空学校录取。乐山市教育局被评为 2023 年度四川省空军青少年航空学校招生工作先进单位。

为了进一步加强中小学教材教辅与课外读物的管理，规范有序地组织开展好教材、教辅选用征订工作，确保各类校园读物质量，2023 年 3 月，乐山市教育局中小学教材教辅与课外读物管理领导小组调整了小组成员，普教、职教、高教一盘棋，加强党对教材、教辅及读物管理工作的绝对领导，加强学校教材意识形态管理，规范教辅材料和课外读物的推荐使用。2023 年春季普通中小学实际在校学生人数 273 348 人，共发放义务教育阶段普通中小学教材免费教科书 2 679 927 册，发放运动学校、特殊教育学校教材 2 463 册，发放民族教育教学用书 21 166 册，大字教材 2 372 册。2023 年秋季普通中小学实际在校学生人数 275 574 人，共发放义务教育阶段普通中小学教材免费教科书 3 007 625 册，发放运动学校、特殊教育学校 2 858 册，发放民族教育教学用书 21 761 册。

落实"控辍保学""七长责任制"与联控联保机制，聚焦民族地区易地搬迁群众、留守儿童、残疾儿童等群体，建立辍学风险儿童情况台账，一生一表，常态化持续开展劝返工作，防止返贫或厌学导致的新增与反弹，守住"义务教育有保障"底线。2023 年 10 月，对全国基础教育管理服务平台中"控辍保学"子系统下发的疑似辍学学生名单，按照校-县-市逐级开展好核查确认工作，保证适龄儿童全部接受并完成义务教育。

依法保障进城务工人员随迁子女在乐山市平等接受义务教育的权利，通过改扩建学校、挖潜扩班等方式增加公办学位 7 000 余个，100% 解决随迁子女入学问题。乐山市义务教育阶段随迁子女就学2.6万人，其中在公办学校（含民办购买学位）就读率占比90%以上。

（三）高中教育发展情况

乐山市有普通高中29所，其中公办普通高中20所（含省一级引领性普通高中2所、省一级特色办学普通高中2所、省二级示范性普通高中3所、市级示范性普通高中11所、一般普通高中2所），民办普通高中9所（含省二级示范性普通高中1所）。乐山市高中阶段毛入学率达96%以上，高考本科上线人数和上线率连续稳步提升。实施《乐山市普通高中高质量发展三年攻坚计划（2023—2025年）》，用三年时间，稳生源、优师资、精管理、推改革、兴教研、拓渠道、活政策和强保障，全力打好整体联动的提质攻坚战，构建乐山市普通高中教育高质量发展的良性生态，实现高考出口水平的逐年提升与拔尖创新人才培养质的突破。

2023年，乐山市参加普通类高考13 651人，一本上线2 232人，比2022年增加162人，上线率为16.35%，比2022年增加7.8%；本科上线6 550人，比2022年增加129人，上线率为48%，比2022年增长2.0%。2024年，乐山市高考报名26 629人，较2023年增加779人；普通类考生14 189人，较2023年增加704人；艺术类考生1 826人，较2023年减少167人；体育类考生1 223人，较2023年减少102人；中职类考生9 391人，较2023年增加344人。

二、高等教育情况①

乐山市有全日制普通本科院校2所，高职专科学校1所，设立39个二级学院（系）、176个专业。在校学生超过5万人。留学生超过200人。近年就业率均超过90%。

优化高等教育布局规划。乐山职业技术学院完成四川省"双高计划"项目建设单位中期评估。推动高校积极融入共建"一带一路"倡议，乐山职业技术学院被省教育厅评为"清江印象"留学生示范基地，学院主持开发编制的《储能材料技术》获批赞比亚国家专业标准。四川质量工程职业技术学院项目完成三方共建协议签署。

---

① 数据资料由乐山市教育局提供。

三、职业教育情况[①]

乐山市有中职学校 17 所（含 2 所省属中职学校），办学规模达 3.72 万人，职普比大体相当。乐山市有省级现代学徒制试点院校 5 所，省级"双示范"建设项目学校 6 所，四川省中等职业教育"三名工程"项目学校 3 所（乐山一职中、犍为职中、省食品药品学校）。校企合作覆盖所有职业学校，"十四五"以来新增新兴产业关联专业 25 个，专业设置与产业需求匹配度达 92%。中职学生升学比例达 70%，职业院校毕业生有效就业率达 96%。乐山市有 7 所涉藏地区和彝族聚居区"9+3"学校（乐山一职中、市计算机学校、犍为职中、夹江云吟职中、峨眉职中、省食药校、省质监校），"9+3"免费职业教育在校生达 3 201 余人，"9+3"毕业生实现 100% 就业或升学。由中央纪委牵线建成的马边碧桂园职业中学被誉为"大小凉山职业教育的明珠"；东西部协作职业教育绍乐"蓝鹰工程"覆盖乐山市职业院校 16 所，其办学模式在全国、全省会议上做经验交流。乐山市惠德综合高级中学（原乐山市计算机学校）是全国 1 000 所国家级示范性中职学校中唯一的民办中职学校。建立中职技能大赛省—市—县（校）三级办赛体制，参赛规模和竞赛成绩进入全省第一方阵，推动乐山市 4 所职业院校（乐职院、乐山一职中、犍为职中、沐川职中）参与组建成渝地区专业联盟，并成为理事单位。

四、特殊教育情况[②]

乐山市全面推进融合教育、全纳教育，形成以特殊教育学校为骨干，随班就读为主体，送教上门为补充的特殊教育新格局。截至 2024 年年底，乐山市共有特殊教育学校（机构）8 所，包括乐山市特殊教育学校 4 所（夹江特殊教育学校未纳入事业统计报表），乐山市儿童福利院 1 个公立机构，乐山市中区亲亲幼儿园、犍为县小石头培训学校 2 个民办学前教育、职业教育机构，共有教职员工 210 人。从事"送教上门"工作的教师约 600 人，担任随班就读学科指导任务的教师达 2 000 人以上。

残疾学生 2 707 人，其中，特殊教育学校学生 585 人，送教上门学生

---

① 数据资料由乐山市教育局提供。
② 数据资料由乐山市教育局提供。

501 人，随班就读学生 1 408 人，延缓入学学生 105 人，市儿童福利院 14 人，民办福利机构 94 人。已建立市级资源中心 1 个，县级资源中心 1 个，融合教育学校建资源教室 100 个，已成立县级残疾人教育专家委员会 12 个。

制定实施《乐山市"十四五"特殊教育发展提升计划》。截至 2024 年年底，适龄残疾儿童入学安置全部完成，入学率达 98.6%，大幅超过省残疾儿童少年入学率 95% 的标准。2023 年乐山市特殊教育学校 16 名聋人高中毕业生参加听障学生单招考试，12 人升入大学。四川省第十届残疾人运动会暨第五届特殊奥林匹克运动会上，乐山市残疾学生斩获 71 枚奖牌，奖牌数位居全省第一名。

总体来看，乐山市的教育在"十三五"时期取得了显著的成就，并在"十四五"时期面临着新的机遇和挑战。取得的成就主要体现在办学条件显著改善，在教育资源的配置、学校基础设施建设等方面有了大幅度提升，为学生提供了更好的学习环境。教师队伍的专业素质和教学能力得到了加强，有利于提高教学质量和学生的学习效果。在教育治理方面不断探索和创新，提高了教育管理的效率和水平。通过各种教育活动和课程改革，学生的综合素质得到了有效提升。在教育体制和机制上进行了一系列的改革，推动了乐山市各级各类教育事业的全面发展。当然，我们在看到取得的成绩的同时，也要看到乐山市的教育也面临不少挑战和不足，比如乐山市的教育发展仍存在城乡、区域之间的不平衡问题，尤其是金口河区、峨边彝族自治县、马边彝族自治县三个少数民族区县的教育发展水平比较滞后。优质教育资源分布不均，金口河区、峨边彝族自治县、马边彝族自治县、沐川县一些乡村学校仍然面临优质师资和设施短缺的问题。尽管育人质量有所提升，但仍需进一步提高教育教学质量，满足学生和家长对高质量教育的需求。未来，乐山市需要继续加大教育投入，优化教育资源配置，深化教育改革，提升教育质量，以实现教育的长远发展和社会的全面进步。

五、实践操作

（一）教育走访

在教育走访方面，采取的方式主要是访问乐山学校，包括城市学校和乡村学校，并观察两者在教育资源和环境方面的差异，在课上分享观察结果并进行讨论。

（二）角色扮演

在角色扮演方面，主要采取的方式是扮演教育决策者的角色，模拟一次关于未来乐山乡村教育发展方向的会议。每个小组提出不同的策略，进行辩论，最终达成一定的共识。

第三章 乐山市学校德育及典型案例

德育是培养学生良好道德品质和公民素质的教育。在乡村人才振兴中，德育能够帮助乡村学生树立正确的世界观、人生观和价值观，增强他们对乡村的归属感和责任感，为乡村振兴提供道德支撑和精神动力。本章主要介绍乐山学校的德育教育及典型案例。

第一节 乐山市学校德育

乐山市全面落实立德树人根本任务，实施乐山市中小学德育工作"15510"行动计划，创新推动未成年人思想道德建设和思想政治课改革，发挥思想政治理论课在立德树人中的关键作用，推动思想政治课改革创新，不断增强思政课的思想性、理论性和亲和力、针对性。团教协作纵深发展，共青团和少先队改革各项工作有序推进，全新打造乐山红领巾融媒体中心，创新性开展各项少先队主题活动。传承红色基因，铸牢红色印记，扎实开展政治启蒙教育和社会主义核心价值观的塑造活动，打造"德育大讲堂"思政微课堂和"红领巾讲解员大赛"红色品牌等活动。紧扣"践行十爱德耀嘉州"主题活动内涵，开展"传承优良家风争做时代新人"爱国主义读书教育系列主题活动。全面加强关心下一代工作委员会（简称"关工委"）工作，在教育部关工委举办的培训会议上作经验交流。狠抓学生心理健康教育和家庭教育，全面实施《乐山市中小学心理健康教育发展三年规划（2021—2023 年）》，有效遏制因心理问题引发的各类极端事件。评选 2023 年度乐山市"新时代好家长"100 名，草堂高中陈燕老师家庭获评 2023 年度四川省最美家庭。评选出乐山市中小学（幼儿园）示范性家长学校 23 所，积极建立"家长学校"创新发展模式。狠抓科技教育，举办乐山市第七届青少年科技大赛。参加第 37 届四川省青少年科技创新大

赛，获青少年科技创新作品一等奖 5 个，二等奖、三等奖各 6 个；科技辅
导员科技创新作品一等奖 2 个，二等奖、三等奖各 3 个。其中，获四川省
科协主席奖 2 个、科技创新新苗奖 1 个、国赛资格 4 个，刷新了乐山市青
少年科创赛历史最好成绩。

第二节　乐山市学校德育典型案例

一、社会主义核心价值观教育

（一）金口河区共安彝族乡新河小学爱国主义教育创新案例①

1. 学校介绍

2020 年 9 月，根据金口河区委区政府的教育发展规划，该校撤销了初
中部。根据金口河区委编制委员会金编委〔2020〕41 号文件，乐山市金口
河区共安彝族乡初级中学更名为乐山市金口河区共安彝族乡新河小学。
2020 年改建围墙，校门移到大渡河边。学校占地面积约 7 372 平方米，绿
化用地面积 1 260 平方米，运动场地面积 3 853 平方米，教学及辅助用房面
积 1 940 平方米。

该小学办学以来，已成为乐山市独特的一所少数民族寄宿制学校。在
铁道兵精神的感染下，新河小学以"铁兵精神，薪火相传"为党建品牌，
以"党建+N"教育模式，传承和弘扬铁道兵逢山凿路、遇水架桥的精神。
扬铁兵精神，将铁道兵红色文化代代传承下去。该校还以"良好习惯教
育、悦读教育、红色传承教育和五育并举"为办学特色，以培养"团结友
爱，勇于拼搏，志在四方"的新时代少年为办学目标。

学校先后被评为四川省绿色学校、四川省卫生单位、乐山市先进基层
党组织、乐山市校风示范校、乐山市文明单位、乐山市后勤管理先进集
体、乐山市防震减灾科普示范校、金口河区最佳文明单位、金口河区民族
团结示范单位等。学校积极组织师生参加各级各类活动，成绩卓著，荣获
四川省第五届航海模型锦标赛"海豹号"电动巡逻艇制作赛团体一等奖、
四川省第六届航海模型锦标赛"南湖红船"外观赛团体一等奖、四川省第
五届青少年智力运动飞叠杯团体一等奖、乐山市艺术节展演优秀组织奖、

---

① 案例材料由张万路整理提供。

金口河区艺术节展演优秀组织奖、金口河区全民阅读优秀组织奖等。

2. 案例背景

世界上任何一个民族、国家都十分重视爱国主义教育，而中华民族是最具有爱国主义光荣传统的伟大民族。习近平总书记在北京大学师生座谈会上指出，"爱国，是人世间最深层、最持久的情感，是一个人立德之源、立功之本"。加强爱国主义教育，这是党的教育方针，是各级各类学校的核心使命与根本任务。

3. 主要做法

（1）开展爱国主义课堂教育教学活动。发挥德育学科教学的德育功能，创新教育教学方式方法，注重与学生日常生活相连接，与地方德育资源相对接，不断提升德育课程的生动性与鲜活性。挖掘每门学科课程教材的德育因素，找到学科知识与爱国主义教育的结合点，全面落实课程思政的要求，在学科知识教学中渗透爱国主义教育。把爱国主义教育作为价值维度的关键内容，贯穿到教师教育教学全环节全过程，从教材选用、教学大纲、教学计划，到教师备课、上课、小结，学生复习、考试等，都有爱国主义教育的渗透点、结合点与体现点。

将爱国主义精神教育与养成教育相结合。在开展"弘扬爱国主义精神"教育时，注重结合学生思想实际。开展教育活动，应充分利用主题班会课、黑板报等宣传阵地，使广大学生进一步接受爱国主义精神与时代精神的教育与熏陶，激发广大学生的爱党爱国情感，将自己的成长自觉地与祖国利益、民族复兴结合起来。

将爱国主义精神教育与校园文化活动相结合。在培育和弘扬爱国主义精神活动中，各班级结合具体情况开展主题班会活动。在团队的组织下，各班主任带队开展以爱国主义教育为主题的班会活动，通过看视频、讲故事、分析案例等多种方式对学生进行爱国主义教育。学校先后开展了红军长征等红色爱国主题班会。

（2）开展以爱国主义为主题的教育实践活动。学校先后开展了以下活动："向国旗敬礼"主题系列活动；以"爱党爱国爱家乡，中华少年当自强"为口号的爱国主义教育活动；以"铭记红色历史，做优秀少先队员"为主题的建队日活动；大队辅导员带领少先队员回顾少先队的光荣历程，帮助少先队员了解队史、熟知队章，进行"敬队礼、戴红领巾、唱队歌"的活动，增强组织意识，介绍党、团、队的特殊关系，增进少先队员对党、团组织的认知和向往；开展以"热爱祖国，美化校园，健康生活"为主题的系列教育实践活动，采取一日一故事的形式，传播爱国的精神与传统；开展纪念抗战胜利宣誓活动，激励学生们要树爱国之心，立报国之志，努力学习，强健体魄，做文明少年，成圆梦使者，为实现中华民族伟大复兴的中国梦而努力奋斗。

（3）开展以爱国主义为主题的文体活动。先后开展以"扬爱国情怀，抒学子心声""唱响'一二·九'，演绎中华情复兴梦"等为主题的红歌会；同时在红军长征纪念日等活动中，先后开展了多次主题演讲比赛。

（4）将爱国主义教育与课外兴趣班相结合。学校开设了美术、音乐、剪纸、朗诵等兴趣班，在兴趣班教学期间，老师们通过"爱国主义"专题，带领学生们通过多种形式来表现自己的爱国之情，充分调动了学生们的积极性。

（5）取得的成效。在活动过程中，学校扎实开展系列活动，积极营造氛围，让学生在潜移默化中接受爱国主义理想信念教育、社会主义荣辱观教育、珍爱生命教育、法律法规教育、热爱家乡教育，全面促进中小学生身心健康发展，不断增强爱国主义向心力和凝聚力，培养和巩固中小学生的爱国主义情感。学校通过准确把握活动主题，以动态的爱国主义为核心，以多个活动为切入点，努力推进学校德育和形势政策教育工作的创新，通过开展喜闻乐见、形式多样的主题活动，使学生了解我国经济、政治、文化和社会建设的发展进步，让学生感受以爱国主义为核心的爱国主义精神和以改革创新为核心的时代精神，增强中小学生对中国共产党的热爱和对中国特色社会主义道路的认同，并努力把爱国主义化为每一天的具体行动，健康成长。

在各项活动中，有许多优秀的学生在比赛和活动中脱颖而出，在全区的手抄报、剪纸作品、演讲等各项比赛中取得了不错的成绩。

4. 点评解读

学校是对青少年进行爱国主义教育的主阵地，新河小学把爱国主义教育贯穿到教育教学全环节全过程，重点加强了课堂教学主渠道建设。新河小学制定了各学科（包括自然学科在内）爱国主义教育的分科计划，把爱国主义教育的内容分解，贯穿到各相关学科的课堂教学中去，开设了以爱国主义教育为主要内容的专题讲座。明确了教师开展爱国主义教育的职责要求，并通过制度化的方式把爱国主义教育渗透到教师课堂教学之中。充分利用地方丰富的爱国主义教育资源，用好用活爱国主义教育的校外课堂，促进了爱国主义教育的直观化、形象化与生动化。创新爱国主义教育方式，引入体验式、活动式等方法，组织学生在生产劳动、社会实践等活动中接受爱国主义教育。

新河小学通过多维度、多渠道的方式开展爱国主义教育，体现了深刻的教育性。学校不仅将爱国主义教育融入学科教学中，还将其与养成教育、校园文化活动、文体活动以及课外兴趣班相结合，形成了全方位、立体化的爱国主义教育体系。这种教育模式有助于学生在不同场合、不同形式下，不断接触和体验爱国主义精神，从而在潜移默化中增强爱国情感和民族自豪感。

新河小学的爱国主义教育实践遵循了德育教育的基本原则和方法，如将爱国主义教育与学科教学相结合，体现了学科融合的教育理念。同时，通过主题班会、团队活动等形式，搭建了学术研讨和情感交流的平台，促进了学生批判性思维和道德判断能力的发展。此外，通过各种纪念活动和节日庆典，学校还注重历史教育和时事教育的结合，增强了教育的时效性和相关性。

新河小学的爱国主义教育不仅限于理论传授，还强调了实践性和体验性。学校通过组织"向国旗敬礼""纪念抗战胜利宣誓"等活动，让学生在实际参与中感受爱国情感。同时，通过兴趣班等课外活动，学生能够通过美术、音乐等艺术形式表达自己的爱国情怀。这种实践性的学习方式能够更好地促进学生对爱国主义精神的理解和内化。

整体来看，新河小学的爱国主义教育案例展现了学校在爱国主义教育方面的综合性和创新性。学校通过课堂教学、养成教育、校园文化、文体活动以及课外兴趣班等多种途径，构建了一个多元化的爱国主义教育环境。这种教育模式不仅有助于提升学生的德育素质，还能够激发学生的爱国情感，促进学生全面发展。同时，学校在教育实践中注重理论与实践的结合、历史与现实的结合以及知识与情感的结合，使得爱国主义教育更加生动、具体和有效。

5. 知识拓展

爱国主义教育是培养公民特别是青少年对国家忠诚和热爱，以及对民族历史、文化传统认同和尊重的一种教育形式。它不仅是国家教育体系的重要组成部分，也是推动社会主义核心价值观建设的重要途径。

从理论上来看，爱国主义的本质是中华民族精神的核心，体现了民族心和民族魂，是激励中国人民维护民族独立和尊严的精神动力。在当代中国，爱国主义与社会主义相统一，爱国主义教育强调坚持爱国和爱党、爱社会主义的高度统一。爱国主义教育的目标是培养担当民族复兴大任的时代新人，增强民族自尊心、自信心和自豪感，促进学生将个人理想与国家前途紧密相连。

从价值上来看，爱国主义教育有助于培育和弘扬以爱国主义为核心的民族精神和以改革创新为核心的时代精神。通过爱国主义教育，人们能够深刻理解国家和民族的发展历程，形成正确的历史观和大局观。爱国主义教育强调对中华优秀传统文化的传承和发展，增强对民族文化的认同和自豪感。

从政策上来看，2019 年中共中央、国务院印发了《新时代爱国主义教育实施纲要》，明确了新时代爱国主义教育的总体要求、基本内容、实践载体和组织领导[1]。为了贯彻落实《新时代爱国主义教育实施纲要》，2020年教育部办公厅印发《教育系统关于学习宣传贯彻落实〈新时代爱国主义教育实施纲要〉的工作方案》《中小学贯彻落实〈新时代爱国主义教育实施纲要〉重点任务工作方案》，强调了课堂教学的主渠道作用，以及实践活动的重要性，要求各地教育行政部门坚持爱国和爱党、爱社会主义高度统一，加快构建一体贯穿、循序渐进的爱国主义教育体系，强化政府、学校、家庭、社会协同作用[2]。2023 年，十四届全国人大常委会第六次会议表决通过《中华人民共和国爱国主义教育法》，为加强新时代爱国主义教育提供了法治保障，明确了教育行政部门和学校的职责[3]。

这些理论、价值观念和政策文件共同构成了新时代学校开展爱国主义教育的政策法律框架，旨在通过教育引导和实践养成，培养具有爱国情怀、社会责任感和创新精神的社会主义建设者和接班人。

6. 实践操作

（1）内容回顾：绘制本节内容思维导图。

（2）头脑风暴：爱国主义教育应该如何适应不同年龄段的学生？

（3）项目研究：结合对新河小学爱国主义教育案例的学习，请同学们

---

[1] 新时代爱国主义教育实施纲要[EB/OL].（2019-11-12）[2024-10-06]. https://www.gov.cn/zhengce/2019-11/12/content_5451352. htm.

[2] 教育系统关于学习宣传贯彻落实《新时代爱国主义教育实施纲要》的工作方案[EB/OL].（2020-01-20）[2024-10-06]. http://www. moe. gov. cn/srcsite/A12/moe_1416/s255/202002/t20200219_422378. html.

[3] 中华人民共和国爱国主义教育法[EB/OL].（2023-10-25）[2024-10-06]. https://www.gov.cn/yaowen/liebiao/202310/content_6911481. htm.

收集自己家乡的爱国主义教育素材，并编写一份乡村小学爱国主义教育工作案例，字数不少于 2 000 字。

（二）沐川县幸福小学国防教育主题活动案例①

1. 学校介绍

沐川县幸福小学占地面积 21 433 平方米，运动场地面积 9 172 平方米。学校坚持以人为本、高端引领、协调发展、人尽其才的工作原则，着力抓好人才队伍建设。学校现设 28 个教学班，在职教师 81 人，其中党员 30人，省市县级骨干教师 25 人。

2. 案例背景

根据《教育部 中央军委政治工作部关于遴选创建 2023 年中小学国防教育示范学校的通知》精神，沐川县幸福小学成功申报创建中小学国防教育示范学校。申报成功后，县委县政府、县教育局对学校创建工作高度重视，多次到学校调研、考察、指导，希望幸福小学通过培养孩子浓厚的家国情怀，根植强烈的民族精神，落实立德树人根本任务，将国防教育做成一张农村小学闪亮的教育名片。

3. 主要做法

幸福小学国防教育主要围绕"强国防铸军魂育好人"这一中心任务，从"建立体系、制度建设、特色活动"三个方面开展国防主题教育。

（1）建立国防教育共同体。学校与沐川县人民武装部主动衔接，聘请县人民武装部副部长朱员锋为国防教育副校长，共同策划校园国防教育文化建设。邀请公、检、法干部到校做法治宣传教育，与消防队携手做好平安校园相关工作。创建军人（或退伍军人）及其子女档案库，倡导军人（或退伍军人）积极参与到学校国防教育活动中来，为孩子的健康成长保驾护航。

（2）完善国防教育制度建设。一是完善工作计划。将国防教育纳入学校工作计划，学校教师发展中心、教学管理中心、学生发展中心、后勤部门及工会通力合作，将国防教育工作做实、做细。二是建立制度保障和考核机制。召开学校行政班子会，组织班子成员结合国防教育的相关要求完善本部门制度，通过行政会修订学校管理制度和学校考核评价方案，以提升全体教职员工对国防教育工作的重视度。

---

① 案例材料由沐川县幸福小学整理提供。

（3）开展特色主题活动。

一是开设国防教育课程（见图3.1）。按照国家课程导向开设规定课程，根据学科特点融入国防教育元素。如在道德与法治课上，教师引导学生阅读红色经典，弘扬革命文化；美术课上，教师指导学生在作品中融入美丽中国、魅力乡村元素，体现伟大的中国精神。

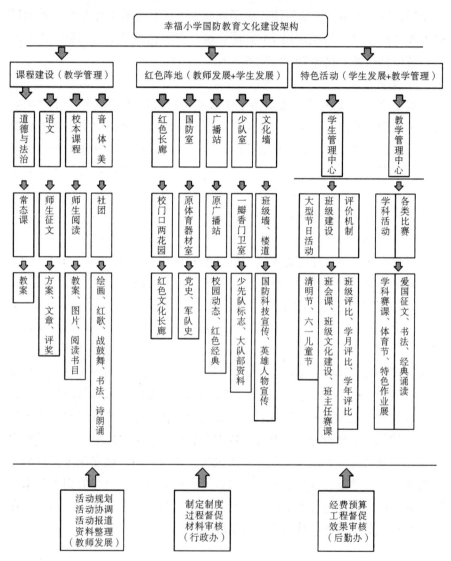

图 3.1　幸福小学国防教育文化建设架构

二是上好"三堂课"。开学第一课：开学典礼上，校长上思政课，检察院、法院领导上法治教育课，引领全体师生树立"强国有我、爱国护国"的总目标。军营体验课：请公安干警进学校指导全校师生升国旗、学礼仪、走队列、树形象。主题班会课：班主任精心设计国防教育主题班会课，带领学生学习国防知识，了解国防军事发展，强化国防意识。

三是加强校园"红色阵地"建设。"红色阵地"包括：①红色故事宣讲台。红领巾广播站定期播出红色经典故事，宣讲英雄事迹。②学校文化长廊。校园里以两个入门花园为主体打造国防教育园。③红色经典朗诵台。学校大屏每日滚动播放红色经典朗诵篇目，引领师生进步，浸润师生内心。④书香天地。学校的"幸福书屋"购置近两万元的红色经典读物，供全校师生借阅，以书本传承红色基因，积淀师生文化内涵。

四是开展专题教育活动。以 2023—2024 学年为例，活动开展如表 3.1 和表 3.2 所示。

表 3.1 沐川县幸福小学 2023—2024 学年上期国防教育主题活动一览表

时间	主题	活动开展情况
9 月	"常规练素养，少年铸军魂"一年级新生素养展评	学校公众号报道
10 月	"追怀革命先烈，传承红色基因"少先队建队日活动	学校公众号报道
	"文化扬自信、童心齐筑梦"班级文化评比活动	学校公众号报道
11 月	"传唱经典、感恩祖国、向美而行"第九届校园艺术节	中国网发布
12 月	"牢记历史，不忘国耻"爱国主题演讲活动	学校公众号报道
1 月	"踏寻先辈足迹 弘扬民族精神"党支部红色教育活动	中国网发布
	"心系国防圆梦中华"国防教育主题活动	中国网发布

表 3.2 沐川县幸福小学 2023—2024 学年下期国防教育主题活动一览表

时间	主题	活动开展情况
3 月	"学雷锋树新风"少先队植树活动	中国网发布
	"瞻仰革命英雄为英魂献花"清明节公祭活动	中国网发布
4 月	"强国防铸军魂向未来"体育节主题活动	沐川县融媒体发布
5 月	"心系国防情满人间"劳动节主题活动	已开展
6 月	"童心向党歌唱童年"儿童节庆祝活动	已开展

表3.2(续)

时间	主题	活动开展情况
7月	"请党放心强国有我"主题阅读活动	已开展
8月	"请党放心强军有我"社会实践活动	已开展

（4）活动成效。一是教师变化大。各学科教师在教学中融入国防教育素材，渗透国防教育理念，培植学生爱党爱国情怀。班主任巧用红色经典和国防元素布置班级文化墙，润泽学生的童年生活。二是学生变化明显。丰富多彩的校园活动唤醒了学生内心的梦想，学生愿意在活动中展示自我、超越自我。如"传唱经典、感恩祖国、向美而行"校园艺术节中，学生经过唱红歌训练、演出，在课堂中也更加自律、自强、自信。在"强国防铸军魂向未来"体育节暨国防教育主题活动中，学生精神饱满站军姿，整齐划一走方队，信心十足参加比赛，时时处处展现着小军人姿态。

（5）案例反思。一是缺乏专业的国防教育指导团队。学校在打造校园国防教育园时，占位不够高，活动设计较为单薄。二是缺乏充足的资金进行国防教育文化建设。学校国防教育园要打造的"重走长征路""国防科技苑""红色文化长廊"因资金短缺只能分步呈现，删减经典，美感不足，不够完整。三是缺乏专业指导。学校想设计一套少年军校评价体系，以更好地为学生培根铸魂，但是缺乏精准的指导，举步艰难。

4. 点评解读

幸福小学通过建立国防教育共同体和开展特色主题活动，强化了师生的国防意识。与人民武装部的合作以及校园"红色阵地"的建设，使得国防教育成为校园文化的一部分，加深了师生对国防重要性的认识。学校通过"红色故事宣讲台"和"红色经典朗诵台"等活动，弘扬革命文化，激发学生的爱国情感，培养他们对国家的忠诚和热爱。国防教育课程和"三堂课"的实施，以及各种主题活动的开展，鼓励学生参与集体活动，强化团队合作意识，体现了集体主义精神。通过国防教育课程和专题教育活动，学生能够学习到国防理论、国防历史和国防法规等基础知识，增加了他们的国防知识储备。学校的军营体验课和体育节等活动，给学生提供了实际操作和体验的机会，使学生能够将理论知识转化为实践能力，如学习基本的军事技能和进行队列训练。国防教育工作面向全校师生，体现了全民性和普及性。同时，学校通过创建军人（或退伍军人）子女档案库，针对特定群体提供更为精准的教育和支持。学校的国防教育不仅限于特定课程或活动，而是贯穿于学校教育的整个过程中。幸福小学的国防教育不仅限于课堂知识传授，还注重实践性，通过各种体验活动和实际操作，学生能够亲身体验和实践国防教育的内容。幸福小学将国防教育与学校其他教育活动相融合，如将国防教育元素融入道德与法治和美术等课程中，以及通过校园文化建设，将国防教育与学校文化生活紧密结合。

综上所述，幸福小学的国防教育工作案例充分展现了国防教育的多维度和深层次价值。学校通过与外部机构的合作、制度建设、课程融入、主题活动和文化建设等多方面的努力，构建了一个全面而系统的国防教育体系。这种教育模式不仅有助于提升学生的国防意识和能力，而且对于培养学生的爱国情感、集体主义精神和实践能力都具有重要意义。学校通过这样的教育实践，可以为国家培养出既有爱国情怀又具备国防素养的新一代公民。

5. 知识拓展

国防教育是指通过对公民进行国防意识、国防知识的教育，以增强其国家安全意识和国防观念，培养爱国主义精神，增强国防动员能力。

国防教育强调国家安全不仅包括军事安全，还包括政治、经济、文化、社会、信息等多领域的安全；倡导全民参与国防，认为每个公民都应承担起保卫国家安全的责任；强调军事与民用技术的相互转化和应用，促进资源的合理配置和利用。国防教育不仅包括战争时期的应对措施，也包括平时的预防教育，提高民众对潜在威胁的警觉性。国防教育与爱国主义教育紧密相连，通过教育培养公民的爱国情操和民族自豪感。

国防教育旨在提高公民对国家安全重要性的认识，增强其维护国家主权和领土完整的责任感；培养公民的爱国情感，激发其为国家利益而奋斗的意志；使民众了解国防知识，提高应对突发事件的能力和国防动员的效率；增强社会凝聚力，为维护社会稳定和长治久安打下坚实基础；加强军事与民间的交流合作，促进科技、教育、经济等资源在国防领域的应用。

第十三届全国人民代表大会常务委员会于 2020 年 12 月 26 日修订的《中华人民共和国国防法》，规定了国防活动的基本原则，明确了国家机构的国防职权，武装力量的任务和建设目标，以及国防科研生产和军事采购等内容，强调了国防是国家生存与发展的安全保障，以及公民、组织的国防义务和权利①。第十四届全国人民代表大会常务委员会于2024年9月13日修订的《中华人民共和国国防教育法》，旨在普及和加强国防教育，发扬爱国主义精神，增强民族凝聚力，提高全民素质；明确了国防教育的地位、方针、原则，工作的领导体制，以及对学校国防教育和社会国防教育的要求②。国家国防动员委员会于2014年7月修订的《全民国防教育大纲》，规定了国防教育的指导思想、基本任务、目标，并对教育的内容、途径和保障措施进行了规范；还明确了国防教育包括国防理论、国防知识、国防历史、国防法规、国防形势与任务、国防技能等基本内容③。2022年，中共中央、国务院、中央军委印发《关于加强和改进新时代全民国防教育工作的意见》，这是新时代创新发展国防教育领域的纲领性文件，针对当前形势，提出了加强国防教育工作的指导性意见，明确要着力加强青少年国防教育，将国防教育要求有机融入课程教材，将国防教育融入普通高等学校和中等学校考试内容④。

6. 实践操作

（1）内容回顾：绘制本节内容回顾思维导图。

（2）头脑风暴：如何将国防教育与其他学科知识相结合，形成综合的教育体系？

（3）项目研究：结合对沐川县幸福小学国防主题教育案例的学习，请同学们根据党和国家关于国防教育的政策文件，编写一份小学生国防教育主题活动方案，字数不少于2 000字。

（三）井研县研城中学"三大"育人目标案例⑤

1. 学校介绍

四川省井研县研城中学，简称"研城中学"，是一所由井研县教育局主管的公办初中义务教育学校。学校始建于1951年，时为井研县研城小学二分部，1964年分设为井研县研城第二小学，1968年开始招收初中生，更

---

① 中华人民共和国国防法［EB/OL］.（2020-12-27）［2024-04-26］. http://www.mod.gov.cn/gfbw/fgwx/flfg/4876050.html.

② 中华人民共和国国防教育法［EB/OL］.（2024-09-13）［2024-10-06］. https://www.gov.cn/yaowen/liebiao/202409/content_6974369.htm.

③ 国家国防动员委员会. 全民国防教育大纲［EB/OL］.（2014-09-18）［2024-04-26］. https://news.fznews.com.cn/zt/2014/gfjyr/zcfg/2014-9-18/2014918gaXlaZfs77103649.shtml.

④ 关于加强和改进新时代全民国防教育工作的意见［EB/OL］.（2024-09-01）［2024-10-06］. https://www.gov.cn/zhengce/2022-09/01/content_5707818.htm.

⑤ 案例材料由姚松岷整理提供。

名为井研县来凤区五七学校，1977年开始招收高中生，1980年撤去小学部升为普通中学，正式更名为四川省井研县研城中学。2015年井研县实验高级中学校址（前身为井研县师范学校）划归研城中学，至此，学校一校两园格局初步形成，研城街道东门新村23号为雅学园，研城街道东门新村9号为卓学园。

学校校园占地面积31 356平方米，建筑面积27 583.37平方米，教学班级57个，学生3 093名，教职工216名，其中正高级教师1名，高级教师43名。学校现有省级骨干教师3人，市级嘉州英才、学科带头人、骨干教师21人，市级教坛新秀7名，县级骨干教师57人。学校连续12年获得"乐山市初中教育质量管理一等奖"，2020年12月，学校被授予"乐山市初中教育质量管理成就奖"。

2. 案例背景

培养什么人、怎样培养人、为谁培养人是教育的根本问题[1]。习近平总书记在党的二十大报告中指出"育人的根本在于立德"[2]，要求"全面贯彻党的教育方针，落实立德树人根本任务，培养德智体美劳全面发展的社会主义建设者和接班人"[3]。重视德育是学校党抓教育工作的一个鲜明特征。百年大计，教育为本；育人之本，首在立德。为加强德育工作对青少年学生健康成长和学校工作的导向、动力和保障作用，井研县研城中学始终在坚持德育优先的原则下不断丰富育人、树人的内涵，形成了"立德于心、求新致远"的独具本校特色的德育理念，赋予德育工作鲜明的实践特色、时代特色和行业特色，着力推进德育工作制度化、常态化、活动化和校本化，开创了本校德育工作新局面。

3. "三大"德育理念解析

研城中学把大爱、大智、大美作为学校的思想政治工作理念，并熔铸于办学理念、培养模式、育人目标、社团活动、课堂建设等方面，着力培养具有"三大"品质的研中学生。

（1）"三大"育人目标奠定幸福人生。学校把大爱、大智、大美作为育人目标，并将"大爱"细化为大爱无外、大爱无内、大爱无私、大爱无畏、大爱无悔五个方面具体内容；把"大智"细化为大智有谋、大智有

---

① 习近平. 习近平著作选读：第一卷［M］. 北京：人民出版社，2023：28.
② 习近平. 习近平著作选读：第一卷［M］. 北京：人民出版社，2023：28.
③ 习近平. 习近平著作选读：第一卷［M］. 北京：人民出版社，2023：28.

慧、大智有德、大智有识、大智有才、大智有学六个方面具体内容；把"大美"细化为大美至真、大美至善、大美至纯、大美至刚、大美至柔、大美至伟六个方面具体内容，做到关注学生终身发展，为学生的幸福人生奠定坚实的基础。

（2）把"三大"目标融入办学理念。学校围绕培养"三大"品格的人，确立"雅卓教育"的办学理念，培养学生"雅而有致，卓尔不凡"的研中精神，为孩子们的终身学习、发展与幸福奠定坚实的基础，全力打造井研教育新标杆、古韵井研新名片，实现"让学生成才、让教师成功、让学校成名"的办学目标。

（3）人才培养模式贯通"三大"目标。"立德为先+核心素养+专长发展"人才培养模式，着力培养学生能够适应终身发展和社会发展需要的必备品格和关键能力，包括"人文底蕴、科学精神、学会学习、健康生活、责任担当、实践创新"六大学生核心素养18个方面的核心能力，夯实学生全面发展基础，培养具有"三大"品格的时代新人。

（4）多彩社团课程落实"三大"目标。学校聚焦"三大"育人目标，落实"五育并举"要求，按规定在开齐开足国家课程的基础上，开设音乐、美术、心灵驿站、足球、围棋、科技创新等19个社团，倡导人人广泛参与，让学生的兴趣更广泛，特长更突出。

（5）打造高效课堂提升"三大"品质。学校始终坚持以科研带教研，实施"125高效课堂"模式，着力提升"三大"品质。借助学校"巴蜀云班"平台，以备课组为单位每周开展集智研备，共同研讨学习目标、学习重难点、学习方法，统一导学提纲、导学PPT、限时练习，统一"125高效课堂"模式流程，保证教学资源统一，全面提高课堂效率。

4. 主要做法

（1）党建引领，加强学校德育工作顶层设计。以"雅卓教育"为理念引领，践行为党育人使命。学校党总支以"行雅卓教育·铸'五心'研中"党建文化品牌创建为契机，提出"雅卓教育"理念。在党建品牌和教育理念的引领下，形成独具本校特色的德育品牌——"五心"凝聚·树时代新人。"五心"的具体内涵为：坚持党建引领，坚定对党忠心；强化师德师风，牢记教育初心；呵护学生成长，奉献无私爱心；不忘父母恩情，报以深深孝心；明确人生目标，秉持矢志恒心。学校坚持以雅言、雅仪、雅行提升学生品位，培养学生高尚品德；以"五心"引领学生卓见、卓思、卓学，增长才干。达成以雅养德、以德育卓、涵养"五心"的德育目标，践行为党育人使命。

以制度设计为管理抓手，构建"全员育人"格局。学校以学生日常行为规范养成为着力点，以班级管理效能为考核对象，设计"研城中学班级德育系数考核制度"，撬动学校人力、物力、财力向德育管理倾斜。具体做法如下：以班级各项日常行为规范管理得分汇总排名，以名次×65%为该班级常规管理得分。同理，教学成绩以30%计，后勤管理以5%计，汇总排名，作为各类先进班集体、各级优秀班主任、各级优秀教师评选的依据；以汇总分数排名，前三分之一为1.1倍德育系数，中三分之一为1倍德育系数，后三分之一为0.9倍德育系数，将德育系数纳入教师绩效考核，形成学校"全员育人"格局。

以校本课程为实施路径，提升德育工作效能。在遵循学生所处学段身心发展特点的基础上，结合中国传统节日文化，学校将德育工作校本化：学月定主题、年级有计划、班班有活动。让班主任在学生德育工作过程中有章可循，推动学校德育工作迈上新的台阶。四川省井研县研城中学校本德育课程安排表见表3.3。

表3.3　四川省井研县研城中学校本德育课程安排表

年级	校本德育课程主题
七年级　上	适应新环境，把握新起点
	调整节奏，融入集体
	珍惜缘分，结交新友
	同学交往，把握分寸
	你若盛开，蝴蝶自来
	勇敢承担责任
	工欲善其事，必先利其器
	志不强则智不达
	艾宾浩斯遗忘曲线
	凡事预则立，不预则废

表3.3(续)

年级	校本德育课程主题
七年级 下	好习惯好人生
	墨菲定律
	口下留情，拒绝语言暴力
	有效沟通我能行
	传统美德我来说
	人际沟通有技巧
	被讨厌的勇气
	合理利用网络
	我爱家乡山和水
	生活有误会，你我心放宽
八年级 上	悦纳自己的生理和心理变化
	异性交往有原则
	青春懵懂≠爱情
	向性骚扰说"NO"
	情绪的青春色调
	做一个耐心的倾听者
	流言不可怕，智者自分辨
	校园欺凌知多少
	行己有耻，拒绝校园欺凌
	遭遇校园欺凌怎么办

表3.3(续)

年级	校本德育课程主题
八年级 下	科学管理学习时间
	师生交往，亦师亦友
	创新点亮你的思维
	慎独、慎思、慎言、慎行
	一分耕耘，一分收获
	雅卓、雅言、雅行
	自制是一种秩序
	习惯的力量
	青春的风帆需要把握方向
	勤奋学习、成就未来
九年级 上	网络的快乐与烦恼
	记住，真正的偶像是你自己！
	掌声响起来
	了解祖国，爱我中华
	谁和我一样用功，谁就会和我一样成功
	学会对自己的选择承担后果
	高原效应
	破窗效应
	不能如愿而行，也需尽力而为
	学会应对考试焦虑

表3.3(续)

年级	校本德育课程主题
九年级 下	无惧一切，活出自己
	情绪 ABC 理论
	天使与魔鬼
	木桶效应
	人生百态皆无常，最是一颗感恩心
	明天会更好
	奋力一搏，只为梦想
	心态好，人缘好；心态好，做事顺
	中考，我来了

（2）形式创新，构建"一体化"德育新体系。

环境育人，让校园"活"起来。学校利用女生公寓外一条长近百米的围墙，让学生用发生在身边的德智体美劳相关图片来"演绎"校园文化墙，让这面墙"说话"，这面墙成为德育过程中的无声导师。同学们上下学途经此处，驻足观看，他们在欣赏自己演绎的五育，也在潜移默化地接受着五育熏陶浸染。同时，学校精心打造以"法安天下、德润人心"为主题的楼层走廊文化，让师生在情景式、体验式、互动式的氛围中学习"法"、学会"廉"、领会"俭"。

活动育人，让青春"动"起来。学校每年都会利用五四、国庆等传统纪念日，组织开展各类艺术节、主题团课、快闪拍摄等主题纪念活动，以此唤起同学们的历史记忆，引导同学们红心向党、立志报国的赤子之心。同时，社团活动、研学旅行的开展为同学们提供了展现自我、增智启慧、陶冶情操的平台，学校通过开展这些活动，帮助同学们树立正确的世界观、人生观、价值观，涵养家国情怀、追梦情怀、感恩情怀，真正赋予活动培根铸魂效能。

课程育人，让效能高起来。学校在建好思政课程"主引擎"的同时，还积极探索以思政课程为德育主阵地、学科渗透育人的全科德育模式。语文、英语、历史、地理等文科类课程注重对学生世界观、人生观、价值观和国际视野的教育。数学、物理、化学、生物等理科类学科注重对学生科学精神、方法、态度、探究能力和逻辑思维能力的培养。音乐、美术、体育等艺体课程注重对学生审美情趣、强健体魄、意志品质、人文素养和生活态度的培养。综合实践课程注重对学生生活技能、劳动习惯、团队精神能力的培养。地方课程和校本课程则注重对学生乡土情结和家国情怀的培养。这些课程在德育方面的价值各有所重，却又相互交织。

（3）成效显著，"三大"育人特色鲜明。井研县研城中学德育工作创新实践的扎实推进，让学生的日常行为有了明显的规范与提高。用雅言、雅仪、雅行装扮自己，让书香诗意充溢校园已经成为每一位研中人的思想与行动自觉。研城中学德育工作创新实践硕果累累，被《乐山教育》专版刊载。学校先后荣获"四川省文明校园""四川省空军青少年航空学校优质生源学校""乐山市劳模先进单位""乐山市学校德育教育先进集体""乐山市校风示范校""乐山市第二批中小学心理健康特色学校""乐山市第一批中小学德育品牌项目学校""井研县先锋校园""井研县党建品牌'五心研中'"等荣誉。新时代赋予了德育新的内涵，学校将在加强学生品德修养的路上不断探索，着眼于人的全面发展，以立德为根本，科学把握育人和育才的辩证关系，充分认识、尊重厚德育人规律，按规律办事，将立德作为育人的首要任务，培养造就更多德才兼备的社会主义建设者和接班人。

5. 点评解读

井研县研城中学以"让学生成才、让教师成功、让学校成名"为办学目标，体现了对学生全面发展的重视，这与德育原理的核心理念相契合。通过"雅卓教育"的办学理念，学校致力于培养学生的内在品质和外在表现，这不仅符合教育理论中关于个性发展和道德教育的观点，而且为学生的终身学习、发展与幸福奠定了基础。学校采用的"立德为先+核心素养+专长发展"人才培养模式，强调了学生必备品格和关键能力的培养，这与德育原理中对学生核心素养的强调相一致。该模式的实施，有助于学生形成适应终身发展和社会发展需要的品格和能力，夯实了全面发展的基础。学校的三大育人目标——大爱、大智、大美，涵盖了道德、智慧和审美三个维度，这与思想政治工作中的价值观引导和道德建设相吻合。这些目标不仅关注学生的道德和智慧发展，还关注学生审美和情感的培养，体现了教育的全面性，为学生的幸福人生奠定了基础。此外，学校开设的多彩社团课程，如音乐、美术、心灵驿站等，为学生提供了个性化发展的空间，这与德育原理中尊重个体差异的观点相一致。社团活动不仅丰富了学生的校园生活，也提升了学生的实际操作能力和团队协作精神。学校实施的"125高效课堂"模式，通过科研带动教学，统一教学资源，提高了课堂效率。这种模式体现了教育理论中教学与科研相结合的观点，有助于提升教学质量，促进学生的深度学习。

在具体实践中，从德育过程论来理解，井研县研城中学顶层设计的德育工作体现了德育过程的计划性和系统性，从理念到制度再到具体实施，形成了完整的德育过程。从德育方法论来理解，学校采用了多种德育方法，如启发法、情感陶冶法等，通过校园文化的建设、主题活动的开展，以及课程的教学，促进了学生品德的提升。从德育转化说角度来看，学校通过"雅卓教育"理念和"五心"研中党建文化品牌，将党的教育方针和社会道德规范转化为学校具体的德育目标和行动，体现了外在社会意识向个体意识的转化过程。从德育内化说角度来看，学校通过制度设计和校本课程实施，鼓励学生将教育内容内化为自己的品德和行为准则，如通过班级德育系数考核制度，将德育成效与教师绩效挂钩，促进了教师和学生对德育价值的内化。从德育建构说角度来看，学校环境育人和活动育人的实践，强调了学生在参与校园文化建设、主题纪念活动中的主体性，学生在这一过程中不仅是接受者，也是德育活动的参与者和建构者。基于价值澄清模式的视角，学校利用校园文化墙和楼层走廊文化，帮助学生澄清和确认个人价值观，通过具体情境引导学生形成正确的价值取向。基于体谅模式的视角，学校通过各类主题纪念活动和社团活动培养学生的同理心和对他人的体谅，如五四、国庆等纪念日活动，唤起学生的历史记忆和国家情怀。基于社会行动模式的视角，学校鼓励学生参与社会实践活动，如研学旅行，让他们通过实际行动体验和学习，培养其社会责任感和实践能力。从道德认知发展理论来看，学校根据不同学段学生的身心发展特点，设计相应的德育活动和课程，促进学生道德认知的发展，如通过综合实践课程培养学生的生活技能和团队精神。从社会学习理论来看，学校通过榜样示范和模仿学习，如优秀班主任和优秀教师的评选，为学生提供正面的行为榜样，促进学生道德行为的学习。从精神分析理论来看，学校可能通过关注学生的潜意识和情感需求，如在活动中培养学生的家国情怀和感恩情怀，触及学生的情感层面，促进道德发展。

综上所述，井研县研城中学的做法体现了现代教育理念的多个方面，包括对学生全面发展的关注、个性化教育的重视，以及科研与教学的结合等。这些做法有助于培养学生的综合素质，促进学生的终身发展，并为学生的幸福生活奠定基础。同时，学校的德育工作实践充分体现了多种德育原理的应用，通过顶层设计、制度管理、校本课程、环境建设、活动组织和课程育人等多方面工作，构建了一个多元化、系统化的德育体系，有效地促进了学生品德的全面发展。这些做法符合德育原理、思想政治工作规律和教育性理论的相关要求，是值得肯定和推广的。在未来的教育实践中，井研县研城中学可以进一步探索和完善相关做法，以更好地适应教育改革的需要，促进学生的全面发展。

6. 拓展提高

德育原理的研究覆盖了广泛的理论框架，包括德育内化理论、德育建构理论、价值澄清模型、体谅模型、社会行动模型、道德认知发展理论、社会学习理论、精神分析理论、德育过程理论和德育方法论等。这些理论从多个视角对德育实践进行了解释和指导。

德育内化理论强调，个体将社会期望的道德行为转化为自觉遵守的行为准则的过程。这一过程涉及认知、情感和行为三个层面的深入发展，要求个体在理解、认同到实践的过程中实现道德的内化。

德育建构理论视德育为一个建构过程，强调个体在社会互动中的主体性和创造性。个体不是被动地接受道德规范，而是在与他人的互动中，通过自己的思考和选择，构建起个人的道德观念和行为模式的。

价值澄清模式旨在帮助学生通过一系列的实践策略，如澄清反应、价值单策略、团体讨论策略等，学会辨析和澄清自我价值观。这一模式认为，通过价值澄清，学生能够更好地理解自己的内在价值观，并在实际生活中做出符合这些价值观的决策。

体谅模式是由英国德育专家彼得·麦克菲尔（Peter McPhail）提出的，其旨在通过角色扮演和群体讨论等活动，培养学生的道德情感和对他人的体谅。此模式强调道德教育的情感维度，认为情感的培养对于个体道德的发展同样重要。

社会行动模式强调通过社会参与和行动，促进学生的道德认知和社会责任感。这一模式认为，道德教育应当与社会实践相结合，通过实际的社会参与活动，让学生体验和实践社会责任感和道德行为。

道德认知发展理论如美国心理学家劳伦斯·科尔伯格（Lawrence Kohlberg）的道德发展阶段理论，通过道德两难故事法探讨个体道德认知的发展。这一理论认为，个体的道德判断能力会随着年龄的增长和经验的积累而逐步发展和成熟。

社会学习理论由美国心理学家阿尔伯特·班杜拉（Albert Bandura）提出，强调观察学习和模仿在道德行为习得中的作用。这一理论认为，个体通过观察他人的行为及其后果，可以学习到新的行为模式和道德规范。

精神分析理论由奥地利精神病学家西格蒙德·弗洛伊德（Sigmund Freud）提出，涉及本我、自我、超我结构对道德发展的影响。这一理论认为，个体的道德发展受到无意识心理结构的影响，其中超我起到道德监督者的作用。

德育过程论具有计划性与正面性、复杂性与多端性、引导性和整合性等特点，这些特点影响德育的实施和效果。这一理论强调德育过程应当是有计划、正面引导的，同时也需要考虑到个体差异和复杂性。

德育方法论包括启发法、塑造法、雕琢法、树人法、系统或综合法等，关注如何有效地实施德育。这一理论认为，德育方法应当多样化，既要注重个体的启发和引导，也要注重环境的塑造和综合运用各种教育资源。

7. 实践操作

（1）内容回顾：回顾本节内容，绘制回顾思维导图。

（2）头脑风暴：探讨何为"间接的德育"，如何通过淡化教育痕迹的方法来获得并非淡化的教育效果。

（3）项目研究：结合研城中学的"三大"德育目标，请同学们围绕如何将德育原理更深入地融入学校的日常教学中，在课后完成一篇 1 000 字左右的思考小文章。

（四）峨边彝族自治县椒江太阳坪小学德育教育实践案例①

1. 学校介绍

峨边彝族自治县椒江太阳坪小学的前身为峨边茶场小学，建于 2016 年 9 月，为一所临时板房村级小学。学生均为大凉山八个县自主移民搬迁户子女，称为"八县村"，纯彝族学校，学校设施简陋，仅能遮风雨，难以御严寒，学习条件十分艰苦。

2019 年 8 月，峨边彝族自治县椒江太阳坪小学作为东西协作项目，由浙江省台州市椒江区多家爱心企业捐资援建，位于峨边彝族自治县新林镇

---

① 案例材料由刘志华整理提供。

茗新村，距离县城 10 千米，海拔 1 260 米。学校占地面积 8 434 平方米，建筑面积 5 815 平方米，学校有教学楼、功能室、食堂等设施，可容纳 15 个班、800 名学生。学校于 2022 年 3 月正式成立，属于县直属农村学校。学校小学部有 9 个教学班，学生 403 人，幼儿园部三个班，在校生 90 人。全校教职工 36 人。

2. 案例背景

为深入学习贯彻习近平新时代中国特色社会主义思想，牢记为党育人、为国育才使命，学校坚持把立德树人的成效作为检验学校一切工作的根本标准①，贯彻好《中小学德育工作指南》的相关要求，培养具有爱的情感、雅的言行、新的意识、善的品质、美的志趣的小学生②。学校立足当下，着眼未来，力争打造"以人为本润生命阳光遍开德育花"德育品牌；办一所服务彝族少年儿童，具有未来样态的少数民族区域德育标杆学校。学校秉承"感恩、阳光、自信、奋进"的校训，培育"放飞梦想、贴地而行"的学风，坚持科学和谐发展，本着"开放、美好、优雅、博学"的校风，积极培养学生成为有梦想、会学习、懂感恩的时代好少年，博爱宽容、奉献社会的有德之才，乐观豁达、张扬个性的有志之才，朝气蓬勃、适应社会的有用之才。2023 年 12 月，"鼎新向阳"被中共乐山市教育工作委员会命名为第二批优秀党建品牌，通过党建带队建，让学校在阳光的沐浴下开出朵朵向阳花。

3. 主要做法

学校围绕有效德育目标、内容，按照"全员参与，便于操作"的工作思路架构，有针对性地选择七条路径提升学生的思想道德素质，为学生健康成长、终身发展奠定基础。

（1）加强课程引领。学校长期坚持开展"带法回家"特色活动课，进行代际宣传，即由学校德育处每期结合实际，安排"带法回家"活动计划以及本期将学的法律知识内容，每月开展 1~3 次活动，依序推进。班主任先利用班会、道法等课向学生普及相关法律知识（并将相关法律知识资料上传家长群），学生再将法律知识带回家和父母一起交流、探讨、学习，在家营造浓厚的学习氛围。截至 2023 年 7 月底，学校"带法回家"活动

---

① 范媛吉，刘松，崔坤在. 新时代师德师风建设 [M]. 长沙：湖南大学出版社，2021：98.
② 《新编学校管理制度全集》编委会. 新编学校管理制度全集中 [M]. 北京：光明日报出版社，2022：853.

已先后学习了《中华人民共和国义务教育法》《中华人民共和国未成年人保护法》《中华人民共和国国旗法》等多部法律知识，让学生逐渐变得知法、敬法、守法，学会用法律武器保护自己。

（2）加强舆论引领。学校通过创建校园之声广播站进行全方位宣传引领。这是学校传播精神文明的一个重要窗口；是对学生进行德育教育的一块重要阵地；是加强校园文化建设的一项重要内容；是一座联系学校和学生的桥梁；更是一条团结师生、生生、家长与子女感情的纽带。该广播站共设五个栏目：周一《文学芳草地》，周二《知识百宝箱》，周三《新闻直通车》，周四《我爱彝文化》，周五《校园大舞台》，分别从法治、安全、文明、礼仪、感恩、爱国、心理健康、文学素养、个人能力等方面进行教育和培养。

（3）加强榜样引领。为培养学生，学校少先队大队部组建了"椒江太阳坪小学学生委员会"（以下简称"学生会"）。学生会设卫生部，下设公区组、教室组、巡查组；另设纪检部，下设晨检组、两操组、集会组、巡查组、值勤组。在每个学生会干部上岗之前，先对他们进行为期两周的集中培训：学生会干部通过学习各种检查制度、评分细则、巡查督查方法等，待理论考核、道德考核双合格后方可上岗。经过精挑细选组建的这支队伍一开始工作，学校面貌就发生了明显变化。他们以身作则的言行带动着学生，他们强有力的督查约束着学生。说脏话、乱丢垃圾、做危险事情、不戴红领巾等不文明现象迅速减少。

（4）加强活动引领。太阳坪小学常态化举办各种德育活动，以活动为载体，做有温度的教育。如："3·8感恩母亲""9月10日感恩教师"等活动教育学生学会感恩，懂得感恩，感恩亲人，感恩师长、感恩党、感恩祖国；"3·12植树节"，号召全体家长、老师同学生一起动手，在房前屋后、校园内外栽花种树，美化校园，绿化家乡，充分体会习近平总书记提出的"绿水青山就是金山银山"的深刻内涵，从小树立环保意识；举办爱国主义教育经典诵读比赛活动；创设劳动教育实践基地。

（5）加强管理引领。学校打造了"椒江太阳坪小学学生心愿积分"系列活动，精心设计了心愿卡片，用心安排了实施步骤：依心立愿，依愿定行，依行评果，依果推优，依优带优。系列活动将通过学校激励班级，通过班级激励学生。学生在心愿卡上写下自己新学期的心愿，并在今后的劳动、卫生、文明、安全、学习、纪律等方面努力表现，争优争先，争取获得心愿积分。各中队辅导员也依据学生在综合实践中的表现进行严格评分，一学生 积分记录，满一百分一兑现。

（6）加强家校引领。学校打造一流"家庭教育""心理咨询辅导"工作室，进行家校合力引领。一是定期召开家长会等，让学生及家长开始重视家庭教育、学做家庭教育和努力做好家庭教育。二是延伸"德育"空间，提供心理健康辅导，补齐补强家庭教育。从家庭教育到学校，再从学校教育到家庭，学生的心里话有了倾诉的对象，家中的问题有了有效解决的渠道，他们得以放下思想包袱、安心学习，健康成长。

（7）加强取得的成效。"以人为本润生命阳光遍开德育花"。椒江太阳坪小学通过不断探索与实践，逐步形成了一套完整的德育体系。一年多来，太阳坪小学的孩子行为习惯有了明显的改善：校园更加整洁了，孩子们变得更加文明、友爱、阳光、自信了，更加懂得感恩、更加珍惜当下幸福的学习生活了。通过全体教师的共同努力，学校也先后获得"四川省家风家教创新实践基地""四川省防震减灾科普师范学校""乐山市 2022 年度教育宣传阵地建设先进单位""2022—2023 年度峨边县教育工作先进集体"等荣誉和奖励。

4. 点评解读

椒江太阳坪小学案例中的"带法回家"活动是社会主义核心价值观教育的体现，它通过课程引领，将法律知识融入学生的日常生活。这种教育方式有助于学生形成对法律的尊重和遵守，培养他们成为知法、敬法、守法的公民。通过校园之声广播站进行全方位宣传引领，这不仅是一种舆论引导，也是文化教育的一种形式。它通过不同栏目传递正面信息，培养学生的道德观念和文化素养，增强学生的文化自信。学生会的成立和运作是道德发展理论的实践，学生会通过榜样的力量影响和带动其他学生，促进他们形成良好的行为习惯和道德品质。学生会成员的选拔和培训过程体现了对学生道德行为的重视。学生会的组织结构和运作模式体现了公民教育的理念，让学生在实践中学习如何成为一个负责任的公民，如何参与社会管理和服务。学生会的培训和工作不仅涉及理性的规则学习，还包括情感教育，通过榜样的示范作用，培养学生的集体荣誉感和责任感。校园之声广播站的运用体现了信息技术在教育中的应用，同时校园之声广播站通过不同栏目的内容设置，培养学生的媒体素养。

可以说，案例中的德育工作体现了多维度的教育理论，通过具体的实践活动，提升学生的思想道德素质，为学生的健康成长和终身发展奠定了基础。

5. 知识拓展

党和国家高度重视青少年法治教育，并出台了一系列政策文件，以加强法治教育在青少年成长过程中的重要性。2016 年由教育部、司法部、全国普法办联合印发的《青少年法治教育大纲》，明确了从基础教育到高等教育各学段法治教育的目标、任务、内容和要求，推动法治教育纳入国民教育体系①。2018 年由全国普法办、教育部与其他部门联合印发的《关于组织开展宪法学习宣传教育活动的通知》，强调了宪法在青少年法治教育中的核心地位②。2024 年教育部办公厅印发的《关于举办第九届全国学生"学宪法 讲宪法"活动的通知》，要求将爱国主义教育与宪法法治教育相结合，教育引导学生坚持爱国和爱党、爱社会主义相统一③。《中华人民共和国爱国主义教育法》（2023 年 10 月 24 日通过，2024 年 1 月 1 日起施行），明确了将新时代爱国主义教育融入法治建设的顶层设计，规定了新时代爱国主义教育的总体要求和职责任务④。《未成年人网络保护条例》（2023 年 9 月 20 日通过，2024 年 1 月 1 日起施行），作为我国第一部专门性的未成年人网络保护综合立法，重点规定了未成年人网络保护体制机制、网络素养、网络信息内容建设等，致力于为未成年人营造健康的网络环境⑤。2000 年 12 月 14 日由中共中央办公厅、国务院办公厅印发的《关于适应新形势进一步加强和改进中小学德育工作的意见》，强调了德育工作在中小学教育中的重要性，把法制教育作为中小学德育工作长期坚持的重点，提出了一系列加强和改进德育工作的政策措施⑥。中共中央办公厅印发的《关于培育和践行社会主义核心价值观的意见》，提出了将社会主

---

① 青少年法治教育大纲[EB/OL].（2016-07-18）[2024-10-06]. https：//www.gov.cn/xinwen/2016-07/18/content_5092493. htm.

② 关于组织开展宪法学习宣传教育活动的通知[EB/OL].（2018-04-26）[2024-10-06]. https：//cnews.chinadaily.com.cn/2018-04/26/content_36096499. htm.

③ 教育部办公厅关于举办第九届全国学生"学宪法 讲宪法"活动的通知[EB/OL].（2024-06-13）[2024-10-06]. http：//www. moe. gov. cn/srcsite/A02/s5913/s5914/202406/t20240619_1136517. html.

④ 中华人民共和国爱国主义教育法[EB/OL].（2023-10-25）[2024-10-06]. https：//www.gov.cn/yaowen/liebiao/202310/content_6911481. htm.

⑤ 未成年人网络保护条例[EB/OL].（2023-10-16）[2024-10-06]. https：//www.spp.gov.cn/zdgz/202310/t20231016_631719. shtml.

⑥ 关于适应新形势进一步加强和改进中小学德育工作的意见[EB/OL].（2000-12-14）[2024-10-06]. https：//www.gov.cn/gongbao/content/2001/content_61240. htm.

义核心价值观融入法治建设的具体措施，强调了法治教育与德育的结合，以法律的权威增强人们践行社会主义核心价值观的自觉性①。2016年，中共中央办公厅、国务院办公厅印发《关于进一步把社会主义核心价值观融入法治建设的指导意见》，强调社会主义核心价值观是社会主义法治建设的灵魂，把社会主义核心价值观融入法治建设②。

这些政策文件体现了国家对青少年法治教育的全面规划和深入实施，旨在通过教育引导广大青少年掌握宪法法律知识、树立宪法法律意识、养成遵法守法习惯、提升法治素养，加深对中国特色社会主义法治体系的理解，成为社会主义法治的忠实崇尚者、自觉遵守者、坚定捍卫者。

6. 实践操作

（1）内容回顾：绘制本节内容回顾思维导图。

（2）头脑风暴：分析当前社会主义核心价值观在青少年中的传播情况，提出创新传播途径。

（3）项目研究：结合椒江太阳坪小学的"六个引领"思政案例，请同学们谈谈对如何做好思政案例的理解与体会，在课后完成一篇1 000字左右的思考小文章。

（五）关庙初级中学德育典型案例③

1. 学校介绍

平羌三峡，蜿蜒城东，历史厚重，风光旖旎，创办于1961年的乐山市市中区关庙初级中学便坐落于此。学校现占地面积4 940平方米，作为一所发展中的农村初中，毗邻小有名气的平羌小三峡，距离城区约10千米，5路公交直达学校；学校毗邻悦来、剑峰、土主、全福，群乡环绕的地理特点也造成了学校生源的充沛且复杂。现有6个教学班，学生308人，在校教师30人，高级教师12人，一级教师10人，省级骨干教师1人，区级骨干教师2人。关庙中学承载着历史的积淀，厚积薄发，紧扣时代的脉搏，推陈出新，近年来办学成效显著。

党性凝聚班子示范引领。"桃李不言，下自成蹊"④，学校发展班子是

① 关于培育和践行社会主义核心价值观的意见[EB/OL]. (2013-12-23)[2024-10-06]. https://www.gov.cn/zhengce/202203/content_3635148.htm.

② 关于进一步把社会主义核心价值观融入法治建设的指导意见[EB/OL]. (2016-12-25)[2024-10-06]. https://www.gov.cn/zhengce/202203/content_3635246.htm.

③ 案例材料由冯勇梅整理提供。

④ 仲新朋. 中华典故 [M]. 长春：吉林文史出版社，2019：376.

核心。关庙初级中学班子成员全是党员和业务骨干，时刻以党员的标准严格要求自己，长期带头带毕业班、上公开课、写论文，以上率下正导向；班子成员身先士卒，出勤早，或巡视班级或辅导学生或入室管理；工作中有魄力、有作为、有担当，行政联系具体班级、带徒弟结对帮扶，所带班级无论是管理还是教学成绩均表现亮眼，位列学校乃至片区前列；班子成员讲精诚团结，两周一集中，思之谋之、民主协商学校管理事务，知之行之；班子成员讲奉献精神，勇挑重担：学校教导主任还有不到两年退休，仍坚守一个毕业班的语文教学和繁重的教务工作，并负责班级管理工作；党支部支委、党务干事也还有不到两年退休，仍坚守 2 个毕业班的英语教学和党务工作，并负责班级管理工作，同时还承担扶贫帮扶工作。关庙初级中学班子在学校发展中真正起到了示范引领作用，也正因为如此，班子才能走进教师内心，学校才有真正的执行力。

尊重、人文关怀凝聚教师。工欲善其事，必先利其器。教师队伍是学校发展的关键。关庙初级中学以师为本，严管理、讲民主、聚合力，多角度尊重、人文关怀教师：严格的坐班考勤管理融入每月两天情绪假的人性化管理，两天的情绪假教师可以灵活安排，可用于处理个人事务、调节自我情绪，这种规范且又富有人情的模式，以情励人，以情促人；工会定期开展趣味性强、形式多样的工会活动，缓解教师的工作压力、增进彼此交流，聚合人心，消除误会；设身处地为教师着想：实行电子备课，为教师减负，让教师有更多的时间去研究教材，了解学生；设置局域网络全覆盖，建立共享文件夹，为教师共享教育信息、教学资源提供便利，提高其工作效率；畅通教师建言献策渠道，工会收集来自教师们大到学校发展建设、小到学生活动的意见建议，教师们在参与中受到尊敬，在参与中感到自豪，在自豪中产生归属感。间周一次的全体教师业务大会，上传下达，讲师德、明工作、知要求，与其说其是工作部署会，不如说是凝聚人心、鼓舞干劲的动员会。面对年年临聘教师，学校坚持不懈实施"青蓝结对"一对一师徒帮扶，重点对新教师课堂组织管理、教学安全、重难点突破、教学技巧、作业检查知识落实、学生辅导等方面进行细心指导，让新教师尽快成长，补齐教师的短板。

2. 案例背景

关庙初级中学依托美丽的平羌小三峡，提炼出"上善平羌水，厚德三峡人"核心文化理念，旨在寄寓关庙初级中学师德师品和学生品德得益平羌水的滋养，学校把塑造和培养师生良好品德放在第一位。

3. 主要做法

（1）积极打造校园文化德育阵地。学校打造墙面文化、厕所文化、行为文化，让学生在每天的直观感受中慢慢熏陶、渐渐升华。近年来，学校重点实行学生积分制管理，促使学生自理自立，养成遵规守纪、文明礼仪的优良品质，增强学生的自我管理、自我约束能力，促进班级良好班风、学风的形成。学校从学生学习、劳动、运动、午餐、服务班级学校等方面制定了详细的加分扣分细则，班级以小组为单位对组员每周各方面的表现进行统计并上墙公示，相互监督，学生积分累积到一定程度可以到教导处兑换对应的学习用具，分值越高，奖品越丰厚，学生积极性越高，临近期末，教导处最忙的工作之一便是应对积分兑换礼品的同学们。实行学生积分制管理以来，大部分同学自律能力有所增强，班风、校风得到进一步改善。

（2）强调学科课堂灌输德育因素教育。每期至少一次的大型德育主题教育，如纪念"五四运动"之际开展"中国梦·我的梦"主题演讲、纪念"一二·九爱国运动"之际开展"感恩·责任"红歌传唱、国庆节开展"载歌载舞迎佳节同心同梦颂祖国"艺术节、每年举行校园内"我心目中的好同学"评比活动等，在活动育人、寓教于乐中提升学生艺术素养，有益于学生身心健康，张扬学生个性与特长，彰显学校活力。

（3）重点创设各类德育教育平台。让学生参与其中、通过参与来收获、通过活动来育人：利用每周升旗仪式开展国旗下讲话教育活动，做到一周一主题，从行政到班级学生，涵盖爱国主义、法纪教育、感恩教育、安全教育、家国情怀教育等；利用好学校校园之声广播平台，每天午餐时播放当天国内外重要新闻，引导学生关注时事、关心国家、关心社会发展；新闻之后由值周班级学生播音，播送近期学校德育教育内容；成立学生会、校园文明监督岗学生自主管理平台，学生参与管理纪律、卫生、两操、午餐、午休等，通过监督、检查、记载，由学校综合考评，每周颁发先进班集体并挂牌，形成了良性竞争机制。

4. 点评解读

关庙初级中学的德育工作案例，选择校园文化建设、学科课堂与平台载体作为切入点，具有多向度的综合德育工作。

在校园文化建设方面，学校通过校园文化与德育教育的整合，使校园环境本身成为育人的载体；根据学生的日常活动路径和行为习惯，有针对性地设置文化内容，使其在不知不觉中接受熏陶；通过学生积分制管理等实践性措施，学生在实际生活中体验和学习德育规范。校园文化的建设不是一朝一夕形成的，而是长期坚持的过程，通过不断地文化熏陶，形成稳定的校园文化氛围。

在学科课堂渗透方面，学校在学科教学中强调德育因素的教育，通过定期的大型德育主题教育，如主题演讲、红歌传唱、艺术节等，实现了德育教育的多维度渗透。比如将德育教育与学科教学、节日纪念等活动相结合，形成全方位的教育模式；根据不同节日和活动主题，有针对性地设计德育内容，使学生在特定情境下接受教育；举办主题活动，让学生在参与中学习，在实践中体验，增强了德育的实践性；每学期举办至少一次的固定活动，保证了德育教育的连续性和长期性。

在平台载体建设方面，学校创设了各类德育教育平台，如升旗仪式、校园广播、学生会等，让学生在参与中学习和成长。比如将德育教育与学校的日常管理、学生自治等平台相结合，形成了一个多元参与、多方协作的教育网络；根据不同平台的特点，设计有针对性的教育内容，如升旗仪式上的爱国主义教育、广播中的时事教育等；通过学生自主管理平台，让学生在实际工作中锻炼管理、协调、合作等能力，增强了德育的实践性；通过每周的升旗仪式、每日的校园广播等固定活动，保证了德育教育的持续性和稳定性。

应该说，关庙初级中学的德育工作案例充分体现了德育的整合性、针对性、实践性和持续性。学校通过校园文化建设、学科教学和平台载体的有机结合，形成了一个系统、全面、深入的德育教育体系。这种教育模式不仅能够提升学生的道德素养，还能够培养学生的自我管理能力、团队协作能力和社会实践能力，对学生的全面发展具有重要意义。同时，学校的做法也体现了德育教育的创新性和时代性，值得其他学校学习和借鉴。

5. 知识拓展

德育教育是一个复杂而系统的过程，它依赖于校园文化、学科教学以及平台活动三方面的协同作用，从而构建起一个有机且统一的体系。在这个体系中，校园文化为德育提供了必要的环境基础，学科教学成为德育知识传递的主要途径，而各类平台活动则为学生提供了将德育理论付诸实践的机会。这三者相辅相成，促进了全方位、多层次、实效性强的德育体系的形成。

校园文化通过其独特的环境育人机制、价值理念的传播以及行为规范的建立来实现德育目标。在环境育人方面，校园文化利用其物质与精神的双重环境潜移默化地影响学生，塑造积极健康且具有教育意义的校园氛围，从而激发学生的积极性，形成高尚的情操。在价值传递方面，校园文化通过校风、校训等文化符号传递学校的教育理念和价值观，培养学生的集体荣誉感及社会责任感。在行为规范方面，校园规章制度和行为准则如学生守则等，引导学生养成良好的行为习惯和道德规范。

在学科教学中，德育目标的实现依靠知识的传授与德育的融合、思维能力的培养以及情感态度的塑造。教师可以在各学科教学内容中发掘并融入德育元素，例如通过语文课上的道德故事讲解、历史课上的英雄人物介绍等方式，使德育与学科知识传授相结合。此外，教师通过课堂讨论和案例分析等教学方式，可以有效培养学生的批判性思维和独立思考能力，进而帮助他们建立正确的价值判断和道德选择。教师的言行举止也会对学生产生示范效应，通过展示尊重、公正和诚信等正面品质，对学生的情感态度和价值观产生积极影响。

平台活动通过提供丰富的实践体验、有效利用媒体资源以及社团组织活动来实现德育目标。比如，举办各类如主题班会、社会实践活动、志愿服务等活动，不仅为学生提供了实践德育的平台，还使他们在参与过程中体验和学习到道德规范。同时，通过校园广播、板报、校园网等媒体资源来宣传德育知识，报道校园中的正能量事迹，营造良好的道德氛围。此外，鼓励学生参加兴趣小组和社团活动，通过团队合作和社会实践的方式，进一步培养学生的合作精神和社会责任感。

在实施德育过程中，应重视其整合性、针对性、实践性和持续性。这意味着需要将德育教育与学校的整体教育目标紧密结合，形成教育合力，并根据不同年龄段学生的特点设计合适的德育内容和方法。强调学生的实践体验，通过参与和体验活动来内化道德规范，并认识到德育教育是一个长期的过程，需要持之以恒地进行。学校采取这些方法，可以有效地将德育渗透到学生的日常学习和生活中，促进他们的全面发展。

6. 实践操作

（1）内容回顾：绘制本节内容回顾思维导图。

（2）头脑风暴：探讨多维度评估机制，设计包括知识测试、态度调查、行为观察在内的综合评估体系。

（3）项目研究：结合对关庙初级中学的德育工作案例的学习，请同学们根据德育理论与党和国家关于思想政治教育的政策文件，设计一份小学生德育活动课例，字数不少于 2 000 字。

二、中华优秀传统文化教育

（一）乐山市龙泓路小学特色文化建设案例①

1. 学校介绍

乐山，古称嘉州，有"海棠香国"之美誉，乐山大佛更是享誉世界。乐山市龙泓路小学紧邻世界双遗产乐山大佛，位于乐山中心城区东岸，学校三面青山环绕，树木葱郁，环境清幽雅致，在唐朝时期，有"小桃园"之美称。学校有教职工 40 余人，学生约 700 人，13 个教学班。是一所外来务工子女定点就读公办学校，也是乐山市唯一一所国家级绿色学校。

2. 案例背景

在前十几年中，学校紧紧围绕"孕育绿色理念，放飞绿色希望"的办学理念，着力于绿色环境的营造、致力于绿色教育的进一步探究，形成了学校鲜明的办学特色：绿韵文化。近三年来，学校对校园文化的顶层设计做了深入的更新定位。学校的前身是一座千年古寺——龙泓寺，在浩如烟海的历史长河中，这座古寺承载着厚重的历史。如：北宋中期文坛领袖苏轼，曾在龙泓寺饮酒作诗；中国近代著名的建筑师梁思成，也曾在这里研究龙泓寺悬浮结构；著名的散文作家朱自清也曾到此一游；冯玉祥将军也曾到过龙泓寺；中国院士黄尚廉在龙泓寺小学毕业；等等。为此，学校提炼出这一深厚的历史文化——龙泓文化。

3. 文化育人理念设计

在传承绿韵文化的同时，又该如何注入龙泓文化呢？学校进行了进一步的研究与反思，后来在一位本土教育专家的启发下，终于找到答案：要让绿色生机盎然，就必须有根的滋养。根在哪？就在龙泓。于是，现在学校文化的顶层设计为：

（1）办学理念：溯龙泓源铸绿韵魂。

（2）办学使命：为了这片绿色。

（3）办学愿景：绿意盎然春色满园。

---

① 案例材料由赵敏整理提供。

（4）育人思想：有一种爱叫放手。

（5）校训：做实小事以德律己。

（6）校风：沐浴绿色和谐共生。

（7）教风：宁静自然清新。

（8）学风：静思求异明辨。

4. 主要做法

（1）环境文化建设。环境文化致力于对学生的品行进行潜移默化的熏陶。环境文化打造的核心是要让校园中每一面墙、每一个角落说话，让它们真正成为师生的活校本。

（2）课程文化建设。依据学校文化顶层设计，除了基础性课程即国家课程和地方课程以外，学校创设了自己独具特色的课程文化。

一代文豪苏轼常年漂泊在外，某一天，得知自己的好朋友张伯温将到嘉州当刺史，于是，即兴写下一首诗《送张嘉州》。该诗大意：希望自己的好朋友到了嘉州后，做名好官，关爱嘉州子民。诗中有句"虚名无用今白首，梦中却到龙泓口（龙泓口就是学校所处之地）"，淋漓尽致地流露出苏轼浓浓的家乡情怀。为此，学校便挖掘出这深沉的"龙泓"文化中"爱家乡"这一主题。"爱家乡"就要从爱脚下的这片土地开始。于是学校围绕这一核心主题，开设了三大类校本课程。

①以"本土文化"为根，开辟校本课程。

校本文化课程之一——我是嘉州小导游。课程内容源于乐山地情文化丛书《嘉州古诗选解》，摘选了其中《寄岑嘉州》《题凌云寺》《海棠》《峨眉圣灯》《送张嘉州》《题丁东水》《凌云九顶》《万景楼》《乌尤山》《洗墨池》《大佛崖》《海师赞》《青衣江打渔歌》等描写古嘉州不同景点的诗词。此课程的嘉州古诗词被张贴在别具一格的"龙泓书院"，并且成为学校校园环境文化的一大亮点。如何落实此课程呢？每天早读时间每班学生必背一首嘉州古诗词；每天阳光大课间活动结束，全校齐背一首嘉州古诗词；每周三，红领巾广播站解释一首嘉州古诗词。学校通过多种形式让学生走进嘉州古诗词，了解嘉州历史，当好嘉州小导游，从而传承嘉州文化。

校本文化课程之二——狮舞。乐山是一个有着 3 000 多年历史的文化名城，文化底蕴厚重，非物质文化遗产更是众多。为了弘扬这些优秀民间传统文化，就得让非遗活起来、传下去。于是，2019 年春期，学校毅然引进了非遗项目——狮舞进校园。乐山市市中区向家班狮舞，起源于仁寿县富家镇，1957年迁入并扎根乐山，传至今日已有两百多年的历史。2011年，向家班狮舞成功跻身第三批四川省非物质文化遗产名录。而学校狮舞课程内容就源于向家班狮舞。学校狮舞社团在每周五下午三点到五点开班，指导教师采用外聘方式引进，现在学校两位狮舞指导教师都来自向家班。开展非遗进校园活动，不是为了好玩儿，重要的是不仅让学生在活动中知晓家乡的优秀传统文化，拓宽知识面，而且还可以增强体质，陶冶情操。学校狮舞社团在短短的四年间，在市中区首届非遗文化艺术展演中荣获一等奖，还登上了"乐山百姓春晚"，上了四川电视台科教频道。

校本文化课程之三——耍牛。耍牛为乐山市市中区地方民俗文化之一。该课程是学校于2021年3月新开设的。开设这一课程不仅是因为当年是牛年，而且是为了落实习近平总书记在2021年新年茶话会上提出的"三牛"精神。耍牛课程内容的精髓不仅在于让生活在喧嚣城市的孩子感受大山孩子的童年生活，而且要让学生真切体会为民服务孺子牛、创新发展拓荒牛、艰苦奋斗老黄牛精神的内涵与实质。该课程安排在每周五下午三点到四点半，指导教师由本校一位童年时期经常与牛为伴的教师担任。耍牛登上了城区艺术展演舞台，赢得了在场观众热烈的掌声。

校本文化课程之四——嘉州绣。嘉州绣是我国非物质文化遗产的一个重要组成部分。嘉州绣又被称为"川绣"，是以四川川南嘉州府为中心的刺绣品的总称，产于四川乐山。嘉州绣与中国各大名绣齐名。嘉州绣作品的选材特别丰富，有花草树木、飞禽走兽、山水鱼虫、人物肖像等。针法多样，绣品繁多。嘉州绣以针代笔，以色彩线填色，可以充分发挥学生的艺术智慧和创作才能，用自己的思维和双手进行艺术创作，并从中体会展示自我，完善自我的乐趣。学校嘉州绣校本课程是2021年开设的，于每周五下午三点到四点半开课，授课教师来自嘉州绣协会。自开班以来，该课程广受学生喜爱，还有部分男同学都积极参与其中。

②以"勤植土地"为基点，开设五大劳动课程。

劳动课程之一——农耕生产。校园山湾里，有一块约一亩的空地。2018年9月，学校将荒地变为学生劳动实践基地。农耕生产课程便在这里逐步形成。首先，每学期初，学生依据季节、土质、光照等条件，通过咨询家长、上网查阅相关资料选出适合种植的蔬菜，并做成小报。其次，选种辩论会。学生就选中的蔬菜该如何播种或栽种，如何管理，劳动工具要如何使用等进行辩论，选种辩论会能锻炼学生的思辨和口语表达能力。劳动课上，老师进行深入讲解，让学生对中选蔬菜有了更深入更广泛的了解，并正确掌握劳动工具的使用。需要多少种子或菜苗呢？该班数学老师带领学生对本班种植地进行土地丈量，将数学教学融入劳动教育，培养学生生活中的数学意识和数学思维。再次，蔬菜的管理过程。松土、浇水、除草、施肥。其间，语文老师指导孩子们写观察日记。最后，收获。大卖场开业的前一天，学校通过微信公众号向家长群发送宣传单公布开设大卖场的目的以及如何售卖。班主任老师要教学生如何买菜、如何分工合作等。大卖场开业当天，分班级设置菜摊，每班一个叫卖的、帮拿菜的、称重量的、算账的、收钱的、维护菜摊卫生的，余下学生均为顾客（见图3.2）。

图 3.2　蔬菜大卖场

　　劳动课程之二——日常微劳动。日常微劳动包括晨扫、午扫、劳动工具摆放、课桌板凳摆放、书本文具摆放。日常微劳动与学校绿色班级的评比紧密相连。

　　劳动课程之三——家务劳动。学校根据不同年级设置不同的家务劳动清单，要求学生每天至少完成一项。评价方式：一是孩子们每天在班级群发送做家务的视频或照片，老师在群里点赞、鼓励更多的学生主动自觉参与家务劳动；二是班级每月评选家务小能手、每学期学校开展家务劳动技能大比拼，评选劳动之星。

劳动课程之四——服务性劳动。服务性劳动是学校开设的一项学生自主自发自愿参与学校、社会劳动的课程。校园服务项目：值日、值周、安全巡逻、节水节电、龙泓书院看护、校园花草守护等。评价方式：关于值日值周，每学期每班评选优秀值日生、优秀执勤员。其他项目授予："小小保洁员、小小节水员、安全小卫士、护花使者、龙泓书院院长"等光荣称号。校外服务项目：在学校大队部的组织下或周末在家长的带领下，学生们走进小区、走进街道、走进公园等，开展保护环境、文明劝导、还死角一片清新等活动。学校利用每学期末的散学典礼，对各个层面的优秀志愿者进行表彰宣传。

劳动课程之五——创造性劳动。习近平总书记指出：实现我们的奋斗目标，开创我们的美好未来，必须依靠辛勤劳动、诚实劳动、创造性劳动。学校每学年开展一次科技创新大赛，表彰一批"科技新星"；每学期开展一次研学活动，评选优秀学员；每周开展创客社团、陶艺社团，并对突出作品进行演示或展出。

③以"德耀嘉州"为依托，开设公德课程。龙泓路小学处于特殊地段——大佛景区。出校门，是一条近百米的小巷。小巷旁，有客栈民宿、面馆、饭馆、文具店……走出小巷的公交站台，又是到乐山大佛的必经之路。来往的游客，不仅有本省的，还有省外的，甚至国外的。学生走出校门的一言一行不仅代表着龙泓路小学的形象，更是代表整个乐山市、四川省，乃至整个国家。培养学生公德意识，树立嘉州良好公民形象，是学校教育不可推卸的责任。于是，学校不仅开设公德课程，还不断强化公德课程。

公德课程之一——文明就餐。文明就餐要求：不大声喧哗，安静用餐；不在餐饮店随意走动；用过的餐巾纸不放桌，不扔地，放入垃圾桶；人多时，在店外学会排队等候。近两三年，学校将校园外小巷里的小面馆、小吃店作为龙泓路小学校外文明用餐的实践基地。首先，学校与小巷里的餐饮店老板对接，说明学校开展此项活动的目的，给餐饮老板树立这样一个理念：给孩子一碗面，可以饱一天肚子；给孩子一个好习惯，可以受益终身。同时建议老板多放几个垃圾桶，以便学生处理垃圾。其次，学校行政不定时进行巡查，对做得好的学生不仅在餐饮店当场表扬，还会在全校阳光大课间操结束时点名夸赞，树立文明就餐的榜样，以榜样的力量来引领更多的学生文明就餐。

公德课程之二——文明乘车。文明乘车在近五年不仅已成为学校一道亮丽的风景线，而且是一张活名片。2019 年，乐山电视台在一年内竟四次报道龙泓路小学学生有序排队上公交，还称之为教科书式的榜样。学校是如何实施这一公德课程的呢？首先，学校向孩子们提出要求：排队有序上公交，车内不大声喧哗、不追逐，学会给老弱病残孕让座。其次，刚开始每天学校行政分人、分地点、分时段在学校外多个公交站台执勤，对不遵守要求的学生当场教育，批评指正。同时，同学之间还建立相互监督机制，每天晨会每班将对前一天文明乘车的情况进行总结，对做得好的学生在班上予以表扬。期末全校评选文明乘车好少年并进行表彰。近三年，学校行政已不再开展现场监督，孩子们文明乘车已成为一种自觉。除此之外，公德课程还有文明如厕、文明购物、保护环境、爱护公物等。

5. 点评解读

龙泓路小学通过一系列精心设计的教育活动，将文化育人的理念融入学校教育的各个方面，可以说极具特色与价值。

从文化多样性与包容性教育的视角来看，龙泓路小学通过开设本土文化课程，如我是嘉州小导游、狮舞、耍牛、嘉州绣等，展现了其对文化多样性的尊重和包容。这些课程不仅可以让学生了解和传承本土文化，也有助于培养他们对不同文化的理解和尊重。从文化素养教育的理念来看，龙泓路小学的环境文化建设和校本课程体现了对学生文化素养的重视。学校通过让学生参与到本土文化的学习和传承中，提升了学生的文化认知和审美情趣，增强了他们的文化自信。从文化适应性教育的视域来看，龙泓路小学设计的劳动课程和公德课程，如农耕生产、日常微劳动、服务性劳动等，满足了学生适应社会生活的需求，培养了他们的社会责任感和实践能力。从文化生态理论来看，龙泓路小学利用校园环境和周边资源，如将校园外的小巷作为文明就餐的实践基地，体现了文化生态理论中环境对个体发展的影响。龙泓路小学成了一个活跃的文化生态系统，促进了学生在多方面的文化适应和发展。从文化传递理论来看，龙泓路小学通过校本课程的开设，传递了嘉州地区的传统文化和价值观念。这种文化传递同时在知识层面和实践层面，让学生通过亲身体验和参与来接受文化教育。从文化适应理论来看，龙泓路小学对学生进行的公德教育，如文明乘车、文明就餐等，引导学生适应公共社会的行为规范，体现了文化适应理论中对个体如何在社会文化中找到自己位置的重视。从文化身份理论来看，通过让学生学习和传承本土文化，龙泓路小学帮助学生构建了自己的文化身份，增强了他们对家乡文化的认同感和归属感。从文化整合理论来看，龙泓路小学将国家课程、地方课程与校本课程相结合，形成了一个整合性的课程体系。这种整合不仅指内容的整合，也指教育目标和方法的整合，体现了文化整合理论的精神。从文化公民身份来看，龙泓路小学的公德课程，如文明乘车、文明就餐等，旨在培养学生的文化公民身份，使他们成为有责任感、有公德心的公民。

需要肯定的是，龙泓路小学的文化育人实践充分体现了多种文化育人理论的应用，通过环境文化建设、课程文化建设、劳动教育和公德教育等多方面工作，构建了一个多元化、整合性的文化育人体系，有效地促进了学生在文化素养、社会责任感和公民身份等方面的全面发展。

6. 知识拓展

文化育人是指通过文化活动、文化环境和文化价值等手段，对个体进行教育和培养，以提升其文化素养和道德情操。在文化育人实践中，文化多样性与包容性教育、文化生态理论、文化传递理论、文化适应理论、文化身份理论、文化适应性教育、文化素养教育、文化相对主义、文化整合理论、文化再生产理论、文化心理学等学术观点与理论，为文化育人提供了丰富的学术基础和多维度的视角，强调了文化在教育中的重要作用和教育在文化传承与创新中的关键角色。

校园文化育人是一个多维度、综合性的概念，它涵盖了内涵、价值、功能以及要素等多个方面。就内涵而言，校园文化育人涉及学校在长期教育实践中创造和形成的所有精神财富和物质财富的总和。这包括物质文化、制度文化、行为文化和精神文化，其中精神文化是核心和最高表现形式，发挥着引领指引的作用。对学校来说，校园文化是学校最具独特性的标识，发挥着思想理论武装人、价值文化引导人、精神文化塑造人、制度文化教育人等功能，促进学生个体的社会化、个性化和文明化。就价值而言，校园文化育人体现在促进人的社会化和个性化统一的过程中。它通过潜移默化的教育方法，运用中国特色社会主义文化，培育出爱党爱国的时代新人。就功能而言，其包括价值导向、情感激励和情感陶冶。价值导向功能强调校园文化对学生的发展方向的重要影响，引导和影响着学生的思维方式、价值判断、行为习惯。情感激励功能则是指价值观得到学校师生的整体认同后，变成一种黏合剂，产生强大的凝聚力和向心力。情感陶冶功能强调学校文化对学生的影响带有深刻性、潜在性与持久性，通过文化氛围对学生心灵起到美化作用。就构成要素而言，其包括坚持以人为本，强化人文精神教育，构建和谐教育环境，营造良好育人氛围，旗帜鲜明地开展爱国主义教育、集体主义教育和社会主义教育，使学生树立远大理想。

近些年来，我国在校园文化育人方面出台了一系列政策文件，旨在加强和改进校园文化建设，提升教育质量，培养全面发展的社会主义建设者和接班人。2006 年 4 月，教育部发布的《关于大力加强中小学校园文化建设的通知》强调了校园文化建设在中小学德育工作中的重要作用，提出了积极推进中小学校校园文化建设的具体措施，包括开展校风、教风、学风建设，组织形式多样的校园文化活动，以及重视校园绿化、美化和人文环境建设①。2013 年 12 月，中共中央办公厅印发的《关于培育和践行社会主义核心价值观的意见》，强调要发挥精神文化产品育人化人的重要功能②。2019 年 2 月，中共中央、国务院印发的《中国教育现代化 2035》提出了推进教育现代化的八大基本理念，其中包括"更加注重以德为先"，强调了立德树人的重要性。文件还特别提到了"大力推进校园文化建设"③。2020 年 10 月，中共中央、国务院印发《深化新时代教育评价改革总体方案》，该方案旨在完善立德树人体制机制，扭转不科学的教育评价导向，其中包括对学校评价的改进，强调了学校应坚持把立德树人成效作为根本标准，促进学生全面发展④。2020 年 10 月，中共中央办公厅、国务院办公厅印发的《关于全面加强和改进新时代学校体育工作的意见》提出了加强学校体育工作的具体措施，包括推广中华传统体育项目、强化学校体育教学训练、健全体育竞赛和人才培养体系等，旨在通过体育教育来涵养阳光健康、拼搏向上的校园体育文化⑤。2021 年 7 月，中共中央、国务院印发

---

① 关于大力加强中小学校园文化建设的通知[EB/OL].（2006 - 04 - 25）[2024 - 10 - 06].http://www.moe.gov.cn/s78/A06/s7053/201410/t20141021_178233.html.
② 关于培育和践行社会主义核心价值观的意见[EB/OL].（2013 - 12 - 23）[2024 - 10 - 06].https://www.gov.cn/zhengce/202203/content_3635148.htm.
③ 中国教育现代化 2035［EB/OL］.（2019 - 02 - 23）[2024 - 10 - 06].https://www.gov.cn/zhengce/2019 - 02/23/content_5367987.htm.
④ 深化新时代教育评价改革总体方案[EB/OL].（2020 - 10 - 13）[2024 - 10 - 06].https://www.gov.cn/zhengce/2020 - 10/13/content_5551032.htm.
⑤ 关于全面加强和改进新时代学校体育工作的意见[EB/OL].（2020 - 10 - 15）[2024 - 10 - 06].https://www.gov.cn/zhengce/2020 - 10/15/content_5551609.htm.

的《关于新时代加强和改进思想政治工作的意见》，提出更加注重以文化人、以文育人。这些政策文件体现了国家对中小学校园文化建设的重视，旨在通过各种措施促进学生的全面发展和健康成长①。

7. 实践操作

（1）内容回顾：绘制本节内容回顾思维导图。

（2）头脑风暴：讨论校训的现代含义，探讨如何将校训精神在当代教育环境中重新诠释，并设计实践活动。

（3）项目研究：结合龙泓路小学的特色文化建设案例，请同学们结合自己家乡的本土文化传统或民风民俗，编写一份家乡小学的校本特色文化建设方案，字数不少于2 000字。

（二）五通桥区金山镇金山小学校园文化建设案例②

1. 学校介绍

本校的前身是建于1905年（光绪三十一年）的犍为县第十四区区立初级小学校。最初有教员3人，3个班，学生45人，校址在当时的县滩坝陈家祠。在此建校的原因有三点。其一：金山镇是古应民县县治所在地，属古犍为郡。衙门就在本校校址所在地。其二：此地有较好的交通条件。陆路是"官道"（大路）所经，北经井研、自贡直通成都；南经五通可与犍为、乐山相接。水道有茫溪河与岷江相连，当时的茫溪河床比现在低得多，小船可航抵马踏乃至三江。其三：有远比邻近乡场壮观的寺庙建筑。镇中有川主庙，镇东有金山寺（金山中学所在地），镇西有观音庙（俗称"铁观音"），镇南有白塔寺。其间学校经历数次更名、重组、融合，终在1987年撤乡并镇后，本校成为中心校，更名为"五通桥区金山镇中心小学"，学校有在校学生549人，14个教学班，教师49人。

2. 案例背景

学校文化建设要严格遵循党的教育方针，紧紧围绕立德树人的根本任务。学校要把中华优秀传统文化的弘扬与现代教育思想紧密结合，彰显本校的核心理念，以遵照校训与建设优良的校风、教风、学风为主旨，以优化、美化、净化育人环境为基础，立足本校实际，突出特色，为学校各方面的发展创造良好的生态环境，使学校成为广大师生身心愉悦、情感融洽

---

① 关于新时代加强和改进思想政治工作的意见[EB/OL].（2021-07-12）[2024-10-06]. https://www.gov.cn/zhengce/2021-07/12/content_5624392.htm.

② 案例材料由陈巍整理提供。

的教育园地。

历史长河中，五通桥盐业繁荣昌盛，牛的身影则宛如朴实的根脉，承载着历史与文化。乐山市五通桥区金山镇金山小学为传承地域文化，寻根溯源，更好地理解和传承中华文明，因此以牛角文化作为校园文化建设主旨（见图3.3）。牛角文化是一种融合了传统文化与现代元素的校园文化，旨在传承中华优秀传统文化，激发学生的文化自信与创新能力。

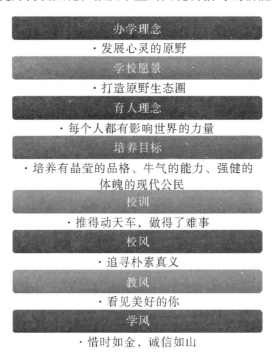

办学理念
·发展心灵的原野
学校愿景
·打造原野生态圈
育人理念
·每个人都有影响世界的力量
培养目标
·培养有晶莹的品格、牛气的能力、强健的体魄的现代公民
校训
·推得动天车，做得了难事
校风
·追寻朴素真义
教风
·看见美好的你
学风
·惜时如金，诚信如山

图3.3　金山小学牛角文化解读

传承什么？吃苦耐劳、不怕困难、奋发进取、乐观向上、勇于创新的精神，并以此在学习、生活、工作中践行。

培育怎样的人？望每一位学生都能够成为有力量影响世界的"牛娃"，发挥自己的潜力和天赋，创造美好的未来。

3. 主要做法

学校文化建设，是学校展示教育理念和个性魅力的重要平台；学校文化，是一种共同的信仰，一种价值观的传承，融入老师、学生和家长们的心灵；校园文化建设是知识的传承，智慧的沉淀，道德的引领，优秀品质的培养。

（1）打造原野生态圈、发展心灵的原野。原野生态圈里有天光辽阔的视野，有蓬勃萌发的生命，有积极改变的动力。每一个心灵都充盈着希望和力量。学校教育希望每一个学生都能成为有能力影响世界的"牛娃"，每一个教师都能成为心灵原野的引领者，每一个家长都能成为学校建设共同的支持和参与者。只有学校、教师、学生、家长和谐地共处在一个原野生态圈中，才能让每个人都发挥出自己的最大潜力。

"牛角书院"（见图3.4），注重学生主体性的发挥，创造安全、宁静的学习环境，与现代教育接轨以及办好人民满意的高质量教育。目标是为"牛娃们"提供全面、丰富和有效的教育，以满足他们对知识的需求。

图3.4　牛角书院

（2）追寻朴素真义，朴素教育扎根学校。朴素教育是以生为本的教育理念，是以内心的生长力为核心，强调多元情境、真实和自然的教育环境，追求向美、纯粹的教育理念。学校关注每一个"金小人"的内心成长和品格培养，以培养学生基于全面发展的心灵原野为目标，让学生在求知的过程中，感受到人生的美好与充实。

（3）推得动天车，做得了难事。这句校训是学校的精神象征，代表着学生对家乡的热爱与对自身成长的追求。

"牛角"，代表着力量与美好。而"天车"，则是五通桥区金山镇的文化符号，见证了这一区域独特的盐业发展史。学校要立足家乡，让这片土地的历史文化滋养学生的成长。学生要不怕困难，脚踏实地，用定力、耐力、创新力书写自己的人生篇章。作为这片土地上的"牛娃"，学生要勇敢地追求自己的梦想，做一个有晶莹的品格、牛气的能力、强健的体魄的现代公民。

"盐犊看世界"文化墙建设：墙面以"牛眼看世界"为主题，结合"牛拉天车"的天车，展示和学校文化底蕴相关的介绍文字；以草坪为盐井，放置展示结合印章元素的文化石和水牛造型的雕塑，寓意孩童和牛儿在盐井眺望世界，目光长远，开阔眼界。

（4）惜时如金、诚信如山。惜时如金，意味着"牛娃们"要珍惜每一分每一秒，充分利用时间去学习、去成长。抓住当下，努力提升自己的知识与技能，发挥创造力，为自己、为家乡、为国家，贡献一分力量。

诚信如山，代表着金山盐场人世世代代传承的品质，也是金山小学倡导的品质，代表学校精神，教育学生要拥有坚定的信念、正直的品行。在学习、工作与生活中，学校要遵守诚信原则，言行一致，对自己诚信，对他人诚信。

（5）看见美好的你，"牛娃"都有影响世界的力量。美好就是每一个"牛娃"身上闪耀的光芒，是他们善良的笑容、纯真的眼神、勤劳的汗水，是他们蕴含无尽可能性的未来；同样存在于学校每一个教师的内心深处，教师要不断提升自己的专业素养，努力成为更专业的教育工作者，发现身边美好，从中汲取力量与光芒。

"牛角"是学校精神的象征，牛角的"力量"是学校的信仰。学校每一个人，无论身处何地，都拥有无穷的潜能。"凡立学之地宜清气正，有山川之形；水潺潺澄，则人心亦澄；木茂草美，则人心亦美；花果繁华，则人心亦华。"草木竹石皆知识，一字一句即文化。校园文化建设是外与内文化的统一体。校园中的一草、一木、一竹、一石都蕴含着丰富的知识，每一字、每一句、每一面、每一处都是文化的表现。

金山小学坚持五育融合的发展举措，尝试通过校本课程、有益的活动及有效的引导，给予每个生命发展的平台，落实立德树人的根本任务。学校努力营造出以"牛角文化"为核心理念的校园文化，围绕这样的校园文化，学校尝试构建涵盖德智体美劳五育融合的"牛角文化课程"体系，将牛角文化与公民素养课程融为一体，尝试开展培养学生品格的公民素养课程，以人为本，放大人，关注人，关注人的现实生活，也关注人的未来发展，将个人的发展和社会发展需求融为一体。学校强化外部规范，关注内部生长，注重学生品格，"无处不教育，无处不德育"的大德育观逐渐形成。

尝试开展注重学生身心健康的体育课程。学校秉承体育锻炼"校内校外一小时，幸福生活一辈子"的健康理念，首先是保障学生的运动时间和运动量。校内通过阳光大课间和体育课落实每日运动时间，确保每个孩子都动起来，享受体育运动带来的乐趣。学校鼓励每位体育组教师用特长教特长，形成了篮球、足球、跑步等体育特色，学校每年春秋两季都会举行全校运动会。孩子们在投篮射门的竞技中锻炼身体，塑造了阳光开朗的性格，促进了身心的健康发展。

尝试开展培养学生劳动素养的劳动教育课程。从2022年9月开始，中小学劳动课从社会综合实践中独立出来，成为一门单独的课程，学校主要做了两方面的尝试：一是劳动学习手册的编写，二是劳动课的开展。

学校也取得了一些荣誉。学校获批四川省品格教育第二批成果推广示范学校，学生表演的课本剧——《小英雄雨来》获五通桥区艺术展演一等奖；阳光大课间活动获区级一等奖；新建鼓号队第一次参加区级比赛，荣获二等奖；两位教师获四川省阅读优秀指导教师；李妍希同学获优秀小读者称号，多位同学在省、市、区、校各级各类比赛中获奖……

2023年9月，学校被评为"四川省优秀少先队大队"。这对于学校而言，是肯定，更是鞭策，学校将继续传承德育初心，深耕公民素养课程。

4. 点评解读

下面运用文化育人的理论视角，对五通桥区金山镇金山小学校园文化建设案例进行点评解读。

在校训的塑造方面，金山小学校训"推得动天车，做得了难事"体现了学校对力量与美好的追求，以及对家乡文化传承的重视。校训不仅是一种精神象征，也是学校成员的行动指南，它鼓励学生立足家乡，热爱家乡，同时培养他们面对困难的勇气和解决问题的能力。

在校风的培养方面，金山小学倡导的"原野生态圈"概念，强调了教育环境的和谐与生命力，旨在营造一个积极、健康的学习和成长氛围。通过"牛角书院"的建立，学校注重为学生营造安全、宁静的学习环境，这有助于培养学生的自主性和创新精神。

在教风的建设方面，教师作为"心灵原野的引领者"，在教风建设中扮演着至关重要的角色。金山小学通过提升教师的专业素养，鼓励教师发现和欣赏学生的美好，从而在师生之间建立起相互尊重和支持的关系。

在学风的营造方面，"惜时如金、诚信如山"的金山小学价值观，强调了时间管理和诚信的重要性，这有助于培养学生的责任感和道德观念。同时，学校鼓励学生珍惜时间，充分发挥自己的潜力，为个人和社会做出贡献。

在价值观念的引导方面，金山小学通过"朴素教育"理念，追求向美、纯粹的教育环境，关注学生的内心成长和品格培养。这种价值观念的引导有助于学生形成正确的世界观和人生观。

在校园精神的传承方面，金山小学通过"盐犊看世界"文化墙等具体举措，传承和弘扬了地方文化，同时激发了学生的家乡自豪感和文化自信。校园中的一草一木、一竹一石都被赋予了教育意义，体现了校园文化的深度和广度。

从文化育人视角来看，金山小学"牛角文化"建设案例充分体现了对教育环境、价值观念、师生关系和地方文化的深刻理解和重视。通过校训、校风、教风、学风的塑造与培养，以及价值观念的引导和校园精神的传承，学校成功营造了一个有利于学生全面发展的教育生态。这种以文化育人为核心的校园文化建设，不仅能够提升学校的教育质量，也有助于培养学生的综合素质和社会责任感。

5. 知识拓展

校园精神文化建设是中小学教育环境塑造中的关键要素，它不仅反映了学校的内在品质，还影响着学校的长期发展。一般而言，学校精神文化的构建涉及以下几个重要方面：第一，校训的塑造是一项至关重要的任务，它不仅体现了校园精神文化的核心，还是学校历史与价值观的传承。在制定校训时，必须充分考虑学校的使命、愿景和核心价值观，并通过广泛征求师生的意见，以确保其具有普遍性和时代性。为了有效传播校训，可以采用多种方式，如校园标识、校歌、校徽等，使之深入人心。第二，校风的培养需要从制度和实践两个层面入手。在制度层面，学校应建立完善的规章制度，明确师生的行为准则；在实践层面，学校应通过举办学术讲座、文化节等活动，营造积极向上的学术氛围。第三，教风的建设应注重教师专业发展和教学创新。学校应鼓励教师参与教学研究，不断更新教学方法，改善教学效果。同时，学校通过教学观摩、教学竞赛等形式，促进教师之间的交流与学习。第四，学风的营造需要关注学生的学习动机和学习策略。学校可以通过建立学习小组、开展学术研讨等方式，激发学生的学习热情，培养他们的批判性思维和解决问题的能力。第五，价值观念的引导是学校教育的重要任务之一。学校应通过多元化的教育途径，如课程教学、社会实践、志愿服务等，引导学生形成全面而正确的世界观、人生观和价值观。此外，学校还应重视心理健康教育，帮助学生树立积极的人生观。

校园精神的传承不仅是对历史的尊重，也是对未来的期许。学校可以通过让学生参观校史馆、举办纪念活动等形式，让学生了解学校的历史，感受校园文化的魅力。和谐的师生关系是教育成功的关键。学校应通过定期的师生交流会、教师培训等方式，增进师生之间的理解和信任。尊重学生个性是实现教育公平的前提。学校应通过个性化教学、特长培养等方式，满足不同学生的发展需求。创新精神的培养需要学校提供丰富的创新资源和平台。学校可以设立创新实验室、举办创新竞赛等，鼓励学生大胆尝试，勇于创新。在全球化背景下，学校应加强国际交流与合作，为学生提供语言学习、海外交流等机会，帮助学生了解不同文化，培养其国际竞争力。学校应通过志愿服务、社区参与等活动，培养学生的社会责任感。同时，学校应通过课程设置，让学生了解社会责任的重要性。终身学习是适应社会发展的需要。学校应建立终身学习体系，提供在线课程、继续教育等资源，鼓励学生持续学习，不断进步。

党和国家高度重视学校的校园文化建设工作。2006 年教育部出台了《关于大力加强中小学校园文化建设的通知》，强调校园文化在中小学德育工作中的重要作用，提出要充分认识校园文化建设的重要性，积极推进中小学校校园文化建设，包括开展校风、教风、学风建设，组织形式多样的校园文化活动，重视校园绿化、美化和人文环境建设①。2020 年中共中央办公厅、国务院办公厅印发的《关于全面加强和改进新时代学校美育工作的意见》，指出要弘扬中华美育精神，以美育人、以美化人、以美培元②。2023 年教育部出台了《关于全面实施学校美育浸润行动的通知》，旨在深入学习贯彻党的二十大精神，加强学校美育工作，强化学校美育的育人功能，提出以美育浸润学生、教师和学校，全面提升学生的审美素养和人文素养，丰富学生的精神文化生活，提升教师的美育意识和素养，打造积极向上的校园文化，建设美育育人环境③。

总之，校园精神文化建设是一个长期且复杂的过程，需要学校领导、教师、学生及家长的共同努力。学校通过有效的校园精神文化建设，可以

---

① 关于大力加强中小学校园文化建设的通知[EB/OL].（2006-04-25）[2024-10-06]. http://www.moe.gov.cn/s78/A06/s7053/201410/t20141021_178233.html.

② 关于全面加强和改进新时代学校美育工作的意见[EB/OL].（2020-10-15）[2024-10-06]. https://www.gov.cn/zhengce/2020-10/15/content_5551609.htm.

③ 关于全面实施学校美育浸润行动的通知[EB/OL].（2023-12-22）[2024-10-06]. http://www.moe.gov.cn/srcsite/A17/moe_794/moe_628/202401/t20240102_1097467.html.

创建一个积极向上、和谐发展的校园环境，为学生的全面发展创造良好条件。

6. 实践操作

（1）内容回顾：绘制本节内容回顾思维导图。

（2）头脑风暴：如何结合当代青少年学生的兴趣和特点，设计新颖的文化活动，同时融入传统元素。

（3）项目研究：结合对金山小学的"牛角文化"建设案例的学习，请同学们根据文化育人相关理论，设计一份小学精神文化建设实施方案，字数不少于2 000字。

（三）五通桥区盐码头小学"盐之为"德育案例①

1. 学校介绍

乐山市五通桥区盐码头小学，地处五通桥区竹根镇，毗邻涌斯江畔，学校始建于1953年，现有教学班18个，学生980余人，教师50余人。学校传承五通桥"盐文化"城市精神，深挖"盐文化"精髓，坚持"书香校园、人文盐小"的办学特色，五育并举，学校教育质量位列五通桥区前茅。

五通桥因盐成邑，盐是五通桥的文化。丰富的盐业文明给这座城市灌溉了深厚的历史文化。盐码头小学作为五通桥"盐"精神的代表之一，紧扣"盐文化"主题，开展德育教育，让学生在各种有趣有味的活动中，完善人格发展，凸显个人特长，成就更好的自己，做有作为的人。学校通过各项活动、措施，培育特色"盐文化"，成功创建"盐之为"市级德育品牌。学校通过品牌建设，不断丰富文化活动内涵，提升学生素质，实现了学校办学品位提升的目标。

2. 案例背景

五通桥地区因盐业而繁荣，盐不仅是一种物质资源，而且是当地文化的重要组成部分。盐码头小学作为五通桥文化传承的载体之一，认识到了"盐文化"在德育教育中的重要作用。学校紧扣这一文化主题，通过一系列创新的德育教育活动，旨在培养学生的人格，发掘和培养他们的特长，并鼓励他们成为有作为的人。

---

① 案例材料由何强整理提供。

3. 主要做法

（1）设定品牌目标。学校通过品牌实践，实现"有颜有味——知书识礼，做有品位的人；有研有为——勤学善研，做有作为的人；有延有未——传承创新，做有理想的人"的育人目标，丰富德育活动内涵，提升德育活动层次，实现学校办学品位提升的目标。

（2）优选实施途径。学校以"盐文化"底蕴，构建德育"1234"工作模式，即一个中心：立德树人；二条路径：校内活动、校外实践；三大特色：德育活动系列化、德育活动校本化、德育活动生活化；四大主题节：艺术节、体育节、读书节、科技节，打造以"有颜有味""有延有未""有研有为"为标识的"盐之为"德育品牌。

有颜有味。德育活动既有"颜值"，又有品位。为落实习近平总书记关于少年儿童和少先队工作的重要论述，学校活动坚持党建带队建，常态化开展"四节"（艺术节、体育节、读书节、传统节日）活动，引导学生从小听党话、跟党走。每次活动精心准备，高质量呈现，在党建引领下，品位不断提升。学校将劳动教育德育化。学校通过"开心小厨房""劳动小明星"等劳动教育活动，培养学生劳动技能，磨炼学生意志。

有延有未。学校将传统文化教育融于德育活动，在传承中创新。为培养爱国情怀，进一步传承和发扬中国书法文化，激发全体学生对祖国灿烂文化和语言文字的热爱之情，举行书法比赛；为让红色基因、革命薪火代代传承，盐小少先队员们寻访红色基地——丁佑君烈士纪念馆，了解红色故事，追随先辈足迹；为传承和弘扬中华优秀传统文化，丰富学生精神文化生活，展示中国传统节日的魅力，学校积极开发"盐续传承——学校的节日"德育校本课程，在端午节、中秋节、重阳节等时间节点开展丰富多彩的德育活动。

有研有为。学校走德育教研化之路，除日常的工作例会外，每期至少安排一次德育公开课（活动），进行专题研讨；各学科将德育教育、品格教育融于学科，实现全领域覆盖；积极探索德育课题研究，目前正准备申报德育课题。以教研的方式促进德育工作走深走实，实现培养有作为的学生的德育目标。

（3）形成特色做法，让德育活动系列化。如学校围绕艺术节，分别开展手抄报比赛、绘画比赛、现场书法比赛、现场展演四个系列活动；还如，学校开展"书海无涯、盐途有你"读书节活动，同样分为开笔启智、

"盐"续传承，美文颂国、"盐"行合一，模拟市场、有"盐"有味，书香为伴、好书"盐"读四个系列，既让活动具有层次性，也让活动教育作用更持续。

一是让德育活动校本化。为使德育活动的教育意义更为深刻，学校固化特色德育活动，初步形成了以中华传统节日为主线的"有延有未——学校的节日"校本课程，以及以特色劳动教育为主线的"有颜有味——劳动最光荣"校本课程。

二是让德育活动生活化。为拓展德育活动的外延，实现校内活动与校外实践相结合，达到情景育人的目的，学校将德育活动与家庭、社会密切联系，让德育在生活中无处不在。如在"学校的节日"德育活动中，除了在校通过主题班会、活动等方式让学生了解传统节日相关知识外，还设计了实践活动，如重阳节回家为老人做事、清明节宣传文明祭祀等；在学雷锋活动中，除了要求学生参加校内主题活动学习外，还要求进入社区参加文明实践活动，让学生在生活情景中浸润德育教育。

（4）取得的成效。学校通过德育品牌实践，进一步丰富了德育活动内涵，学生行为习惯明显改善，校风持续向好，学校"盐文化"品牌彰显。多名学生被评为省、市"新时代好少年"，获得各级红领巾星章等；学校大队部被评为四星大队；学校也被评为四川省品格教育示范学校、乐山市第一批德育品牌学校、五通桥区先进学校等。

4. 点评解读

活动育人是一种教育方法，它通过组织各种活动来培养学生的综合素质，包括知识、技能、情感、价值观等。盐码头小学"盐之为"德育活动品牌建设案例很好地体现了活动育人的要求，实现了对学生的优质德育教育。

就德育活动品牌目标而言，盐码头小学提出的育人目标涵盖了"有颜有味""有研有为""有延有未"三个方面，这与全人教育理论中提倡的全面发展相契合。它不仅关注学生的外在形象和内在修养，也强调了学术研究和实践能力，以及对传统文化的传承与创新。学校通过"知书识礼"和"勤学善研"的倡导，强调了价值观教育的重要性，鼓励学生形成尊重知识、尊重他人的价值观，以及不断探索和创新的精神。学校意识到德育活动不仅仅是表面的仪式或活动，而是需要深入学生的内心世界，通过实践活动来内化价值观。将育人目标与学校办学品位的提升相结合，显示了教育的长远目标不仅局限于学生的个人发展，也关注学校整体教育品质的提升。通过品牌实践来实现育人目标，这强调了理论知识与实践活动相结合的重要性。学生通过参与具体的品牌实践活动，能够将抽象的教育目标具体化，更深刻地理解和体验到教育的内涵。"有延有未"中提到的"传承创新"，体现了对传统文化的尊重和对创新精神的鼓励，这有助于学生在继承传统的同时，也能够适应时代的发展，形成开放和进步的价值观。培养有品位、有作为、有理想的人，强调了教育的社会责任，即培养能够为社会作出贡献的个体。

就实施路径而言，盐码头小学把陶行知的生活教育理论运用在"盐之为"德育品牌的打造上。在"有颜有味"措施中，学校通过常态化开展"四节"活动，将党建与学生日常生活紧密联系起来，这体现了陶行知"生活即教育"的理念。学生在参与活动中不仅学习知识，也在实践中培养了对党的认知和情感，通过各种活动引导学生从小听党话、跟党走，培养学生的爱国情怀，这体现了陶行知情感教育的重要性，即通过情感的培养来强化德育的效果。在"有延有未"措施中，通过寻访红色基地、参与书法比赛等活动，学生走出课堂，直接接触社会，了解国家的历史和文化，这与陶行知提倡的"社会即学校"相呼应。学校通过开发校本课程和开展传统节日活动，既传承了中国传统文化，又在此基础上进行了创新，这体现了陶行知对传统文化的尊重和对创新精神的鼓励。在"有研有为"措施中，学校通过德育教研化，将德育教育融入各个学科中，实现了教学与实践的结合，符合陶行知"教学做合一"的教育思想。通过"开心小厨房""劳动小明星"等活动，学校注重培养学生的劳动技能和意志，这与陶行知强调的通过劳动教育来培养学生的自立能力相一致。各学科都将德育教育和品格教育融入教学中，实现了德育教育的全领域覆盖，这与陶行知提倡的教育应全面渗透到学生生活各个方面的观点相契合。学校积极探索德育课题研究，这显示了学校对德育工作的重视和对教育质量的不断追求，符合陶行知对教育研究的重视。

总体来说，盐码头小学"盐之为"德育活动品牌建设路径很好地体现了陶行知生活教育理论的核心思想，通过将教育与学生的生活紧密结合，不仅传授知识，还注重学生品德的培养和情感的熏陶，实现了教育的全面性和深远性。

5. 知识拓展

德育活动是中小学教育中的重要组成部分，它旨在通过各种有组织的活动，培养学生的道德观念、社会责任感和良好的行为习惯。在实践活动中渗透德育的功能，这是德育研究的热点课题，由此产生了实践德育研究、活动德育研究与劳动德育研究。实践德育的研究主要集中在如何将道德教育的内容和要求融入学生的日常生活和实践活动中。研究者们强调，德育不仅是理论讲授，而且是通过学生的实际行动和实践活动来进行。例如，通过参与社区服务、学校项目等，学生可以在实际的社会实践中体验和学习如何处理各种社会关系和问题，从而培养和提高其道德品质。活动德育的研究主要关注如何通过组织各种活动来进行德育教育。这些活动可以是角色扮演、小组讨论、主题研究等形式，旨在通过活动使学生在参与和体验中学习和领悟道德理念。研究者们强调，活动德育的成功需要精心设计和组织活动，以确保活动内容与德育目标的紧密结合，同时也要注重活动的参与性和趣味性，以激发学生的学习兴趣和积极性。劳动德育的研究主要集中在如何通过劳动教育来培养学生的道德品质。研究者们认为，劳动教育不仅可以培养学生的劳动技能，而且可以通过劳动教育来培养学生的责任感、合作精神、尊重劳动等道德品质。例如，通过参与校园的绿化、清洁等劳动活动，学生可以学习到劳动的重要性，也可以养成其良好的劳动习惯和态度。总的来说，中小学德育研究的重点是如何通过各种方式和方法，将道德教育的内容和要求融入学生的日常生活和学习中，使学生在实际的生活和学习中体验和学习道德理念，从而提高其道德素养。

从学理来看，全人教育理论、生活教育理论、实践教育理论、情感教育理论、价值观教育理论、自我教育理论、社会学习理论等，为在实践活动中渗透德育提供了丰富的理论依据。全人教育理论强调教育不仅是知识的传授，而且是促进学生在道德、智力、身体、审美和劳动等方面的全面发展。德育活动意味着要关注学生的情感、价值观、社交技能和自我认知等多维度的成长。生活教育理论认为教育应当紧密联系学生的生活实际，通过日常生活中的情境来实施德育。例如，教师可通过家庭生活、学校生活、社会生活等不同场景中的具体事件，引导学生理解和实践道德规范。实践教育理论主张通过实际操作和实践活动来进行学习，强调"做中学"。德育活动可能涉及社区服务、志愿活动、户外教学等，让学生在实际行动中学习和体验道德行为。情感教育理论认为情感是道德发展的重要组成部分。德育活动通过培养学生的同情心、感恩心、爱心等情感，促进学生对他人的理解和关怀，从而促进其道德行为的形成。价值观教育理论着重于培养学生的核心价值观，如爱国主义、集体主义、诚信、责任感等。教师可通过故事讲述、角色扮演、讨论会等方式，帮助学生形成稳定的价值判断和行为选择。自我教育理论鼓励学生通过自我反思、自我评价和自我调节来提升个人道德修养。在德育活动中，教师可以通过日记、自我评估表、同伴评价等方式，引导学生进行自我探索和自我提升。根据社会学习理论，个体通过观察他人的行为和后果来学习社会行为和规范。在德育活动中，教师可以利用榜样示范、行为模仿、反馈强化等方式，促进学生学习社会期望的道德行为。

德育活动一般有以下品牌建设路径：第一，明确德育目标。确立清晰的德育目标是品牌建设的前提。这些目标应与国家的教育方针相一致，并能够反映学校的教育理念和特色。第二，整合德育资源。德育活动的实施需要多方面的资源支持，包括物质资源、人力资源和知识资源等。学校应积极与家庭、社区、政府机构及其他社会组织合作，共同为德育活动提供支持。第三，创新活动形式。创新是德育活动品牌建设的关键。学校应根据学生的兴趣和需求，设计新颖、有趣且富有教育意义的德育活动，以提高学生的参与度和活动的吸引力。第四，建立长效机制。长效机制的建立有助于确保德育活动的连续性和稳定性。这包括制订详细的活动计划、建立监督和评估体系、确立激励和反馈机制等。第五，强化师资培训。教师是德育活动的组织者和指导者。学校应定期对教师进行德育方面的专业培训，增强其德育意识和组织指导能力。第六，强化家校社合作。家校社合作是德育活动成功的关键。学校应建立家校社合作机制，鼓励家长和社会各界参与和支持德育活动。第七，营造良好氛围。良好的校园文化氛围对德育活动的成功至关重要。学校应通过各种方式，如校园广播、板报、文化墙等，营造积极向上的校园文化氛围。第八，定期评估反馈。定期对德育活动进行评估和反馈，是提高活动效果的重要手段。学校应建立科学的评估体系，收集和分析学生、家长和教师的反馈信息，不断优化活动内容和形式。第九，注重品牌化推广。对于效果良好、具有特色的德育活动，学校应进行总结和提炼，形成可复制、可推广的模式，并利用媒体宣传，进行品牌化推广。比如充分利用校园广播、电视台、网络等媒介，对德育活动进行宣传，提高其知名度和影响力。

总之，德育活动的品牌建设是一个系统工程，需要学校的精心策划、组织实施和持续改进。同时，德育活动的品牌建设也需要家庭、社会和政府等各方面的支持和配合。只有这样，才能形成具有鲜明特色和广泛影响力的德育活动品牌。

6. 实践操作

（1）内容回顾：绘制本节内容回顾思维导图。

（2）头脑风暴：传统文化在乡村学校道德教育中扮演了什么角色？列举一些当地的传统文化和习俗，并讨论它们如何融入乡村学校德育。

（3）项目研究：结合对盐码头小学"盐之为"德育活动品牌建设案例的学习，请同学们根据活动育人相关理论，设计一份小学生的德育活动品牌建设方案，字数不少于 2 000 字。

（四）五通桥区竹根镇瓦窑沱小学书香校园典型案例①

1. 学校介绍

五通桥区瓦窑沱小学创建于 1919 年，历史积淀厚重。从明代开始，瓦窑沱就产生了窑，直至清代与著名的西坝窑隔河呼应。瓦窑沱小学传承了瓦窑的人文精神和文化内涵，凭借着求真务实的工作态度、吃苦耐劳的工作意志、探索创新的工作精神、为人师表的工作品德、卓越不凡的工作业绩，谱写着瓦小华丽的篇章。学校有教学楼三栋，总面积达 6 500 余平方米，拥有图书室、科学实验室、美术室、音乐室微机室、多媒体教室和"班班通"教学设备；现有 6 个教学班，172 名学生，教职工 21 人；高级教师 5 名，一级教师 10 人，教师学历达标率 100%。学校以"儒雅健康·和谐幸福"为办学思想，打造以陶瓷文化为核心的校园文化。学校以素质教育为核心，以学生为根本，培养热爱学习、身心健康、举止优雅的学生队伍；打造和谐的校园环境，和谐的幸福课堂，和谐的人际关系；打造优质的教学质量，让学生优质发展，学校优质发展。最终实现"学生儒雅、教师幸福、课堂灵动、环境幽雅"的瓦小校园。

学校教风正、学风浓、教学质量高，先后被评为"管理先进学校""规范一级学校"、教育教学质量综合评估二等奖、学科单科一等奖。学校被授予"区级文明单位""示范家长学校""教师职业技能训练示范学校""巾帼文明示范岗"等多个光荣称号。

---

① 案例材料由任芳整理提供。

在长期的办学中，学校形成了书香校园、艺术活动、劳动实践三个办学特色。一是书香校园特色。为提高学校师生的人文素养，进一步深化校园文化建设，营造浓厚的校园书香氛围，让阅读为每一位学生的幸福人生奠基，为每一位教师的持续发展助力，促进教师专业化发展和学生的健康成长。学校以"书香校园"建设为载体，以形式多样的阅读活动为路径，以书育人、以书启智、以书养德，培养师生浓厚的阅读兴趣和良好的阅读习惯，使阅读成为伴随终身的生活方式，积极营造与书为伴、读书为乐的校园文化氛围，增强学校校园文化的人文底蕴，努力提高学生的思想道德素质，积极打造翰墨飘香、格调高雅、文明向上的书香校园，按照五通桥区教育局的有关要求，学校拟在全校范围内广泛开展全民阅读、创建"书香校园"活动。二是艺术活动特色。学校开设了声乐、乐器、主持、书法、篮球、排球等艺术类社团课程。这类课程面向全体学生，给学生选择的空间，社团课程有计划、有规范、有展示，真正做到了时间保证、活动内容保证、质量保证，每周有训练，月月有提高，学期有成果。三是劳动实践特色。学校立足于学校教育与家庭教育、社会教育相结合，从培养良好行为习惯入手，以培养学生全面发展和培养学生的创新意识和动手实践能力，同时积极探索课程改革新路，发展学生的全面素质，开展以学生为主体的实践活动，认真开展劳动教育，使学生形成初步的劳动意识和实践能力，培养学生综合运用能力和创新精神。

2. 案例背景

瓦窑沱小学是一所历史悠久的学校，创建于1923年。学校最初由马王庙改建而成，历经几次改扩建，直至今日的规模。纵观校园，百年黄葛树伟岸古朴，葱郁的树木环抱小山，整座校园清幽雅致，是一个读书的好地方。长期以来，学校在传承中创新，在创新中发展。近年来，学校以"蒙以养正，果行育德"为办学思想，提出"稳定中求发展和谐中创一流"的办学目标，在营造和谐、民主、人文的校园环境下，打造"书香致远墨卷致恒"书香校园。学校把提高教育质量、打造一流师资队伍、彰显校本特色作为工作重点，致力于人文校园、网络校园、书香校园、绿色校园的建设，努力追求高品位、达成高目标。

3. 主要做法

（1）营造活动氛围。学校加强"书香校园"环境建设，突出浓郁的校园文化氛围，在校园醒目的位置张贴或书写创建"书香校园"的宣传画、口号、名言标语等文化标识，力争让学校每一面墙壁都散发出浓郁的书香，每一个角落都萦绕浓浓的人文氛围，使校园更具书香格调和文化内涵。以班为单位打造"书香班级"环境建设，建立班级阅读制度，创建图书角等符合班级特点的读书阵地，给学生创设宽松、愉悦的阅读环境。学校少先队大队部成立校园广播站和板报专刊，开设"书香校园"专题，引导学生诵读经典。各班围绕开展读书活动建立家校联动机制，充分发挥家长委员会的作用，向家长宣传此次活动。

（2）基本活动。在全校师生中组织开展"书香致远墨卷致恒"全民阅读"十个一"活动，即精读一本好书、上好一堂阅读课、撰写一篇阅读心得、开好一次主题班会、邮寄一封阅读书信、办好一期黑板报、举办一次主题书画作品展、建好一批阅读基地、捐献一批阅读书籍、评选一批"书香教师"和"书香小明星"，在全校范围内营造一种在阅读中互相学习、学习中共同进步、进步中共同成长的氛围。

亲近书籍——经典诵读活动。为了在师生中倡导经典阅读，让传统美德根植于全体教师、学生和家长的心灵，学校举办"我给父母做老师"亲近经典、经典诵读亲子活动。在全校范围内成立阅读打卡微信交流群，全校师生每日打卡公开展示读书进程，每日视频打卡 2~10 分钟，分享精彩朗读片段或读书心得。

了解书籍——经典阅读推荐。为激发全校师生经典阅读的兴趣，指导学生有效阅读，各年级根据学生年龄特点和知识结构推荐经典图书书目，抽取精华制作学生阅读书籍目录。教师利用课堂及阅读交流群进行阅读指导、答疑解惑。

墨韵书香——主题征文活动。在全校范围内开展"瓦砾虽小微光闪耀"主题征文活动，评选优秀作品由学校装订成册形成文集。通过读和写，孩子们得以更深刻地了解中华灿烂文明，将美德植根心灵，让美好留在校园。

展示成果——评选书香之星。在全校各年级开展经典诵读的基础上，积极开展学校"阅读之星""书香教师""书香小明星""书香小队"和"书香家庭"的推荐评选活动。

赠人玫瑰——好书漂流起来。在全校范围内组织师生开展"献一本、看百本"的好书漂流活动，定期开展读书分享推荐会和图书交换活动，建立阅读天地、班级图书角，创设以书会友、循环阅读的平台，教师做好示范，引导学生根据自身需要和兴趣爱好逐步学会甄选、使用、交流书籍。

营造氛围——拓展读书空间。学校通过每日一句、每月一篇、每学期一本等形式，鼓励师生把内容健康向上、语言流畅优美的名言、名句、名段、名篇进行摘抄，并开展读书笔记、书签制作、手抄报评选活动，激发师生的读书热情，搭建师生阅读交流与分享的平台。

家校结合——推广全民阅读。充分利用校园、家庭网络资源，积极推荐健康向上的优秀网站和公众号，引导学生通过网络阅读互动交流，感受网络读书的乐趣。结合学校"千名教师进万家"活动和读书交流群来整合家庭教育资源，向家长宣传阅读活动和亲子共读的意义，倡议学生与父母共读一本好书，共享读书的快乐。教师通过读书打卡和家访等形式了解学生家庭阅读现状，引导家长支持、参与到阅读活动中来，积极创建书香家庭。

（3）取得成效。读书活动的开展，有力地强化了班级的文化氛围，一定程度上提高了学生的文化品位，克服了学生中普遍存在的浮躁情绪，帮助学生发展了自我，完善了自我。孩子们徜徉在书海中，明白了事理，学会与人分享，有好书向同学推荐，与同学传读，并把已看过的书捐给班级图书角。班级中形成了阅读课外书、交流阅读心得，积极写读书随笔的风气，促进了学风的良性发展。

此外，2023年10月27日，学校成功举办了一场"书香致远墨卷致恒"全民阅读成果展示活动。此次活动旨在展示学校在推动全民阅读方面取得的成果，提升学生的阅读兴趣和能力，同时也为全校师生以及家长提供了一个交流学习的平台。在展示活动现场，余校长在开场致辞中表示："家校共育、绿色发展。师生的共同进步，家校的携手联动，才能一起推动学校发展。在营造清新典雅的校园的同时，更是希望通过各项活动的开展，促使师生共同提升，使学校迈上一个更新的台阶。"活动现场，五通桥区教育局教育股股长和五通桥区青少年校外活动中心主任为"书香家庭"颁发了奖品，余校长与何校长为"班级阅读之星"赠送了读物。许多学生表示，通过为期半年的"书香致远墨卷致恒"亲子阅读活动，他们不仅了解到了更多的优秀书籍，也提高了自己的阅读能力和表达能力。学生们也通过各种形式展示了他们的阅读成果，包括读书笔记、读后感、读书手抄报等。

学校将继续坚持推动全民阅读，为学生提供更多的阅读机会和平台，让他们在阅读中开阔视野，丰富知识，提高素质。同时，学校也期待更多的家长和社会人士的关注和支持，共同推动学校书香校园的建设。

4. 点评解读

瓦窑沱小学书香校园典型案例展示了一个全面而深入的书香校园建设计划，涵盖了文化育人和活动育人的多个方面。以下是对该案例内容的点评解读：

（1）营造活动氛围。在环境建设方面，学校通过在校园各处张贴宣传画、口号等，营造了一种书香四溢的环境，这不仅美化了校园，也无形中增强了学生的文化认同感和归属感。在班级特色方面，以班级为单位建立阅读制度和图书角，这种个性化的做法有助于激发学生的阅读兴趣，并培养他们的集体荣誉感。在家校联动方面，学校通过校园广播站、板报专刊等形式，引导学生诵读经典，同时建立家校联动机制，让家长参与到阅读活动中，这种做法有助于形成家校共育的良好局面。

（2）基本活动。全民阅读"十个一"活动的设计旨在全校范围内推广阅读，通过多样化的活动形式，鼓励师生共同参与，营造了一种积极向上的学习氛围。经典诵读活动通过亲子阅读和阅读打卡，不仅增强了家庭的亲子关系，也让学生在日常生活中不断接触经典，培养了他们的阅读习惯。

（3）亲近书籍。学校开展的经典诵读活动，不仅有助于传承文化，同时也锻炼了学生的朗读能力和语言表达能力。经典阅读推荐，根据学生的年龄特点推荐书目，这种做法体现了因材施教的原则，有助于提高学生的阅读效率，激发他们的阅读兴趣。学校通过举办主题征文活动，不仅能够提高学生的写作能力，还能够深化他们对文化和美德的理解和认识。

（4）展示成果。通过评选书香之星活动，表彰阅读积极分子，这种做法能够激励更多的学生投入阅读中。好书漂流活动鼓励学生分享书籍，培养了他们的分享精神和交流能力。拓展读书空间，鼓励师生阅读，这种做法有助于建立一个全方位的阅读环境。利用网络资源和家校合作，推广阅读活动，这种做法有助于形成全社会阅读的良好风气。

应该说，瓦窑沱小学书香校园典型案例内容充分体现了文化育人和活动育人的理念，通过一系列精心设计的活动，不仅提升了学生的文化素养，也培养了他们的阅读习惯和审美情趣。同时，家校合作形成了一个支持阅读、鼓励学习的良好教育生态。

5. 知识拓展

书香校园建设是一种以书籍为核心，以阅读为载体，通过营造浓厚的读书氛围，推动校园文化建设的教育实践。它与文化育人、活动育人的理念紧密相通，旨在通过文化和活动来促进学生的全面发展。

文化育人主要通过价值观塑造、审美能力培养、知识传承来实现。比如通过阅读优秀的文学作品、历史传记等，学生可以学习到正直、勇敢、同情等正面价值观。书香校园可以通过设立特定的阅读月，比如"爱国主义教育月"，来集中推广相关主题的书籍。阅读诗歌、观看戏剧等活动可以提升学生的艺术鉴赏能力。校园可以定期举办艺术展览、诗歌朗诵会，让学生亲身体验和欣赏艺术。通过阅读，学生可以了解不同的文化和历史，促进知识的传承。开设"文化传承课"，结合阅读和讨论，使学生加深对文化传统的理解。

活动育人体现为实践性、互动性、个性化等特点。比如学生通过参与策划和组织读书会、文学沙龙等活动，能够将所学知识应用于实践中。校园可以设立"学生文化大使"项目，让学生参与到书香校园的建设和推广中。教师可以通过小组讨论、角色扮演等互动形式，提高学生的沟通能力和团队协作能力。鼓励学生在阅读后进行讨论，分享自己的见解和感受。根据学生的兴趣和特长，提供不同类型的书籍和活动，如科幻、历史、艺术等。设立个性化阅读计划，鼓励学生探索自己的阅读兴趣。

学校通过阅读推广、阅读文化氛围营造、课程融合等方式，实现书香校园建设与文化育人、活动育人相结合。比如利用校园广播、海报、社交媒体等多种渠道宣传阅读的重要性。设立"阅读之星"等奖项，表彰阅读积极分子，激发学生的阅读热情。校园内设置特色阅读区，如户外阅读花园、主题图书馆等，为学生提供舒适的阅读环境。定期更换校园文化墙的主题，如展示不同国家的文化特色，开阔学生的文化视野。在语文、历史等课程中加入与阅读相关的教学内容，如分析文学作品、讨论历史事件等。鼓励教师开发与阅读相关的跨学科课程，如"文学与艺术""历史与地理"等。

6. 实践操作

（1）内容回顾：绘制本节内容回顾思维导图。

（2）头脑风暴：探讨在乡村学校，如何开展活动提升学生的阅读兴趣和文化素养。

（3）项目研究：结合对瓦窑沱小学书香校园典型案例的学习，请同学们根据文化育人、活动育人相关理论，设计一份小学生的校园文化活动品牌建设方案，字数不少于 2 000 字。

（五）马边彝族自治县民族小学民族文化教育典型案例①

1. 学校介绍

马边彝族自治县民族小学创办于 1987 年，学校占地面积 10 275.5 平方米，建筑面积 6 360 平方米。现共有学生 1 849 人（其中彝族 1 565 人，汉族 273 人，苗族 7 人，布依族 1 人，仡佬族 1 人，土家族 1 人，壮族 1 人）。学校的教育理念是"团结奋进、博学创新"，特色品牌为"红色教育润心灵，民族团结促发展"。学校的校风是"求真务实、乐学向上"，教风是"敬业爱生、进取奉献"，学风则是"尊师守纪、勤学善思"。学校以全面实施素质教育为目标，注重培养学生的创新能力和实践能力，积极推进课程改革和教学方法改革。内强素质，外树形象。以党建为引领，通过培训、对口帮扶学习等手段，打造一支乐于奉献、创新管理的教师队伍；采取"结对子、压担子、搭台子"的措施，加强对骨干教师和青年教师的培养。利用行政常规巡课、线上线下业务培训、研创共同体等多渠道提升教师的业务水平；实施"抓常规、重基础、讲规范、重实效"管理方案，提高课堂教学效益。开展阿依美格节、艺术节、社团、主题班会等多种活动，提升学生的综合素质。

该民族小学是一所彝族学生占比达到 90% 的少数民族学校，学校致力于保护和传承彝族文化，同时为彝族学生提供享受优质教育的机会。作为彝族非物质文化遗产的传承者，学校通过各种方式组织学生深入了解和体验彝族文化。学校组织开展了"小凉山民俗文化的实践与研究"的课题研究，本课题为省级课题。在研究的过程中开发了关于彝族文化的校本课程：红黄黑、山涧妙音、风味习俗、玛牧文化。同时组织丰富多彩的文化活动，如阿依美格节，每两年举办一次。活动展现了儿童在成长过程中团结、勇敢、智慧、健康和快乐的精神风貌，有效激发了他们的民族情怀，弘扬传承民族优秀文化。学校通过举办活动让孩子们通过亲身参与感受文化的魅力。

---

① 案例材料由蒋正琼整理提供。

2. 案例背景

为全面贯彻党的二十大精神，以习近平新时代中国特色社会主义思想为指导，办好人民满意的教育，全面贯彻党的教育方针，学校在以"红色教育润心灵，民族团结促发展"的党建品牌引领下，以立德树人为根本任务，弘扬丰富多彩的民族民间文化，培养学生勇敢、乐观、智慧、敢于向困难挑战的精神，培养德智体美劳全面发展的社会主义建设者和接班人。学校每两年举办一次"阿依美格节"。

3. 主要做法

（1）"彝族儿童节"活动。马边县于2007年成功将"阿依美格节"申报列入四川省非物质文化遗产保护名录，它是一项在初春时节、彝历"史诺"日举行，以驱灾避难和祈福安康为主要内容，流传于大小凉山彝族民间的祭祀性节日庆典活动。活动充分展现了彝族儿童在成长过程中团结、勇敢、智慧、健康和快乐的精神风貌，有效激发了他们的民族情怀，弘扬传承了民族优秀文化。阿依美格也被称为"彝族儿童节"，活动仪式分为美格、尔、者普果。

（2）取得的效果。学校通过举办"阿依美格"庆典活动，可以让孩子们更多地了解彝族文化，促进彝族文化的交流和传承。

"阿依美格"是彝族人民为防患于未然而举行的祈福禳灾的节庆活动，具有重要的历史和文化内涵。参与节日活动，可以增强学生们的民族认同感和凝聚力，促进民族团结。

"阿依美格"作为彝族传统文化的重要组成部分，具有重要的历史和文化价值。学校通过举办各种丰富多彩的民族文艺节目，可以让孩子们更加了解彝族传统文化，促进文化交流和传承，增强民族认同感和凝聚力。同时彝族刺绣、彝族时装秀等活动让孩子们了解到彝族文化之美。

"阿依美格"活动曾经被四川新闻网和无线乐山报道和宣传。

总之，"阿依美格节"的举办不仅弘扬了彝族传统文化，促进了文化交流和传承，也推动了学校师生热爱民族文化，增强了孩子们的文化自信和凝聚力。同时，"阿依美格节"也为孩子们提供了展示自我的平台。因此，学校应该继续加强对"阿依美格节"的宣传和推广，让更多的人了解和参与到学校这个充满魅力和意义的节日中来。

4. 点评解读

"阿依美格节"活动通过庆祝本民族的传统节日，加深了彝族儿童对自身文化的认识和理解，从而在他们心中建立起强烈的民族认同感。这种认同感是铸牢中华民族共同体意识的重要基础。通过参与这样的活动，彝族儿童不仅为自己的文化感到自豪，也学会了尊重和欣赏其他民族的文化，这有助于构建和谐多元的社会环境。

"阿依美格节"活动是增强文化自信的生动实践。通过节日庆典，彝族文化的独特性和价值得到了展现和认可，这不仅让彝族儿童对自己的民族文化感到自豪，也让外界得以了解和尊重彝族文化。活动以服饰、仪式和传统游戏等形式，让儿童体验和学习彝族文化，从而在他们心中种下文化自信的种子。

该活动是传承民族文化的有效途径。通过列入非物质文化遗产保护名录，彝族的"阿依美格节"得到了更好的保护和传承。活动的每个环节都蕴含着深厚的民族文化意义，如"美格"仪式中的驱灾避难、"尔"仪式中的祈福安康等，这些都是对彝族传统文化的传承。

"阿依美格节"活动体现了对文化多样性的维护。在全球化的背景下，文化多样性的保护尤为重要。通过这样的节日庆典，彝族文化得以保持其独特性，避免被同化。同时，活动也展示了彝族文化与其他文化的差异和联系，促进了对文化多样性的理解和尊重。

该活动为文化交流和理解提供了平台。在活动中，彝族文化的传统元素与现代教育相结合，不仅让彝族儿童有机会了解和体验自己的文化，也为外界提供了了解彝族文化的机会。通过参与和观察，人们可以更深入地理解彝族文化的精神内核和社会价值，从而有助于促进不同文化之间的交流和理解。

可以这样说，"阿依美格节"活动是中小学德育教育中传承发展中华优秀传统文化的典范。它不仅增强了彝族儿童的文化自信，也是对民族文化的传承和保护。同时，活动通过展示彝族文化的独特性，维护了文化多样性，并促进了不同文化之间的交流和理解。这样的活动对于促进民族团结、增强民族凝聚力、推动社会和谐发展具有重要意义。

5. 知识拓展

在新时代背景下，教育体系传承和弘扬民族文化的重要性，旨在培养具有民族自信心和文化认同感的新时代公民，有助于推动中华文化的创造性转化和创新性发展。

教育理论强调文化自信的重要性，认为自信的民族能更好地立足于世界。倡导开放包容的态度，鼓励学习借鉴人类优秀文明成果，同时保持文化特色。提出守正创新，即在保持文化传统的同时，不断创新以适应时代发展。传承民族文化有助于培育民族精神，增强民族自豪感和认同感。弘扬民族文化有助于维护世界文化多样性，促进不同文化之间的交流与理解。共享的文化遗产可以增强社会的凝聚力，构建和谐社会。

2017年中共中央办公厅、国务院办公厅印发《关于实施中华优秀传统文化传承发展工程的意见》，提出了传承发展中华优秀传统文化的具体措施，包括教育普及、保护传承、创新发展等，首次以中央文件形式专题阐述中华优秀传统文化传承发展工作。2021年教育部印发《中华优秀传统文化进中小学课程教材指南》，明确了中华优秀传统文化融入中小学课程教材的具体内容和方式，旨在加强青少年的民族文化教育。

6. 实践操作

（1）内容回顾：绘制本节内容回顾思维导图。

（2）头脑风暴：搜集借鉴国际上成功的传统文化保护经验，探讨在乡村学校传统文化保护的实施策略。

（3）项目研究：结合对马边彝族自治县民族小学"阿依美格节"活动案例的学习，请同学们搜集自己家乡民族文化教育素材，并编写一份乡村小学传承中华优秀传统文化的案例，字数不少于2 000字。

三、心理健康教育

（一）乐山市沙湾区踏水镇初级中学心理健康教育典型案例①

1. 学校介绍

踏水中学位于乐山市沙湾区东部边陲的踏水镇沫溪河畔，距离沙湾城区14千米，建于1968年，是一所单设农村初中，乐山市教科所联系学校。学校现有教学班13个，学生668人，教职员工48人。多年来，学校秉持"以德养校、严管治校、科研促校、名师扬校、质量兴校、特色创校"的办学方针，努力践行"智慧教育、活力校园"的办学理念。以教师发展为本，以校本培训为载体，立足规范，突出特色，引领教师做文化人，形成了"规范+特色""合格+特长"的办学模式。切实加强"三风"建设，即"团结、创新"的校风、"敬业、奉献"的教风、"勤学、苦练"的学风，

---

① 案例材料由谢旭群整理提供。

打造了一支"敬业、严谨、爱生、善教"的师资队伍、培养了一支"刚毅、活泼、好问、智学"的学生群体①。

多年来，踏水中学以打造"智慧教育，活力校园"为核心理念，启动课程改革探索，通过师生努力取得了累累硕果：学校两度被评为沙湾区名校，连续18年获沙湾区教学质量一等奖，自2012起连续获乐山市教学质量一等奖、"特别贡献奖"等殊荣。踏水中学是一所教育质量上乘的初级中学，被誉为乐山市农村初中的一面旗帜。高质量的办学成果，赢得全区各界人士和广大民众的高度赞誉。学校先后被评为"乐山市现代教育示范校""乐山市阳光体育示范校""乐山市依法治校示范学校""四川省青少年生命教育计划试点学校""乐山市心理健康教育特色学校"，学校团总支被评为"沙湾区五四红旗团总支"，学校心灵驿站被评为"四川省优秀心灵驿站"②。

2. 案例背景

近年来，心理健康问题逐步成为世界各国普遍面临的社会性难题。我国同样也不例外，这些心理健康问题已逐渐从成人、职业群体扩展延伸至大中小学生群体，并呈现低龄化发展趋势，加强青少年心理健康教育已成为当前全社会的共识。党的十八大以来，以习近平同志为核心的党中央高度重视和关心广大学生的心理健康和成长发展。党的二十大报告提出要"重视心理健康和精神卫生"③。中央教育工作领导小组会议专题研究部署了学生心理健康工作，近年来相继印发了《健康中国行动——儿童青少年心理健康行动方案（2019—2022年）》《关于加强学生心理健康管理工作的通知》《生命安全与健康教育进中小学课程教材指南》《新冠病毒感染疫情形势下学生突出心理问题防治工作实施方案》《全面加强和改进新时代学生心理健康工作专项行动计划（2023—2025年）》等系列政策文件，并于2023年重点实施学生心理健康促进专项行动，促进学生健康成长。

乐山市沙湾区踏水镇初级中学是一所单设农村初中，共有寄宿制学生658人，单亲和留守家庭学生近两百人。由于全寄宿和学生特殊家庭的原因，学生在心理健康发展上问题颇多，因此学校特别重视学生的心理健康教育工作。学校现有专职心理健康教师2名，兼职心理健康教师1名，从

---

① 沙湾区教育局."三个率先"提速沙湾教育现代化［N］.三江都市报，2019-09-10（2）.
② 沙湾区教育局."三个率先"提速沙湾教育现代化［N］.三江都市报，2019-09-10（2）.
③ 习近平.习近平著作选读：第一卷［M］.北京：人民出版社，2023：40.

事学校心理健康课程教学和全校的心理健康教育工作。学校目前已建成心理活动室 7 间，分别设有心理办公室、心理咨询室、沙盘室、放松室、心理测评室+心理阅览室、发泄室、团体辅导室，形成综合完整的心理发展中心。全校各班开设心理健康教育课，开展学生团辅个辅、组建学生心理社团、开展学校心理特色活动，让学生在系列活动中感到爱，享受爱，同时从中学会爱、爱生活、爱集体、爱他人、爱自己。学校已于 2023 年 1 月成功创建为乐山市心理健康教育特色学校。

3. 主要做法

（1）加强组织领导、健全工作机制。学校成立专门的心理健康教育领导小组，由学校校长董玉军为组长，副校长谢旭群为副组长，全面负责学校心理健康工作，学校专职心理健康教育教师为核心，班主任和兼职心理健康教育教师为骨干，全体教职员工共同参与的心理健康教育体系。学校建立了完善的心理健康教育工作机制，包括组织实施、检查督导、评估评价等规章制度，以及心理辅导规范、档案管理、值班值勤、学生转介、危机干预等方面的工作制度。

（2）课程育人，促进学生心理健康发展。学校开设专门的心理健康教育课程，每周一节，由专职心理教师任教，上课形式灵活多样，设有知识讲解、问题辨析、情境设计、角色扮演、情感体验、游戏辅导等环节，深受学生欢迎。心理教师根据学校学生实际，编制了"踏水中学心理健康教育"校本课程，课程以活动为主，普及心理健康科学知识，帮助学生掌握心理保健方法，培养良好的心理品质。

心理教师认真开展团辅和个辅工作。学校配置有装修淡雅的心理辅导室，各功能室配备齐全，有个别辅导室、团体活动室、放松室、沙盘游戏室、宣泄室以及办公区，坐在放松室，拿起一本心理健康类书籍阅读，心情顿时平静下来。在这里，还有专职心理老师的帮助，心理辅导室成为学生们愿意倾吐心声、寻求帮助、放松心灵的温馨港湾。

注重学科渗透，五育并举促学生心理健康。一是以德育心。学校要求德育思政工作要将学生心理健康教育贯穿其中，融入教育教学、管理服务和学生成长各环节，做到以德育心。二是以智慧心。学校要求全体教师在学科教学中要注重保护学生心理健康。优化教育教学内容和方式，精心设计作业，既要有效减轻学生作业负担，又要让各个层次的学生都学有所获，体会到学习的成就感。三是以体强心，学校开齐开足体育与健康课，分年级开展体育课后服务，充分发挥体育调节情绪、疏解压力的作用。四是以美润心。学校广泛开展普及性强、形式多样、内容丰富、积极向上的美育实践活动，发挥美育丰富精神、温润心灵的作用。五是以劳健心。学校每周开设一节劳动课，丰富、拓展劳动教育实施途径，让学生动手实践、出力流汗，磨炼意志品质。由于学校是寄宿制学校，学校为周日提前返校的学生开设了周末特色劳动课，这一方面培养了学生的动手能力和劳动技能，另一方面为周末远离父母的同学们营造家的温暖氛围，让同学们在劳动中展示风采、享受快乐、收获成长。

（3）多彩活动，培育学生积极心理品质。学校成立了"心语空间"学生心理社团，在课后社团活动时间开展活动。各种主题活动的开展，使学生有机会在活动中不断提高自己的心理健康水平，获得心理调节知识。比如演讲比赛、主题班会、写心理健康日记等室内室外活动。

学校建立班级心理月报表管理体系，对班级心理日常进行监测，并每月上报心理健康月报表，内容包括同学行为波动、心理重大变化、日常学习生活等，心理健康教师对班级日常动态进行全面管理。具体流程是：

①各班推选两名心理委员，心理教师组织全校心理委员进行心理月报表的填写培训，月报表每月 28 日上报。

②心理教师针对上报比较集中的问题适时调整心理课的教学内容，解决学生当前心理困扰。

③对各班上报的本月心理问题较突出的学生，及时与班主任沟通，配合班主任一同对学生做好谈话交流工作。

④开展心理团辅。在七年级学生入学课程体验汇报展示活动中，学校开展了"致未来自己的一封信"的心理健康教育特色活动。让学生对初中个人发展和心理愿望规划写一封信，在活动中统一交由学校保管。

在九年级毕业前夕开展"轻松应考、梦想起航"的心理健康教育活动，组织开启信封，感受自己心路历程的变化和个人发展实现情况，感谢三年来努力拼搏的自己。同时保持良好的心态迎接中考和未来的各种挑战，为学生的心理健康发展持续助力。

⑤开展特色心育。学校举办了"倾诉烦恼，花开忘忧""阳光下成长，525 心理健康节""校园心理剧大赛"等心理健康教育活动。

学校为给学生提供一个宽松、愉快的倾诉机会，缓解学生的心理压力，或抒发对学习、生活的意见，利用倾诉活动让学生打开心扉，倾诉烦恼，减轻烦忧，健康成长。另外，学校还邀请知名心理学专家到校对学生们开展心理健康讲座，全校开展心理故事演讲比赛，分班观看心理健康电影，开展心理游园活动等，通过丰富的活动，让学生们释放压力，提升心理健康素养，助力学生健康成长。

（4）多方联动，增强心理健康教育合力。学校启用市级、区级心理测评筛查系统，对学生实行每年一到两次心理筛查，并对筛查结果分层管理。筛查结果分为正常和异常两种心理状态，对指标异常的学生，通过班主任老师了解学生家庭情况、学生个性、学生日常表现，并结合班级心理月报表对学生进行综合评估。对最终被确定为极高危和高危的学生实行"一生三档案"的管理，对接班主任、心理教师、家长三方，一同观测该生的心理状态。目前学校共有极高危学生 13 人，高危学生 30 人，建档学生 18 人。心理教师和班主任密切关注这部分学生的思想动态和行为表现，及时与学生交流，打开心结。学校与家长进行密切沟通，共同加强心理疏导，必要时与医校合作方乐山市未成年人心理发展中心进行转介。

（5）主要成效。

学校心理健康教育工作的扎实开展，取得了阶段性的成效。学校加强了心理健康教育的组织领导，建立了相关制度和工作机制，如成立心理健康教育领导小组及制定发展规划和行动计划、心理室各种制度等；加强了学校的心理教师队伍建设，学校配备了专职心理健康教育教师，并为他们提供了专业培训和发展机会，提升了教师的专业能力和教学水平。陈惠老师的论文《中小学学生心理健康服务体系构建与实施——以沫若中学、游仙中学为例》在"2023 年度乐山市中小学心理健康教育优秀论文评选活动"中获二等奖，《独一无二的自己——初中生自我意识初探索》在 2022 年四川省微课大赛（初中心理健康）评审活动中获省级三等奖。学校开设了心理健康相关课程，编制了校本教材，并将心理健康教育融入德育、智育、体育、美育、劳动教育中，形成了全方位的心理健康教育体系。学校建立了心理健康监测和预警系统，定期对学生进行心理健康状况的监测，及时发现和干预学生的心理问题。学校提供了心理咨询服务，建立了应急心理援助机制，有效应对学生的心理危机。家校社加强了合作，共同参与学生心理健康教育，形成了协同育人的良好局面。

通过系列心理健康教育，学生的心理健康意识得到增强，心理健康问题得到有效预防和干预，同学们学会了保持和促进身心健康的方法，增强了对逆境的适应能力和面对挫折的勇气，促进了身心和谐发展，培养了积极、乐观、进取的人生态度，学生的心理健康水平总体良好。

4. 点评解读

踏水镇初级中学的心理健康教育案例，描述了一所乡村学校如何全面地实施心理健康教育，它涵盖了组织领导、课程育人、多彩活动以及多方联动等多个方面。

学校通过成立专门的心理健康教育领导小组，确保心理健康教育贯穿学生成长的各个阶段，符合心理发展理论中个体发展阶段的需求。通过开设心理健康教育课程，学校帮助学生掌握心理保健方法，培养良好的心理品质，这与认知行为理论中通过改变思维模式来改善情绪和行为的观点相吻合。学校建立了一个包括校长、教师、班主任和学生在内的全面参与的心理健康教育体系，体现了生态系统理论中个体心理健康受多方面环境因素影响的观点。学校配置了心理辅导室和放松室，提供了一个让学生能够进行自我放松和正念练习的环境，这有助于学生提高情绪调节能力和压力应对能力。学校通过建立班级心理月报表管理体系，以及开展多样的心理健康教育活动，为学生提供了必要的社会支持，增强了学生的归属感和安全感。通过开展演讲比赛、主题班会等活动，学校鼓励学生展示自我，这有助于提高学生的自我效能感，增强他们面对挑战的信心。学校注重学科渗透，五育并举，这体现了多元智能理论中对个体不同智能的重视，通过各种活动和课程满足不同学生的需求。学校通过心理筛查和建立"一生三档案"的管理机制，对有心理困扰的学生进行特别关注和支持，体现了对可能经历心理创伤的学生的知情和关怀。学校开展的"轻松应考、梦想起航"等活动，以及鼓励学生写心理健康日记，都是积极心理学中提倡的，旨在帮助学生建立积极心态，提升生活满意度。

心理育人是思想政治教育工作中的重要组成内容，踏水镇初级中学的心理健康教育案例生动展示了一个学校如何通过多维度、多策略的方法来实施心理健康教育。这些方法与实践措施，有助于促进学生的心理健康发展，提升学校心理健康教育的针对性、有效性与实效性。

5. 知识拓展

学校心理健康教育是教育体系的重要组成部分，旨在培养学生良好的心理素质，促进其身心全面和谐发展。学校通过心理健康教育工作，让学生了解基本的心理健康知识，认识到心理健康的重要性；增强学生对自身心理状态的觉察能力，增强自我调节和自我管理的意识；培养学生应对压力、解决冲突、建立人际关系的能力；创建一个支持性、包容性的校园环境，促进学生积极心态的形成；通过早期识别和干预，预防心理问题的发生，减轻心理问题的严重性。

从教育理念来看，全人教育、积极心理学、发展性、个性化等理念，为学校开展心理健康教育提供了思想支持。全人教育理念认为，心理健康教育应涵盖学生的情感、社交、学习等各个方面，促进学生全面发展。积极心理学则强调学生的优势和潜能，帮助他们建立积极的心态和自我价值感。发展性要求关注学生不同发展阶段的心理健康需求，并为其提供适宜的指导和支持。个性化强调要认识到每个学生的独特性，以便为其提供个性化的心理健康服务。

从教育内容来看，心理健康教育主要包括：对学生开展心理健康知识教育，帮助学生认识自己的情感、性格、兴趣和能力；教会学生掌握识别、表达和调节情绪的方法，学会管理情绪；培养学生的沟通技巧，提高他们的社交能力和团队合作精神；提供有效的学习方法和考试应对技巧，帮助学生提高学习效率；指导学生如何适应变化，包括环境变化、角色转换等，从而提高其心理健康水平。

从措施方法来看，学校开展心理健康教育工作，一般要抓住以下几个关键环节。一是在课程中融入心理健康教育内容，如通过班会课、专题讲座等形式，开发适合学生特点的心理健康教育资源，包括教材、视频、在线课程等。二是建立由专业心理教师和咨询师组成的团队，为学生提供专业服务。如组织心理健康宣传周、工作坊、角色扮演等心理健康相关的活动。三是要提供定期的心理咨询服务，帮助学生解决心理困惑和问题。四是建立学生心理问题危机干预机制，对有严重心理问题的学生进行及时干预。五是促进家校合作，与家长建立合作关系，共同关注和支持学生的心理健康。六是营造积极向上的校园文化，为学生提供有利于心理健康的物理和心理环境。此外，学校还要定期评估心理健康教育的效果，收集学生和教师的反馈，不断优化教育方案。

心理健康教育涉及多学科领域，它结合了心理学、教育学、社会学等多个学科的理论和实践。心理发展理论、认知行为理论、生态系统理论、社会支持理论等，为学校做好心理健康教育工作提供了理论支持。比如心理发展理论认为个体的心理健康状态是随着时间发展和变化的，教育应该支持个体在不同发展阶段的心理需求。认知行为疗法（cognitive behavioral thcrapy，CBT）是心理健康领域常用的一种治疗方法，它强调个体的思维模式和行为习惯对其心理健康的影响，教育中可以运用这些原则来帮助学生建立更积极的思维和行为模式。生态系统理论强调个体心理健康的发展受到多种环境因素的影响，包括家庭、学校、社区等。教育应该考虑这些不同系统之间的相互作用。正念理论认为正念是一种专注于当下、非评判性的意识状态，正念训练被认为可以提高个体的情绪调节能力和压力应对能力，因此其在心理健康教育中越来越受到重视。社会支持对于个体的心理健康至关重要，教育应该鼓励个体建立和维护积极的社会关系，并提供必要的支持系统。自我效能理论认为个体对自己完成特定任务的能力的信念（自我效能感）会影响其心理健康和行为。教育应该帮助学生建立自信和自我效能感。霍华德·加德纳（Howard Gardner）提出的多元智能理论（theory of multiple intelligences，MT 理论）认为，除了传统的语言和逻辑-数理智能外，人类还有多种不同类型的智能。心理健康教育应该认识到每个学生的智能多样性，并提供个性化的支持。创伤知情教育认为教育者应该意识到学生可能经历的创伤，并在教学和干预中考虑到这些经历对心理健康的影响。积极心理学强调个体的优势和潜力，而不是仅仅关注疾病和缺陷。心理健康教育可以借鉴这一领域的研究成果，帮助学生提高幸福感和生活满意度。不同文化背景下的心理健康观念和实践可能有所不同，心理健康教育应该尊重和适应学生的文化多样性。

心理健康教育的目标是帮助学生建立健康的心理状态，提高他们应对生活挑战的能力，并增进他们的整体福祉。为了实现这些目标，心理健康教育教师需要综合运用上述理论、理念、观点和方法，并结合学生个体具体情况，开展具有个性化的心理健康教育，提供心理卫生支持服务，不断提升学校心理健康教育工作水平。

6. 实践操作

（1）内容回顾：绘制本节内容回顾思维导图。

（2）头脑风暴：探讨在农村社区和学校中，如何构建一个全面的心理健康支持体系，以关注和改善留守儿童的心理状态。

（3）项目研究：结合踏水镇初级中学的心理健康教育案例，请同学们编写一份乡村学校心理健康教育工作方案，字数不少于 2 000 字。

（二）乐山市第十三中学生涯规划课程典型案例①

1. 学校介绍

乐山市第十三中学地处乐山市市中区北大门的城北新区，交通便利，且位于秀丽的青衣江畔，前身为乐山市市中区棉竹镇初级中学（以下简称"十三中"）。学校创建于1968年，2008年3月正式更名为乐山市第十三中学。学校占地面积9 707平方米，建筑面积2 782平方米，是一所小巧、精致的公办中学。学校以阳光体育示范校、田径学校布点校、乡村少年宫等为特色，学校有标准化理化生实验室、学校图书馆、学校网络室、信息技术教育设备、标准化运动场等设施。学校现有专任教师26人，其中高级教师9人，一级教师12人。近年来，学校建设和教学工作成绩显著，先后获得了"师德合格学校""校风合格学校""乐山市市中区文明单位""法制教育示范校""乐山市乡村少年宫""乐山市平安校园"等各种荣誉称号。

在快速发展的城市化进程中，十三中作为城郊学校以其独特的地理位置和资源优势，逐渐展现出与众不同的教育特色。学校不仅承载了乡村教育的朴实与坚韧，还融入了城市的现代与活力，形成了一种独特的教育生态。一是师爱如春风，学生成长的家园。学校一直秉持"育人为本、学有所成、注重特长、全面发展"的教育理念，鼓励每位学子勇敢追求自己的梦想，充分发挥自己的潜能。十三中的每位教师，都身体力行地诠释"爱生如子、博学多才、敬业奉献、精益求精"的教育精神。他们怀着一颗对教育事业的炽热之心，对每位学生都倾注了深深的关爱。许多教师在这里奉献了自己的青春和热血，一干就是数十年。在这里，每一个学生，特别是那些留守孩子们，都能感受到师爱的温暖和呵护，这份师爱滋润着他们茁壮成长。二是特色化教育，学生成才的乐园。学校充分利用地理位置特点，与城区优质学校结对成为教育共同体，这种合作模式让学校能吸收和借鉴先进的教育理念和教学方法，同时，也为学校的特色课程提供了丰富的资源支持。学校根据校情，积极推进"家校共育"和"生涯规划教育课程"的开展，通过生涯规划和多彩课堂，帮助学生了解自己的兴趣、特长和未来职业发展方向，既培养了孩子们的综合素养和创新能力，也帮助他们规划自己的人生道路，找到更适合自己发展的方向。展望未来，十三中

---

① 案例材料由李艳庆整理提供。

将继续秉承"育人为本、学有所成、注重特长、全面发展"的教育理念，不断创新教育教学方法和手段，努力培养更多具有创新精神和实践能力的优秀人才。

2. 案例背景

习近平总书记在纪念五四运动 100 周年大会上说，青年志存高远，就能激发奋进潜力，青春岁月就不会像无舵之舟漂泊不定①。正所谓"立志而圣则圣矣，立志而贤则贤矣"②。青年的理想关乎国家未来，面对现代瞬息万变的社会文化环境，青少年未来的生涯规划也更加富有挑战，如何成长为对社会对国家有用的人，用国际化的视角去看待个人发展和社会进步就变得至关重要。乡村振兴，教育先行。作为农村学校，应将提高青少年奋斗积极性和主动性作为目前教育的重点。立足学校实际，积极推动和开展"生涯规划教育"课程，促进农村青少年用变化的眼光看待自己的发展与未来，增强生涯规划的能力，应对社会、世界的发展变化，与时代同步伐、与人民共命运，更好实现人生价值、升华人生境界。

3. 主要做法

（1）生涯扬帆，成长助力——教师提升之路。一是组建团队。聘请区级心育名师工作室主持人担任名誉校长兼顾问；学校行政团队负责生涯规划课程方案的设计与实施；班主任、各科任教师、优秀家长、外聘专家担任指导教师。二是引领示范。校长作为主研人员参与省级课题"指向中小学生心理发展的学校家庭教育指导实践研究"，同时引领学校教师团队进行课题的研究学习及论文的撰写；校长带头考取家庭教育指导师高级证书，并加入属地家庭教育讲师团和担任学校生涯规划指导教师，通过实际行动激发教师团队进行自我革新。三是借力发力。学校加入同区域优质教育共同体，并与区级心育名师工作室建立合作关系，借助平台对教师开启"解读""体验""实践"专题培训。学校通过开展培训，有助于改变教师的教育观念，丰富教师家庭教育指导的专业知识和技能。四是课程实施。学校借助优质师资和课程资源，结合学校实际制定出符合校情的生涯规划课程，把课程逐步融入日常的班级管理和各学科的常规教学中，阶段性地进行生涯调查和指导。

（2）家校同心，携手共进——学生成长之翼。一是家庭教育指导篇。

① 习近平. 习近平谈治国理政：第三卷［M］. 北京：外文出版社，2020：334.
② 王阳明. 传习录［M］. 北京：中国友谊出版公司，2021：249.

聚焦之光：集体引导，通过家长会、家长开放日等方式组织开展家庭教育指导服务。沙龙漫谈：主题切入，每月一个主题，邀请家长们参与，家长们分享经验、探讨问题、反思实践，并在学校教师的专业带领下形成合力，助力学生成长。心灵对话：个案关怀，对于家庭缺失、留守儿童等特殊案例采取家访等方式，一对一交流和指导，倾听故事，理解需求，为家长提供个性化的支持和帮助。二是家庭教育互动篇。亲子舞台：角色互换扮演等。家长分享：父母的青春期故事分享等。孩子心声：我想对爸爸（妈妈）说等。

（3）课程启迪，智慧引领——"智"绘未来蓝图。一是主题班会重塑：以年级为框架，分别开展生涯启蒙、探索、学业规划等活动，提升认识，激发动力。如七年级2班以"梦想觉醒"为主题举行了关于人生规划的班会，学生们分组讨论，共同制定了自己的短期与长期目标，并互相分享了自己的梦想与计划。学生们通过主题班会逐步学会如何合理规划自己的人生。二是班级授课革新：以班级为单位，精心策划和组织课程，让学生通过主动地参与活动，讨论分享、体验，实现学生自我生涯教育和生涯发展的目标。如九年级开展课程"我的人生'四度'"，让学生了解领袖人物的人生"四度"，从而探寻和提升自己的中考"四度"。通过活动，学生对自己在中考阶段所要达到的高度、深度、宽度、温度有了更深刻的思考，也对自己的未来有了更加明确的目标与规划。三是开展投稿分享：鼓励学生积极参与区级心育特色报刊《阳光少年》的投稿，通过写作分享自己的成长经历、学习心得和未来规划，以此提升自我认知和生涯规划能力。四是课程完善指引：新生入学之初，即建立生涯发展档案。定期进行问卷调查，为未来教育活动的调整和实施提供科学依据。

（4）主要成效。一是自我革新——教师提升。随着生涯规划的推进，校长参与的省级课题"指向中小学生心理发展的学校家庭教育指导实践"顺利结题，同时，校长牵头的市级课题"农村中学生涯规划课程的实施和意义"正在申报中，课题的研究、课程的实施推动了团队的革新和奋进。他们开始用全新的视角审视自己的教育理念和方法。以一位教数学的班主任为例，生涯课程的引入让他打破常规，将游戏引入课堂。他运用编程知识，设计了一个座位选择的互动游戏。每隔一个月，每人选一个数字，而大数据则会根据算法自动生成座位号。这意味着，三年的初中生涯每个学生都有可能与班上的其他每一位同学成为同桌。这位老师的创新举措不仅改变了学生们对游戏的认识，而且让他们在游戏中找到了未来学习和奋斗的方向。而其改变也深深影响着身边的同事，让整个团队充满了活力和探索精神。二是携手并进——家校合力。家长们带着些许的迷茫和期待来参加一堂家校共育课。李女士就是其中一员，她的儿子小锐曾是个乖巧懂事的孩子，但自家庭遭遇变故后，变得沉默寡言，李女士尝试过各种方法与孩子沟通，但总是无功而返。没想到这次活动却成为他们家庭关系转变的关键，通过专业教师指导，她开始尝试站在孩子的角度思考问题。同时，她也意识到自己也需要改变思维方式，她不再过分关注孩子的学业成绩，而是鼓励他探索不同的领域和可能性。家校共育课，不仅让李女士和孩子的关系得到了改善，也让参与的其他家长们开始明白，教育不仅是为了让孩子有个好工作，还为了让他们成为有思想、有情怀、有责任感的人。三是智慧导航——共"绘"未来。生涯规划课程通过兴趣或特长激发学生学习的内驱力。在七年级班团课"××的未来规划"活动中，有个叫小孟的学生，他的题目是"田野上的未来规划"。以前，他每天上学、放学、帮家里干农活，对未来没有任何期待和规划，直到参加生涯规划主题活动。在老师的引导下，他发现自己对农业科技有着浓厚的兴趣，他立志要成为一名农业科技专家，有了这个目标，他开始主动求知，他带同学深入田间，调查农作物的生长情况，搜集农民的意见和建议。通过实践活动，他不仅增强了自己的实践能力，还更加坚定了将来要从事农业科技工作的决心。身边的同学被他的梦想所感染，被他的行动所鼓舞，纷纷加入活动中，与他一起探索科技的奥秘，希望为家乡的农业带来变革。

无惧长路修远，更待上下求索！老师们坚信，只要心中有爱，手中有力，就一定能够点亮农村孩子的梦想之灯，引领他们走向更加美好的未来。

4. 点评解读

乐山市第十三中学生涯规划课程案例中，学校通过组建专业团队和引领示范，促进了教师的自我革新和专业成长。这体现了生涯发展理论中个体在不同生涯阶段需要不断自我认知和自我提升的观点。校长和教师团队的积极参与和自我提升，为学生树立了良好的榜样，有助于学生形成正确的自我认知。学校通过生涯规划课程的实施，帮助学生进行职业探索。这与霍兰德的职业类型理论相呼应，即通过了解个体的兴趣和能力，引导他们探索适合自己的职业道路。学生在课程中的互动和体验，有助于他们对不同职业有更深入的了解和认识。在主题班会和班级授课中，学生被鼓励制定短期与长期目标，这与生涯建构理论相符，强调个体在生涯规划中的主动性和目标导向性。学生通过讨论和分享，明确了自己的学习目标和生涯规划。学生通过参与活动和实践，如小孟对农业科技的兴趣探索，发展了相关的技能和能力。这体现了社会认知职业理论中关于观察学习和个人效能感的观点，即通过观察和模仿，学生能够提升自己的技能和自信心。学校通过与家庭教育的结合，为学生提供了更为全面的学习规划指导。家长的参与和支持，有助于学生形成更为全面和长远的学习规划。学校通过积分制管理等方式，激励学生将生涯规划转化为实际行动。这种实践性的行动实施，有助于学生将理论知识和生涯规划转化为具体可执行的步骤。定期进行生涯调查和指导，体现了生涯适应性理论中对个体适应性的关注。通过持续的评估和调整，学生能够及时调整自己的生涯规划，以适应不断变化的社会和个人发展需求。

从学理的视角来看，乐山市第十三中学的生涯规划案例充分体现了多种生涯规划理论的观点。学校通过专业的团队建设、课程实施、家校合作等多方面的努力，为学生提供了全面而深入的生涯规划教育。这种教育模式不仅有助于学生的自我认知和职业探索，也促进了学生技能的发展和学习规划的制定。通过持续的评估和调整，学生能够更好地适应社会的变化，实现个人生涯的发展。同时，学校的实践也为教师和家长提供了学习和成长的机会，形成了一个良性互动的教育生态系统。

5. 知识拓展

学生生涯规划教育是帮助学生认识自我、了解社会、明确目标、规划未来的重要教育活动。它不仅关系到学生的个人发展，也是学校教育的重要组成部分。

从理论依据来看，自我认知理论、社会学习理论、职业发展理论、特质因素理论、生涯建构理论、生涯适应性理论等，为学校开展学生生涯规划教育提供了丰富多彩的理论依据。比如自我认知理论强调学生对自己兴趣、能力、价值观的了解，是生涯规划的起点。社会学习理论认为学生通过观察、模仿和实践来学习生涯规划。生涯发展理论强调生涯规划是一个持续的过程，将人的生涯发展分为成长、探索、建立、维持和衰退五个阶段，每个阶段都有其特定的任务和挑战。职业类型理论认为人们根据他们的兴趣、能力和个性被吸引到特定的职业领域，它将职业兴趣分为现实型、研究型、艺术型、社会型、企业型和常规型六种类型。特质因素理论强调个人特质与职业环境的匹配，认为通过评估个人的能力、兴趣和价值观，可以帮助个体找到最适合自己特质的职业。生涯建构理论认为生涯规划是一个持续的、由个人主动建构的过程，强调个人主动探索和决策的重要性。社会认知职业理论（social cognitive career theory，SCCT）结合了社会学习和认知理论，强调观察学习和个人效能感在职业选择和发展中的作用。生涯适应性理论关注个体如何适应职业市场的变化，强调生涯规划中的灵活性、适应性和终身学习。

从教育理念来看，全人教育、终身学习、个性化指导，是学生生涯规划教育必须遵循的教育理念。换句话讲，我们要关注学生的全面发展，包括知识、技能、情感和价值观。鼓励学生培养终身学习的习惯，适应不断变化的社会和工作环境。尊重每个学生的独特性，提供个性化的生涯规划指导。

从教育目标来看，学生生涯规划教育主要是帮助学生了解自己的兴趣、特长、价值观和职业倾向。让学生了解不同职业的特点、要求和发展前景。引导学生根据自己的特点和市场需求，设定短期和长期目标。培养学生的批判性思维、解决问题、沟通和团队协作等关键技能。

从教育内容来看，学生生涯规划教育培养学生的生涯意识，增强其对生涯规划重要性的认知。为学生提供各行各业的详细信息，包括职业要求、发展前景等，帮助学生熟悉职业要求。指导学生对自己的职业生涯发展做出合理科学的决策。教会学生能够熟练使用 SWOT 分析、SMART 目标设定等生涯规划工具。

从工作措施来看，学校要在课程中加入生涯规划相关的课程，定期组织职业讲座、行业分析等活动，鼓励学生参与职业体验、实习等实践活动，设立生涯规划咨询室，提供一对一咨询服务，帮助学生解决生涯规划中的困惑。定期评估生涯规划教育的效果，收集学生、教师和家长的反馈，不断优化教育方案。

通过这些措施，学校可以有效地帮助学生进行生涯规划，为他们的未来打下坚实的基础。

6. 实践操作

（1）内容回顾：绘制本节内容回顾思维导图。

（2）头脑风暴：分享国内外中小学职业生涯规划的成功案例，并讨论其可借鉴的经验和适应我国乡村的可能性。

（3）项目研究：结合对乐山市第十三中学生涯规划课程典型案例的学习，请同学们根据生涯规划相关理论，设计一份中学生生涯规划主题班会方案，字数不少于 2 000 字。

第四章　乐山市学校智育及典型案例

智育包括传授给学生系统的现代化科学基础知识和技能，旨在提高学生的科学文化水平。智育着重于发展学生的智力，尤其是创造性思维能力和勇于探索的精神，通过各种课程和实践活动，如实验、研究项目、问题解决任务等，促进学生认知能力的发展。除了传统的课堂教学，智育还涵盖线上教育、分组合作、案例研究等多种形式，以适应不同的学习需求和风格。智育不仅关注知识和技能的传授，还包括精神层面的教育，如培养学生的科学态度和求真精神。

智育是教育体系中的重要组成部分，它不仅关乎知识和技能的传授，还涉及学生认知能力和精神面貌的培养。通过智育，学生能够获得全面发展，为未来的学习和生活打下坚实的基础。

通过智育，乡村学生能够掌握现代农业技术、管理知识和其他实用技能，提高他们的创新能力和实践能力，为乡村经济发展和社会进步提供智力支持。

第一节　乐山市学校智育

积极推进课堂教学改革。乐山市实施《乐山市中小学课堂教学改革行动计划》，批准立项 100 个课堂教学改革项目，着力提升课堂教学质量。强化教研工作，推进"三研融合"，做实常态精细教研，推进学校教研组学教评一致性集体备课制度建设，指导大规模学校构建自成体系的集体备课样态、小微学校构建联网成片集体备课样态。推进"双减"提质，做好五育加法，发挥质量监测功能，完善并实施义务教育阶段学校质量评估方案，把监测结果作为引导教学改进、落实"双减"的重要手段。组织开展学前教育保教质量评估工作，推进幼小双向科学衔接。以省义务教育优质发展共同体领航学校创建为导向，形成坚持五育并举、全面实施素质教育的评价机制，引导学校围绕"现代理念、多元课程、优质教学、精细管理"提升办学品质。实施一体化培优、强师行动、精细化管理、"三新"教改、研训质量提升、引进资源提质、激发办学活力和强化保障等项目，构建普通高中教育高质量发展的良性生态，实现高考出口水平的逐年提升与拔尖创新人才培养质的突破。扎实推进新高考，成立新高考专项研究小组，指导学校制订新高考实施方案，并对其生涯规划、选课走班、分层教学、质量检测评价等实施过程进行指导。组织开展全学段全学科的高效新课堂展示及专题视导活动。

持续做实拔尖人才培养。实行小初高一体化科技创新人才培养，举办乐山科技创新英才学院，从小学高段起到初中，每年在乐山市发掘一批科技创新拔尖学子，开展数学、物理、信息技术等强基课程训练与素养测试；组建优尖生培养教研工作组，有效指导创新人才培育，实施乐山市每个年级 60 名拔尖与 600 名培优行动；开展乐山市"科技创新英才学院"冬令营、夏令营活动；指导乐山一中、县域高中和民办高中建立相应的创新强基班，指导支持沐川中学和马边中学举办"乌蒙强基班"，形成乐山市"1+N"的创新拔尖人才培养态势。

第二节　乐山市学校智育典型案例

一、生态环境特色课程

（一）井研县幼儿园新生态课程建设模式案例①

1. 学校概况

井研县幼儿园创建于 1952 年，在县委县政府及教育局的关心支持下，现已建成和而不同、特色各异的城南及东城两个校区，共 22 个班、80 多名教职工。学校传承办园历史，围绕百年老树，逐步凝练了凸显办园品位的"榕"文化，秉承"让幸福融于儿童生命"的理念，打造了自然、艺术和爱的快乐榕园，放手、追随、顺应儿童，构建了游戏和游戏化课程体系及自然教育特色，切实为孩子们健康幸福的成长实施快乐的启蒙教育。

---

① 案例材料由刘勇整理提供。

幼儿园先后获"四川省示范性幼儿园""四川省卫生单位""乐山市文明单位""乐山市先进基层党组织""乐山市幼儿教育先进集体""乐山市幼儿园保教质量综合评估一等奖""乐山市幼儿园保教质量贡献奖""井研县三八红旗集体""井研县党建领航示范点""全国艺术教育先进园"等荣誉；主研的市级课题成果"城镇幼儿教师园本教研的主体性培养研究""还自然生长——幼儿园游戏区跨班跨龄共享教育"均获四川省二等奖、乐山市一等奖；多位教师分获"乐山市教育学科带头人""乐山市骨干教师""井研县教育名师""井研县教育先锋""井研县优秀校长""井研县优秀教师"等荣誉，并在各级各类活动中频频获奖。

2. 案例背景

教育回归当下，开展户外自主游戏，让幼儿走出钢筋丛林，自主撒欢于蓝天白云下、一草一木间，是各幼儿园孜孜不倦的追求。户外自主游戏所处场所往往环境优美、场地广阔、充满变化。教育者投放的游戏材料，与大自然相得益彰，可给幼儿最大环境材料支持，很好促进其主动学习和发展。实施基于户外自主游戏的自然教育，既可践行全混龄全自主游戏模式，给予幼儿在自然中玩耍的自由，又不囿于绝对意义上的"完全自然"，以适当方式与幼儿互动，共构基于户外自主游戏的自然教育园本课程，延展经验，助力幼儿嬉于自然，长于自然，顺"天道"而"育"，应"童真"而"嬉"。

井研县幼儿园两个校区均生态自然、环境优美。其中东城分园，由原井师附小改建，占地19.4亩，有山坡、浅池、菜地、小木屋、小树林等，处处弥漫着灵动野趣的自然气息。而城南总园，有山坡田野、小桥流水、平原岩洞等，占地近12亩，是有张力有设计感的自然艺术校区。基于学校环境及教育主张，井研县幼儿园逐步凝练了"自然教育特色"。一是环境自然，打造艺术温馨、富有教育意义，能很好支持幼儿混龄共长的教育环境。二是教育自然，教师心中装着儿童成长大纲，顺应天性，因性而巧教，润物于无声处，多策略支持儿童在自然环境中主动学习、自然生长。三是关于自然，以"全混龄全自主""自然+STEAM"为突破口，构建以游戏为中心的园本课程，探究游戏与一日活动深度融合，助力幼儿嬉于自然、长于自然，力推学校高质量发展。

3. 主要做法

该幼儿园基于户外自主游戏开展自然教育研究，尝试探究户外自主游戏与一日活动的深度融合，形成幼儿园课程新生态构建模式。

（1）高频理论学研，厘清教育认知。学校组织教师读文献，勤学研，理解"众家说"，厘清基于户外自主游戏的自然教育价值认知，了解生成现实并归因。

（2）聚焦户外自主，凝练支持策略。2019年，教师们深入东城分园诊断，逐步开发九大户外游戏区。同时遍访名园学经验，进行"打造环境""渗透自然教育"思考。开展了"喜欢的童年记忆""疫情下游戏开展情况"等研讨，对比分析国内外幼儿园户外环创经验，提出"巧用自然"的环创主张。

2019—2020年，开展了"发现了不起的儿童"园本教研。教师走进游戏现场，观察幼儿游戏言行，分析适宜的支持策略。同时摆放鸟窝、仿真动物等，营造人与自然和谐共生氛围；整合场地，将多元材料融入生态环境，既还原"家庭游戏场"，又赋予这个"场"以育人氛围；以"发现儿童学习，优化材料投放"为题，不断优化环境。

学校发现，以班为单位游戏的幼儿，会因游戏欲望自然相融，呈现材料、人员自主流动的"串区"样态，于是顺应创生了"全混龄全自主"游戏模式，给予幼儿最大自主权，玩伴、场地、环境、材料、玩法全开放，实现完全意义上的混龄自主游戏。同时班级教师交叉布点，吸引幼儿到任意区域游戏。同时多措跟进，提升游戏质量，主要包括定制游戏小包，方便教师组织游戏；优化图文、视频、简拼轶事、学习故事等观察记录形式。

（3）捕捉游戏生成，推行自然教育。2019—2020年，该幼儿园常态实施户外自主游戏，诠释自然教育主张。2021年起，该幼儿园逐步凝练论证，研究基于户外自主游戏的自然教育支持策略。

学校加大过程关注，借鉴书中经验，让教师丢掉"介入是否适宜"等顾虑，慢下来关注当下，与幼儿有力互动。2023—2024年，学校围绕市教研主题，总结梳理游戏回顾环节有效师幼互动策略，引导教师关注过程，有效回顾，捕捉生成。

（4）探究深度融合，构建课程体系。户外自主游戏可产生大量话题，但并不是都可作为阶段持续探索的起点。实践中，学校开辟班级问题墙，将师幼捕捉的话题，以图文形式张贴，供幼儿讨论，组织幼儿以投票、讨论会等形式，甄别生成阶段探究主题，再以集体小组形式延展，探究户外自主游戏与一日活动的深度融合。

由上可见，该幼儿园以高质量实施户外自主游戏开始，通过有效观察回顾，捕捉基于户外自主游戏幼儿感兴趣且有价值的话题，再通过师幼筛选、甄别，共构以游戏为中心的园本课程，形成幼儿园课程新生态构建模式。

（5）重视成果反思，扩大社会影响。通过研究，该幼儿园首创了"全混龄全自主"户外自主游戏模式，梳理了"有力互动—幼儿园全混龄全自主户外游戏模式有效支持策略""嘻于自然、源于自然、长于自然—基于户外自主游戏的自然教育园所经验"，形成了基于户外自主游戏的自然教育园本课程体系，凝练了幼儿园课程新生态构建模式，且相关研究成果已在该幼儿园两校区全面推开应用，深受幼儿、教师及家长的喜爱。

对幼儿而言，有明显的"四全"变化，即全混龄，幸福和谐共长；全开放，场所掌控感倍增；全自主，游戏愉悦感自信心倍增；全自然，心灵滋养充盈成长。

对教师而言，有益变化主要体现在关于游戏、课程及自然教育的价值认知迭代升级，有效支持户外自主游戏的能力变强，甄别课程价值的能力变强，课程架构的能力变强。

对学校而言，学校重新梳理了校园文化，创设了富有教育价值的艺术、温馨、有儿童的校园环境；同时学校以户外自主游戏为基础的自然教育，拓展了幼儿玩耍的空间，融入自然艺术游戏环境与和谐共生人文环境，润物于无声处。户外自主游戏模式已成学校名片。

近年省市幼教专家同仁多次到该幼儿园察看，学校成功举办市县游戏专题研讨会，省专业幼教机构多次来该幼儿园调研并多次在其教师培训、出版书籍及微信推文中分享该幼儿园研究成果。该幼儿园骨干教师受邀开展全国直播，分享游戏案例，直播有近 2 000 人观看，2.6 万点赞。该幼儿园副书记先后 3 次在市研讨会中作专题分享；2 次受邀在全国"真游戏真自主——幼儿园自主游戏观摩研讨会"作主题分享；1 次受邀在读懂儿童平台全国直播，分享研究历程，现场有 4 000 人观看，点赞 4.8 万个，直播回放 5 000 多人次。2023 年 11 月，该幼儿园接待了来自广西、陕西、广安、德阳、宜宾、眉山等地区 220 余名同仁来园观摩。中国教育导报、全国知名幼教公众平台"读书懂儿童"、幼师资源库等分别对该幼儿园进行了专题报道，很好地扩大了学校影响力。

4. 点评解读

自然教育是幼儿教育中一种十分重要的教育思想，尤其是在"双减"政策背景下，自然教育迎来发展机遇，比如如何结合自然教育理论与实践，改造出一套符合幼儿身心发展规律的教育方法？又比如幼儿园自然教育的实现路径有哪些？怎样开展环境创设、家园共育效果提升以及幼儿园自然教育课程建设？井研县幼儿园的课程新生态构建模式，给学校提供了很好的自然教育理论与实践相结合的教育范例。

井研县幼儿园课程新生态构建模式体现了自然主义教育思想。该幼儿园的户外自主游戏与自然教育的融合体现了自然主义教育的核心，即教育应顺应儿童的自然发展规律。通过户外游戏，幼儿能够在自然环境中探索和学习，这与自然主义教育思想中强调的和谐、自然的教育理念相契合。一是符合卢梭的自然教育理论要求。卢梭主张教育应培养"自然人"，即教育应促进儿童的自由发展和个性成长。幼儿园通过"全混龄全自主"游戏模式，为幼儿提供了自由选择玩伴、场地和材料的机会，这正体现了卢梭关于幼儿自由自主学习的教育主张。二是对蒙台梭利教育法的具体实践。蒙台梭利强调为儿童创设有助于其发展的"有准备的环境"。幼儿园通过整合场地和材料，营造了一个人与自然和谐共生的育人环境，这与蒙台梭利关于环境对儿童发展重要性的观点相呼应。三是遵循了弗里德里希·威廉·奥古斯特·福禄贝尔（Friedrich Wilhelm August Fröbel）的教育思想。福禄贝尔认为教育应遵循儿童的自然生长法则，幼儿园的户外自主游戏正是遵循了儿童的内在发展需求，让儿童在自然环境中自由地游戏和学习，这体现了福禄贝尔关于教育应促进儿童自然、自由发展的观点。四是自然链接理论在幼儿教育中的具体实践。幼儿园的户外自主游戏不仅让幼儿体验自然，还通过与自然的互动，培养了幼儿对自然的亲近感和情感联系。这种教育干预有助于儿童建立起与自然的积极关系，符合自然链接理论中关于人与自然情感联系的培养。

井研县幼儿园的课程新生态构建模式是幼儿教育实践与理论的结合。幼儿园的教师通过高频理论学研，不断厘清和提升对自然教育价值的认知，这表明了教育实践与理论结合的重要性。教师们通过观察、分析和反思，不断优化教育策略，以更好地支持幼儿的自然教育体验。该幼儿园构建了富有实践特色的幼儿课程体系。幼儿园通过户外自主游戏，捕捉幼儿的兴趣点，进而构建起以游戏为中心的园本课程体系。这种课程构建模式体现了深度学习和探究的过程，也展现了幼儿园对教育内容深度融合的探索，对于提高幼儿教育质量具有十分重要的政策价值与实践意义。

值得肯定的是，井研县幼儿园的自然教育实践充分体现了多种幼儿教育理论的应用，并在实践中不断创新和优化，形成了具有自身特色的自然教育模式。通过户外自主游戏，该幼儿园成功地将自然教育的理念融入幼儿的日常生活中，为幼儿提供了富有教育意义的成长环境，同时也为教师的专业发展和幼儿园的长远发展奠定了坚实的基础。

5. 知识拓展

自然教育可以培养幼儿的独立性、社会性和意志力，通过自由活动和探索发现的空间，增强幼儿解决问题的自信心，激发其独立性和社会性。

从理论依据来看，许多学者对幼儿自然教育提出了真知灼见的学术观点，为幼儿园开展自然教育提供了厚实的理论基础。比如生态心理学强调人与自然环境的互动关系，认为自然环境对个体心理发展有重要影响。环境教育理论提倡通过教育培养个体对环境的责任感和保护意识。多元智能理论认为自然教育可以促进幼儿在多种智能方面的发展。自然主义教育思想强调教育应顺应自然规律，让幼儿在自然环境中自主探索、游戏和学习，以促进幼儿身心的全面发展。卢梭主张教育应培养"自然人"，强调幼儿教育应是和谐、自然的，幼儿应自由自主地学习，全面、均衡地发展。蒙台梭利提出"提供有准备的环境"的观点，创设能够帮助幼儿发展的、体现"生命的活动"的真实环境，让幼儿自由学习与活动，自然表现自我。福禄贝尔认为教育必须遵循儿童内在生长法则，让儿童获得自然、自由的发展，并强调教育应引导幼儿按照自己的思想进行富有个性的发展。自然链接理论指人类与自然之间会形成情感联系，持续与自然接触从而形成康乐感。自然教育旨在通过教育干预让儿童形成与自然的心灵链接。这些理论或观点为幼儿自然教育提供了丰富的学术基础，强调了自然环境在幼儿教育中的重要性，并指导教育者如何利用自然元素促进幼儿的全面发展。

从理念上来看，自然教育把尊重自然、体验学习、可持续发展作为教育的理念，强调要帮助幼儿认识到自然的价值，尊重自然界的多样性和平衡，培养幼儿对自然的热爱和尊重。幼儿园通过让幼儿亲身体验自然，培养幼儿的观察力、思考力和创造力，增进幼儿对自然现象和生物多样性的理解。培养幼儿的环保意识，鼓励幼儿采取环保行为，如节约资源、减少污染，为可持续发展做出贡献。

在实施方法上，幼儿园将自然教育融入日常教学中，如科学、艺术等课程。组织幼儿到公园、自然保护区等进行实地考察，比如观察植物、动物和自然现象，了解其特征和习性。通过项目学习的方式，幼儿可深入探究自然主题，比如参与种植、养殖等活动，体验生态循环，探索不同生态环境，了解环境对生物的影响。鼓励家长参与自然教育活动，比如参与垃圾分类、节能减排等环保活动，形成家园共育的良好氛围。利用图书、多媒体等资源，丰富自然教育的内容和形式。

自然教育不仅能够丰富幼儿的学习经验，还能够培养他们成为负责任的地球公民。通过上述方法，幼儿园可以有效地开展自然教育，为幼儿的全面发展打下坚实的基础。

6. 实践操作

（1）内容回顾：绘制本节内容回顾思维导图。

（2）头脑风暴：借鉴井研县幼儿园的课程新生态构建模式案例，请同学们围绕探讨如何将自然主义教育思想更深入地融入幼儿园的日常教学中。

（3）项目研究：请结合乐山本地自然环境与地方民俗活动，编写一份幼儿园自然教育活动案例，字数不少于 2 000 字。

（二）乐山市沙湾区福禄镇中心幼儿园自然课程案例[①]

1. 学校介绍

在美丽的大渡河畔，有一所乡镇幼儿园——乐山市沙湾区福禄镇中心幼儿园，它创建于 2017 年 7 月，占地面积 5 185 平方米，建筑面积 2 293 平方米，绿化面积 1 001 平方米，运动场面积 1 890 平方米。该幼儿园现有 6 个教学班，206 名幼儿，共有教职工 26 名，是一所全日制乡镇公办园，2019 年创建成为乐山市市级乡镇示范园。

2. 案例背景

党的二十大报告指出"中国式现代化是人与自然和谐共生的现代化，……像保护眼睛一样保护自然和生态环境"[②]"我们要推进美丽中国建设，坚持山水林田湖草沙一体化保护和系统治理"[③]，这充分体现了以习近平同志为核心的党中央对生态文明建设的决心之大、力度之大、成效之大。如

---

① 案例材料由王群辉整理提供。

② 习近平. 习近平著作选读：第一卷［M］. 北京：人民出版社，2023：19.

③ 习近平. 习近平著作选读：第一卷［M］. 北京：人民出版社，2023：41.

何让幼儿园的孩子们从小养成热爱自然，保护生态环境的良好品格呢？

福禄镇中心幼儿园立足地域特点，结合园本实际，以校园环境为依托，让幼儿从小亲近自然，保护环境，并通过"小手拉大手"活动，带动身边的家长共同参与到保护自然环境的行动中来，以实际行动践行党的二十大精神。2019年幼儿园提出"放飞希望，幸福成长"的办园理念，近年来结合地域特点，立足幼儿园课程建设、教育方式、教育目标，提出了"亲善自然、阅读润心"的教育理念，释放幼儿天性、回归教育本真，构建师幼共同成长的幸福乐园。孩子们在青青百草园自然课程中感受天地之气的变化（春看百花、夏听虫鸣、秋摘果、冬雪藏）；在三味书屋阅读课程中滋养心灵（有声绘本、绘本教学赛课、好书推荐、绘本漂流、自制绘本小书、绘本阅读节）。学校希望看到孩子在自然中野蛮生长，在书香里优雅生活。幼儿园的环境创设、课程建设、教育方式等逐步体现"亲善自然、阅读润心"的教育理念，也形成了幼儿园独有的自然课程体系。

3. 主要做法

（1）环境育人，感受家乡的美好。厚德载福，善为而禄，该幼儿园利用福禄镇独有的地域风景特色，和社区联动打造"春游基地"。孩子们在这里，赏古镇风韵，品"铜河"文化。幼儿园以六一儿童节为契机，开展"我和家乡留个影、我和绘本有个约"活动，让孩子们和家长一起了解家乡，寻找家乡的美景。幼儿园通过"党支部共建"活动在幼儿园内栽种了一片桃林，让幼儿体验劳动的快乐，感受美好的环境。

（2）课程育人，与自然和谐共生。该幼儿园将自然课程纳入幼儿园常规课程，每班根据幼儿年龄、兴趣、经验和需求，形成班级"班本自然课程"，以家园、社区资源助推课程开展。

一是建立教师培训机制，树立自然课程意识。幼儿园期末组织全体教师进行"自然课程"专题培训；开学组织年级组教研、园级教研，对每班的自然课程进行课程审议，让课程更具教育性、可行性和可操作性。

二是促进幼儿全面发展。借助大自然界的材料和孩子们一起开展学习、探索和游戏活动。春天，孩子们在绿草丛中追逐婀娜的蝴蝶，在三角梅下分享心底的小秘密，寻找春天，用画笔勾勒出内心最美的春色。夏天，孩子们趴在地上看蚂蚁搬家，观察蜗牛缓慢爬行。探索菜园里蚯蚓的秘密，蚯蚓被挖成了两段，它会死吗？孩子们将蚯蚓养在塑料盒里，每天细心观察、耐心记录。幼儿园的李子成熟了，孩子们用自己的方法，找材料、画图纸，分享采摘的好办法，享受丰收的喜悦。秋天，满园的桂花开了，孩子们和老师一起采摘桂花，制作桂花香包、桂花蜜、桂花皂，细数幼儿园房前、屋后的桂花，给它们命名、挂牌。冬日，孩子们在草坪上尽情地奔跑、翻跟斗、过单杠、跳木马，玩泥巴、玩沙土，搭房子，烤红薯……把自然还给孩子，让大自然成为他们最丰富的课堂、最好的伙伴，实现儿童与自然的有效联结，从而促进儿童身心和谐发展。

（3）家园共育、走进自然。幼儿园每班有两块种植区，孩子们自主根据时间和季节投票选择种植的蔬果，和家长一起参与种植，对种植的蔬果进行管理、记录。种植活动让幼儿走进大自然，感受田间地头的四季变化，体验耕种的艰辛和丰收的喜悦。

（4）日常生活、保护环境从小做起。吃饭时，不浪费食物；玩耍时，不随意丢弃垃圾；用水时，节约用水。长大后，这些良好的习惯都会成为孩子们生活的一部分，自然而然地为保护环境做出贡献。当孩子们看到自己种下的树木茁壮成长，社区广场因为自己的努力变得更加整洁，他们会更加珍惜和爱护这片土地。

（5）主要成效

幼儿园自然课程，环保教育的扎实开展，让孩子们真正地体验到环保的乐趣和价值，培养了幼儿从小亲善自然、保护环境的意识。幼儿园将环保理念真正融入日常生活中，让这些良好的习惯成为孩子们生活的一部分，为构建一个更加绿色、和谐的未来做出贡献。活动的开展让学校看到了幼儿的明显变化，幼儿热爱自然，亲近自然，在自然中去亲身体验、感知一滴水、一缕光、一棵树无不是自然的馈赠，从而敬畏自然，顺应自然，与自然共生共融。幼儿园从"自然课程"入手，形成了办园特色，凝练出幼儿园党建品牌——深入挖掘构建出学校"红桃心"价值体系，形成"红桃心"办学特色。"亲善自然、幸福共长"党支部共建活动，也得到了沙湾电视台的关注，视频、活动开展先后在沙湾电视台、沙湾发布等陆续播出。幼儿园形成了具有园本特色的幼儿园自然课程体系，2023年获得乐山市保教质量评估二等奖及重大进步奖。自然不仅是教育的元素，而且是赋予儿童灵性的介质，正如生命的成长离不开自然的滋养。福禄镇中心幼儿园的孩子们在自然中自由生长，在自然中游戏、学习、全面发展。与自然和谐共生，成为美丽中国的时代践行者和接班人。漫步校园，碧绿的青草一大片一大片，尖尖的桃子微微露出头，青涩的李子挂满枝丫……到处都是美好的景象，美在幼儿心中渗透，以美树德，以美增智，以美强体，美美与共。

4. 点评解读

福禄镇中心幼儿园自然课程案例展示了一所幼儿园如何将自然主义教育理论、多元智能理论、游戏理论、生态系统理论、体验学习理论、环境教育等理论融入其教育实践中。

幼儿园利用福禄镇的地域特色，通过春游基地和六一儿童节活动，让孩子们亲身体验和感受家乡的美好，这体现了自然主义教育理论中顺应儿童天性和自然发展规律的思想。通过种植活动和自然探索，孩子们可以发展自然观察智能；同时，通过绘画、制作桂花香包等活动，孩子们的语言智能、逻辑智能和空间智能也得到了锻炼。幼儿园鼓励孩子们在自然环境中自由游戏，如追逐蝴蝶、观察蚂蚁搬家等，这些游戏活动不仅满足了孩子们的天性，也促进了他们的学习和发展。幼儿园与社区联动，将教育扩展到家庭和社区，体现了生态系统理论中个体发展受到多层次环境系统影响的观点。通过亲身体验和探索，孩子们在自然环境中学习，如观察蚯蚓、采摘桂花等，这种体验学习有助于孩子们对知识的深入理解和长期记忆。幼儿园根据幼儿的年龄、兴趣、经验和需求，形成班级"班本自然课程"。种植活动和环保志愿者活动，使孩子们参与到具体的项目中，通过解决实际问题来学习，这符合项目式学习的特点。在自然环境中的观察和体验活动，如观察蚯蚓、桂花，可以增强他们的专注力和当下意识。幼儿园通过日常生活习惯的培养和环保活动，让孩子们从小树立环保意识，这体现了环境教育的理念。幼儿园通过各种活动，如春游、种植、环保等，培养孩子们乐观、积极的心态，这与积极心理学的理念相契合。

应该说，福禄镇中心幼儿园自然课程案例展示了一所幼儿园如何将多种教育理论和观点融入其教育实践中，通过与自然环境的互动，促进孩子们的全面发展。

5. 知识拓展

自然课程作为学前教育的一部分，强调利用自然环境和资源进行教学，促进儿童的全面发展。幼儿园自然课程开发是一项综合性的教育活动，旨在通过与自然的互动，促进幼儿的全面发展。

开发自然课程，需要具有生态整体性、体验式学习、多元智能发展、情感态度价值观等教育理念。其中生态整体性理念，强调幼儿与自然环境的和谐共生，培养幼儿对生态系统的整体认识。体验式学习理念，要求通过直接的自然体验，让幼儿在实践中学习，增强学习的直观性和有效性。多元智能发展理念，提倡利用自然元素激发幼儿的多种智能，如语言、逻辑、空间、音乐、身体运动等。情感态度价值观认为自然教育能够培养幼儿对自然的热爱、尊重和保护意识。

　　开发自然课程，离不开理论的支撑。自然主义教育理论认为教育应当顺应儿童的自然发展规律，强调教育应当与儿童的天性相协调。自然课程正是基于这一理念，通过户外教学和自然环境的互动，促进儿童的自然成长。加德纳提出人类有多种不同类型的智能，包括自然观察智能。自然课程通过户外探索活动，激发儿童对自然界的好奇心，培养他们的自然观察智能。游戏是儿童的天性，也是他们学习的主要方式。自然课程通过户外游戏和探索活动，让儿童在玩乐中学习，增强他们的体验感和参与感。生态系统理论强调个体发展受到多层次环境系统的影响。自然课程让儿童直接接触自然环境，有助于他们理解自己与环境的关系，培养生态意识。体验学习理论认为学习是通过经验的反思和处理实现的。自然课程通过亲身体验和探索，让儿童通过直接感受来学习自然知识。发展适宜性实践强调教育活动应当适合儿童的年龄特征和发展水平。自然课程的设计应当考虑到不同年龄段儿童的身心特点，从而提供适宜的自然体验。项目式学习是一种以问题解决为导向的教学方法，自然课程可以通过设计相关的项目活动，让儿童在解决实际问题的过程中学习。正念教育强调在教育过程中培养儿童的专注力和当下意识。自然课程中的静观活动，如观察植物生长或动物行为，有助于培养儿童的正念。环境教育旨在提高儿童对环境问题的认识和责任感。自然课程通过直接接触自然，让儿童了解环境保护的重要性。在自然课程中，教育者应考虑到不同文化背景下对自然的理解和态度，尊重并融入多元文化元素，培养儿童的文化敏感性和全球视野。自然课程可以融入积极心理学的元素，通过户外探险和游戏活动，培养儿童的乐观、韧性和幸福感。

　　开发自然课程，需要遵循安全性、适宜性、参与性、整合性、持续性原则。其中安全性原则要求确保所有自然教育活动都是安全的，避免潜在的风险。适宜性原则要求课程内容要适合幼儿的年龄特点和认知水平。参与性原则鼓励幼儿积极参与，通过动手操作来加深理解。整合性原则将自然教育与其他学科内容相结合，形成跨学科的学习体验。持续性原则强调自然教育应是一个长期的过程，不断深化和扩展。

在内容与方法上，自然课程开发需要把握以下关键点。一是自然探索，组织幼儿进行户外探索，观察植物、动物和自然现象，记录幼儿在自然探索中的行为、反应和学习过程。二是生态知识，教授幼儿基本的生态知识，如食物链、生物多样性等。三是环境关怀，培养幼儿的环保意识，如节约资源、垃圾分类等。四是艺术创作，利用自然材料进行艺术创作，如树叶画、石头画等，通过展览、表演等形式，展示幼儿的学习成果。五是科学探究，引导幼儿进行简单的科学实验，如观察种子发芽、水的循环等。

在设计和实施学前教育的自然课程时，老师需要综合考虑上述理论和观点，创造一个既安全又充满探索机会的学习环境，以促进儿童的全面发展。

6. 实践操作

（1）内容回顾：绘制本节内容回顾思维导图。

（2）头脑风暴：探讨在乡村学校开展自然科学教育的方法和途径。

（3）项目研究：借鉴福禄镇中心幼儿园自然课程案例，请同学们结合乐山乡村自然环境，编写一份中小学自然课程教案，字数不少于2 000字。

二、科技创新赋能智育

（一）乐山高新区实验小学科技教育典型案例①

1. 学校介绍

乐山国家高新区实验小学位于乐山高新区茶山路786号，其前身是乐山市市中区车子镇中心小学，已有30多年的办学历史。学校是由乐山高新区管委会主办、乐山高新区公共服务局主管的全日制公办小学。学校于2020年异地新建并投入使用，占地60亩，建筑面积达28 894平方米。近年来，学校全面贯彻党的教育方针，积极推行"五育并举"，坚持立德树人，坚持"德育为首、全面育人"的办学思想，以"知行合一、心智舒展、返本开心"为办学目标，以"传承典守精神、开创高新未来"为办学理念，以传承和创新为培养方向，以"星课程"引领校本课程体系，逐步形成了"典守课程和开新课程"两大特色课程体系，全面推动学校教育高

---

① 案例材料由陈力整理提供。

质量发展。

2. 案例背景

习近平总书记指出，教育、科技、人才科技是全面建设社会主义现代化国家的基础性、战略性支撑①。科技自立自强是国家强盛之基、安全之要，中国要强盛、复兴，就一定要大力发展科学技术，增强自主创新能力，建设世界科技强国。要培养高科技人才，就应该从娃娃抓起，大力发展基础教育，从小培养孩子科技创新理念，培养孩子爱思考、勤动手的好习惯。

2020年9月，该校和乐师附小成功携手，开启统一管理、师资统筹、课程一致的办学新模式。同时学校地处高新区，有着科技发展的独特优势，2022年9月该校实行"两自一包"改革。该校在国家提出"人才兴国，人才强国"的背景下，为加强科技育人功能，提高学生智育，大力发展科技兴校，立足学校实际，把科技教育纳入教学的重要内容，积极宣传科普知识，积极开展科技教育，着力培养学生的科技创新和创造能力。该校以独特的地理优势和一流的硬件设施为依托，丰富和完善了新课程，构建了校企合作、科技小知识广播站、编程、3D打印、航模、机器人等新课程。校企合作课程通过学生进高新技术厂区参观实践，了解企业科技发展情况，了解企业生产经营情况，观看企业生产流程，动手实践操作等，从小培养学生对科技的兴趣，明白科技对企业、对社会的重要性，从而培养学生对科技知识的热爱，充满对科学的热情，发展学生的创新思维和创新能力。二年级就开设编程课程，采取由学校专业教师和校外聘请专家相结合的方式开展编程教学，让学生从小产生对编程浓厚的兴趣，为编程爱好者提供学习和展示的平台，营造一种"各美其美，美美与共"的良好氛围。学校多形式、多渠道、多方位地培养学生的科技创新能力，从小培养学生学科学、爱科学的思想，整个校园形成了一片浓郁的科技氛围。

3. 主要做法

（1）加大投入力度，提供创新平台

学校以两个专用教室和一间创客教室作为环境保证，配备先进的教学设备，如大屏幕和液晶投影仪、学生专用台式电脑、笔记本电脑、乐高、中鸣、未来伙伴等教学机器人组装套件等，让学生了解智能机器人的实验研究和创新。学校提供一间专用教室，同时投入资金18万元建成一个现代

---

① 习近平. 习近平著作选读：第一卷［M］. 北京：人民出版社，2023：19.

的标准化 3D 打印室，聘请数字化产业园专家培训学校 3D 打印教学的教师，让学生了解 3D 打印，并进行实践操作。

（2）构建"开新课程"，丰富课程内涵

学校以"典守和开新"构建校本课程两大板块，开新课程板块包括机器人课程、航模课程、3D 打印课程、校企合作等课程。机器人活动课程主要以机器人社团的形式开展，招生面向三、四、五、六年级的学生，学生以网上自愿报名的形式参加。机器人社团每周由学校专职教师和校外聘请辅导教师进行固定课时的教学，每周三、周五利用课后服务 2 小时的时间对学生进行教学，教学采用分层教学，设立有机器人初级班、中级班和高级班。教学内容包括机器人的基本原理与工作过程、创意机器人制作等项目。机器人社团开展常规竞赛培训，参加电教馆、科协组织的各项机器人比赛。3D 打印课程由两位专门老师教学，一位老师负责教学，一位老师负责小组辅导和小组安全，学生分小组操作实践，学生一方面感叹 3D 打印的神奇，另一方面对 3D 打印产生了浓厚的兴趣，对学生打印的优秀作品，学校给予收藏。

（3）活动引领，激发学生科学兴趣

学校高度重视学生的创新、创造能力的培养。经常聘请专家到学校为孩子们宣讲有关科技创新的相关知识，邀请四川省 2022 年中小学幼儿园教师国培主题式培训——信息技术支持的创客教育班的老师到学校对学生创新、创造能力培养进行经验交流。同时和乐山高新区科技局广泛开展合作，培养学生对科技的兴趣和了解科技的相关知识。学校每期举办科技节，利用科技节开展科技小制作比赛、3D 打印作品比赛、机器人比赛、编程比赛等，激发学生的科学兴趣和创新创造动力。学校每月组织学生进企业，由企业科技人员给大家讲解企业科技知识、未来科技发展趋势及科技给企业带来的发展等，同时学生通过参观企业、实践动手操作，开阔了视野，增长了知识，懂得了科技对企业产生的巨大影响，爱科学、学科学，厚植家国情怀，立志用科学改变家乡和国家面貌。学校还注重多社团、多学科、多形式融合式教学。机器人社团经常和航模社团、3D 打印社团、创客社团等进行联合教学。同时学校还利用科学课、信息技术课向学生讲授有关机器人的相关知识。

（4）主要成效

学校科技教育的扎实开展，让教师看到了学生的明显变化，90%的学生对科学产生了浓厚的兴趣，学生的创新创造能力得到了长足发展，动手能力、思维能力也不断提升，学生在做中学，学中做。2022年以前该校学生从来未参加过省或市一级的科技比赛，自2023年以来，该校在2023年被乐山市教育局、乐山市科学技术协会评为优秀科技基层学校；2023年乐山市创意编程比赛有两位同学获得市级二等奖；2023年第二十一届四川省机器人竞赛三位同学获得省级二等奖，一位老师获得优秀指导教师奖；2023年乐山市青少年科技创新大赛一人获得市级二等奖，三人获得市级三等奖；2023年乐山市机器人竞赛一人获得市级一等奖，三人获得市级二等奖。新起点，新征程，学校将在提升学生科学素养的道路上不断探索，着力打造科技教育特色，让学生成为有科学思维、有创新意识、有创造能力、有担当的新时代接班人。如今，漫步校园，科技在各个地方体现，乐山高新区实验小学正以"各美其美，美美与共"的良好态势向前发展。

4. 点评解读

乐山高新区实验小学科技教育典型案例展示了一所基础教育学校在科技教育方面的全面投入和创新实践。

学校通过提供专用教室和创客空间，为学生创造了一个有利于创新的环境。这种环境的建立是创新能力培养的重要基础，因为它提供了必要的物理条件和资源，让学生能够自由探索和实验。通过引入3D打印机和机器人组装套件，学校不仅让学生了解理论知识，而且让他们通过实践操作来掌握技能。这种"做中学"的方法是培养学生实践能力的有效途径。学校通过举办科技节和组织学生参与竞赛，鼓励学生进行科学探究和实验。这些活动有助于培养学生的科学态度和科学方法论，从而形成科学精神。学校开设的"开新课程"板块体现了STEM教育的理念，通过跨学科的课程设计，促进了学生在科学、技术、工程和数学等领域的综合学习。学校与当地科技局和企业的合作，将社会资源引入教育过程，这不仅丰富了教学内容，也为学生提供了与社会文化互动的机会，增强了学习的社会文化意义。学校利用先进的教学设备和数字化工具，如大屏幕、液晶投影仪和电脑，这些都是现代教育中不可或缺的技术工具，它们有助于提高教学效率和学生的学习兴趣。学校对学习环境的设计体现了创新和开放的理念，如创客空间的建立，为学生提供了一个自由探索和创造的地方。学校通过组织多样化的科技活动，如科技小制作比赛和编程比赛，引领学生进入科技的世界，激发了他们的科学兴趣和创新动力。学校重视教师的专业发展，通过聘请专家培训教师，提高了教师的科技教育能力，这对于学生创新和实践能力的培养至关重要。学生通过自愿报名参与社团活动，显示了学生的主动性和参与性，这是以学生为中心的教学理念的体现。

乐山高新区实验小学科技教育典型案例展示了一所基础教育学校如何通过创新的教学方法、丰富的课程内容、多元化的学习活动和积极的社会合作，全面地培养学生的创新能力、实践能力和科学精神。这些做法值得其他学校借鉴和学习。

5. 知识拓展

培养学生的创新能力、实践能力和科学精神是基础教育阶段科技教育的核心目标。2023 年 5 月，教育部等十八部门出台《关于加强新时代中小学科学教育工作的意见》，强调了科学教育的重要性，提出了总体要求、改进学校教学与服务、用好社会大课堂、做好相关改革衔接和加强组织领导五大方面的具体措施①。其中包括深化学校教学改革、提升科学教育质量、丰富科学实践活动、纳入课后服务项目、加强师资队伍建设、严格竞赛活动管理、推进中高考内容改革等。为推动《关于加强新时代中小学科学教育工作的意见》落地落实，教育部办公厅 2023 年 12 月下发了《关于推荐义务教育教学改革实验区和实验校的通知》，提出建立健全科学教育工作机制、加强科学教育发展统筹规划、推进区域性科学教育基地建设、实施科学教育提质计划、创新家校社协同育人机制等具体措施②。

具体来说，中小学的科学教育，其目标就是要培养学生的科学素养，使学生具备基本的科学知识、科学方法和科学态度。一是激发科学兴趣，通过有趣的科学活动和实验，激发学生对科学的兴趣。二是发展批判性思维，训练学生分析问题、评估证据和构建论证的能力。三是培养创新能力，鼓励学生进行创新思考，解决实际问题。

中小学开展科学教育，需要从理论高度去思考，创新思维理论、经验学习模型、整合性学习理论等，为我们理解领悟中小学开展科学教育提供

---

① 关于加强新时代中小学科学教育工作的意见［EB/OL］.（2023-05-29）［2024-10-06］. http://www.moe.gov.cn/jyb_xwfb/gzdt_gzdt/s5987/202305/t20230529_1061835.html.

② 关于推荐义务教育教学改革实验区和实验校的通知［EB/OL］.（2023-12-18）［2024-10-06］. https://www.gov.cn/zhengce/zhengceku/202401/content_6925017.htm.

了理性视角。保罗·托伦斯（Paul Torrance）的创新思维理论，强调通过特定的教学活动和环境设计来激发学生的创造力。批判性思维，鼓励学生对现有知识进行质疑和思考，培养他们独立思考和解决问题的能力。大卫·库伯（David Kolb）的经验学习模型（experiential learning theory），认为学习是通过经验的循环过程实现的，包括具体体验、反思观察、抽象概念化和主动实验。项目式学习（project based learning，PBL），强调通过参与实际项目，学生能够将理论知识应用于解决实际问题，从而提升实践能力。整合性学习理论是现代教育理念中的一个重要理论，基于复杂性思维与整体性理念，强调跨学科跨领域的融合培养、复合培养，鼓励学生将不同学科的知识和技能结合起来，以培养他们的综合思维能力和解决复杂问题的能力。例如 STEM 教育主张将科学（science）、技术（technology）、工程（engineering）和数学（mathematics）整合在一起，鼓励学生的跨学科学习和应用。也有学者主张把 PBL 与 STEM 相结合，通过项目式学习在 STEM领域中的应用，促进学生综合运用多学科知识解决问题。

科学教育的主要内容，主要体现在三个方面。一是学习自然科学知识，包括物理、化学、生物等基础科学领域的知识。二是掌握科学方法，包括观察、分类、实验、推理等科学探究的基本方法。三是培养科学态度，包括好奇心、怀疑精神、客观性和合作精神，以及对科学知识的尊重和批判性接受。

从实践路径来看，科学教育的实践属性十分鲜明，在培养模式、教学方法上更加关注探究、动手、操作、实验的设计。比如实验教学，通过实验室活动，让学生亲自动手进行科学实验。项目式学习，围绕一个主题或问题，让学生进行深入研究和探索。跨学科整合，将科学知识与其他学科知识相结合，进行综合性学习。信息技术应用，利用计算机和网络资源，进行数据收集、分析和模拟实验。社会实践，组织学生参与科学实践活动，如科学竞赛、科技节等。同时把技术作为工具，利用信息技术提高教学效率，激发学生的兴趣和参与度。设计具有创新特质的学习环境，创造一个支持创新和实践的学习环境，如创客空间（maker spaces），为学生提供实验和创造的物质条件，为学生提供个性化的科学教育。

6. 实践操作

（1）内容回顾：绘制本节内容回顾思维导图。

（2）头脑风暴：探讨如何摆脱乡村学校硬件设施困境，将乡村地区的文化、历史和实际问题融入科学教育。

（3）项目研究：请结合乐山高新区实验小学科技教育典型案例，编写一份科学教育的活动课程设计方案。

三、义务教育优质均衡

（一）沐川县实验小学共同体领航学校建设案例①

1. 学校介绍

沐川县实验小学教育共同体"实小联盟"由沐川县实验小学、沐川县利店小学、沐川县舟坝学校（小学部）、沐川县凤村学校（小学部）、沐川县武圣小学五所学校组成，沐川县实验小学为领航学校。共同体学校共有在岗教职工285人（其中教师232人），班级82个，学生3 414人。沐川县实验小学现已创建为四川省义务教育优质发展共同体领航学校。

2. 案例背景

根据2021年12月27日四川省教育厅印发《四川省义务教育优质发展共同体领航学校遴选管理办法（试行）》的精神，为加强沐川县义务教育优质均衡发展，2024年4月19日沐川县教育局印发了《沐川县义务教育学校共同体建设工作方案（试行）》，全面启动学校共同体建设，强调领航学校引领共同体学校建立现代学校制度，规划学校三年发展、营造育人文化、领导课程教学改革、引领共同体教师发展、优化共同体学校内部管理、打造共同体学校良好外部环境，着力提升县域义务教育优质均衡发展水平。

3. 主要做法

（1）特色发展，树品铸魂

沐川县实验小学对百余年来形成的文化传统进行整合、提炼、充实、更新和提升，形成了一套完整的、独具特色的学校理念文化系统，即"树品"文化。它以"尚自然·展个性"为核心理念，以"学生个性阳光、教师自信优雅、学校和谐健康"为办学愿景。学校通过着力打造特色名片，促进了学校的内涵发展，实现了"学生乐学、教师乐教、家长乐意、社会乐道"的办学目标。

"一校一品"，打造书韵党建名片。为全面贯彻落实《中共乐山市委教

---

① 案例材料由陈建军整理提供。

育工作委员会关于印发〈"一校一品"党建品牌创建实施方案〉的通知》，学校党支部通过党员大会确立"书韵党建清风校园"品牌，积极开展"三会一课""主题党日""党员读书演讲""党支部书记讲微党课"等活动，充分发挥党员的示范作用，不断提升党员干部队伍素质。

润物无声，打造德育名片。学校全面贯彻落实立德树人根本任务，积极开展丰富多彩的德育教育活动，如主题式升旗仪式、主题班队会、最美班级评选、红领巾争章等，"浸润德育"已成为该校一张靓丽的名片，并成功创建"乐山市第一批德育品牌项目"。

经典诵读，打造书香校园名片。"最是书香能致远。"学校大力开展"书香校园建设"，开展书香课题研究，充分利用班级图书角、图书室为学生创造阅读的条件，从公用经费中划拨购买年级共读书目的经费，在联盟学校开展读书漂流活动，坚持周一至周五的晨诵午读，做到内容系统化、阅读常态化、评价多元化，通过"年级阅读展示""校园读书节""阅读明星、书香班级、书香家庭评选"等活动，营造良好的阅读氛围，培养了学生的阅读兴趣和良好的阅读习惯。

全面发展，打造艺体教育名片。艺术养气质，体育强体魄。为推动艺体工作的开展，学校力争实现艺体师资专业化、课堂拓展化。丰富多彩的艺体活动、社团活动，既为本校学生搭建展现自我的平台，同时，也把学校的活动辐射到共同体学校，为共同体学校学生搭建展现自我的平台，如共同体学校一起参加校园艺术节展演展评，营造出朝气蓬勃的校园学习和生活氛围，发展了学生的特长，培养了学生的审美情趣。

（2）坚守本真，提质续航

落实学校"1234"的工作思路，即坚持一个中心——教学质量；立足两个基本点——教师持续发展和学生全面发展；突出三大主题教育——德育、艺体、改革；重点做好四个方面——党建、活动、评价表彰、常规。

学校年度综合评估获评县一等奖，2021年、2022年连续两年获评"乐山市联系学校教学质量评估一等奖"。学校在市县科技创新大赛、书法比赛、艺术节展演、运动会、征文比赛等活动中每年获奖学生近800人次。近三年，42名教师分别获得优秀校长、优秀教师、教学能手、师德标兵、课改先锋等荣誉称号，13名老师参加市、县现场赛课分获一、二、三等奖，29名教师的课例被评为"沐川县精品课"，共有101篇论文在各级各类刊物上发表或获奖。学校办学得到社会各界的一致好评，社会满意度高。奋进中的百年实小，已走上了"质量兴校、品牌立校"的健康、和谐发展之路。

（3）共商共建，"研"途成长

"一枝独秀不是春。"作为共同体领航学校，除了坚守基础教育本真，还应领跑其他共同体学校，优势互补，资源共享，才能创建优质共同体。

盟定商动，思想共振。教育的发展和师生的成长应该是一场"双向奔赴"。自共同体成立以来，领航学校分别深入各学校调研，也多次召集共同体其他学校领导班子座谈，从学校和教师的需要出发，以提高学校的教学管理水平为核心内容，探讨校校联动、共同参与的合作管理机制，成立工作领导小组，制订出共同体建设方案，在学校管理、教师管理、学生管理等方面达成共识，逐步提高了学校管理制度的统一性。

搭建平台，资源共享。搭建教育共同体平台，目的是实现优质教育资源共享，提高教师专业素养，实现区域内义务教育均衡发展。

党建联盟。共同体内三所学校党组织成立了"美美与共"教育第四联合体，以"携手互助 提质树品"为发展主题，以"共享 发展 特色 优质"为发展愿景，领航学校引领共同体学校党组织共建，创新党组织活动内容方式，仅2023年，"美美与共"教育第四联合体便组织召开了四次党支部书记或全体党员大会，学习主题教育相关精神，进一步规范党员教师管理，发挥党建引领作用，提高学校党建水平。

团队助力。团队合作是教师成长不可或缺的重要一环，成员之间可以分享教学经验、探讨教育问题、研究教学方法等，从而使教师们在教育实践中得到更好的成长。成立"沐川县实验小学青年教师成长团队"，在有意愿主动成长的共同体青年教师中成立"共同体青年教师成长团队"，分成7~8个小组，采用指导教师负责制，让每个小组在目标引领和任务驱动中形成良好的学习展示氛围，并在分组的各项比赛中合作竞争，最终实现骨干教师和青年教师共成长的双赢目标。

协同教研。为全面提升教育教学质量，共同体内五所学校积极探讨校本教研的有效途径和方法。共同体内五所学校在教导处的统筹安排下，在各教研组的认真组织下，统一规划，采取分校点研修+区域内集中展示相结合方式共同教研。2022—2023学年度，共集中开展了15次联盟内学校的教研活动。其中，语文4次，数学3次，英语4次，艺体4次。每次活动有主题，有方案，准备充分，为青年教师的成长、组内教师的互学共研搭建了平台。据不完全统计，共同体内展示课例达 60 余次。

兼职支教。兼职支教是共同体教师发展中心一致的决定。支教，不是去展示自己的教育教学特色和水平，而是给支教学校的老师带去先进的理念，对他们有所启发和帮助，是给支教班级的学生带去更丰富的经验，开阔学生的视野，促进学生的成长。2023 年，领航学校共有 12 位教师 5 个学科对共同体其他学校进行兼职支教。对这些支教教师，有要求、有考核，他们也能认真对待，圆满地完成了任务。

"研"途有法，行动共进。领航学校以"菜单研修、考核评价"的研修方式，根据成长团队教师最近发展区制定研训菜单，菜单包括课例示范、论坛展示和强基训练三大类，内容包括教师基本功训练、教师素养训练、公开课、示范课、送教讲座、读书提升、论坛展示、家校融合、自主研修等类型。仅一年时间，团队中有 14 人参加共同体组织的赛课活动，35 人参加论文比赛，9 人参加读书演讲，32 人参加征文比赛，10 人参与导师论坛，6 人参加班队课展示。所有活动，大家既是参与者，也是组织者；活动既培养了团队协作精神，又提升了专业素质。

（4）总结反思

管理难度大。共同体学校建设，各地各学校还处于探索开展阶段，缺乏较完善的理论、政策、制度支撑，管理难度较大。

管理成本高。沐川县是山区县，共同体学校布局分散，增加了领航学校的管理时间和经济成本，共同体成员学校的管理费用也在增加，一定程度上影响了学校积极性。

评价体系不健全。共同体学校之间因区域条件、师资状况、管理考核机制、学校文化背景等不同，难以建立统一的评价体系。

资源共享不充分。因教师编制、教师岗位设定、教师津补贴、学校规模、学生学位限制等政策原因，校长和教师在共同体学校内实现平等交流、跨学区儿童自主选择入学方面都存在障碍。

4. 点评解读

共同体建设案例展现了沐川县实验小学在义务教育优质均衡发展方面的积极探索和实践，体现了制度建设、资源整合、师资培养、课程改革、评价机制、家校合作、示范引领、项目驱动、技术支持、质量监测等多个方面的策略和成效。

在制度建设方面，实验小学通过建立和完善制度，如"1234"工作思路，确保了教育教学活动的有序进行。制度的建立有助于形成长效机制，保障教育质量的持续提升。

在资源整合方面，案例中提到的"搭建平台，资源共享"策略，通过党建联盟、团队助力、协同教研等方式，实现了教育资源的有效整合，促进了共同体内各学校的协同发展。

在师资培养方面，实验小学重视师资培养，通过"兼职支教"和"研"途有法的行动共进，提升了教师的专业素养和教学能力，为青年教师的成长提供了良好的支持和平台。

在课程改革方面，"经典诵读"和"全面发展"的艺体教育名片体现了实验小学在课程改革方面的努力，旨在培养学生的综合素质，提升学生的创新能力和实践能力。

在评价机制方面，实验小学建立了科学的评价体系，如年度综合评估和各类比赛的获奖情况，这些评价机制有助于激励师生追求卓越，不断提升教育教学质量。

在家校合作方面，通过"学生乐学、教师乐教、家长乐意、社会乐道"的办学目标，可以看出实验小学重视家校合作，共同促进学生全面发展。

在示范引领方面，作为共同体领航学校，沐川县实验小学在特色发展、提质续航、共商共建等方面发挥了示范引领作用，带动了共同体内其他学校的发展。

在项目驱动方面，实验小学通过特色项目如"书韵党建""浸润德育""书香校园"和"艺体教育"等，驱动学校内涵发展，提升了学校的办学特色和社会影响力。

在质量监测方面，实验小学通过年度综合评估等方式进行教育质量监测，确保教育质量的持续提升，并及时调整和优化教育教学策略。

沐川县实验小学共同体领航学校建设案例展示了沐川县实验小学在推进义务教育优质均衡发展方面的全面策略和显著成效，为其他学校提供了可借鉴的经验和做法。

5. 知识拓展

中小学发展共同体是一个综合性的教育模式，它通过整合多方资源和力量，旨在实现教育的优化和提升。2022 年，四川省教育厅为了推进义务教育优质均衡，制定了《义务教育优质发展共同体领航学校遴选管理办法》，开展义务教育优质发展共同体领航学校遴选工作，规划到 2025 年全省遴选 1 000 所义务教育优质发展共同体领航学校，每所领航学校与 4 所以上学校结对共建、捆绑发展，推动各县（市、区）全覆盖建设资源共享、统一管理的优质学校发展共同体，以优质共同体驱动区域优质均衡发展[①]。2023 年，中共中央办公厅、国务院办公厅出台了《关于构建优质均衡的基本公共教育服务体系的意见》，明确提出"全面推进城乡学校共同体建设"，学校共同体建设在全国铺展开来，成为我国当前义务教育优质均衡发展一个重要的政策措施[②]。如何推进中小学共同体建设呢？

第一，构建多方参与机制。学校作为教育实施的主体，在共同体中扮演着核心角色，负责制订教育计划、组织教学活动等。家长是孩子教育的第一责任人，通过参与学校活动、与教师沟通等方式，家长可以更好地了解孩子的学习情况，为孩子的教育提供支持。社区可以为学校提供丰富的教育资源，如文化设施、实践基地等，同时，学校也可以通过社区服务等形式，培养学生的社会责任感。政府通过制定教育政策、提供资金支持等方式，为学校发展提供方向和指导，为学校发展提供指导和保障。

第二，整合教育资源。整合物质资源，包括学校的设施设备、图书资料、体育器材等，以及社区的文化设施、实践基地等。整合人力资源，包括教师、家长、社区成员等，他们的专业知识、经验和技能可以为学校教育提供支持。整合知识资源，包括学校的课程资源、教学方法，以及社区的文化传统、实践经验等。

第三，倡导合作共赢。通过共同体，各方可以共享资源，避免资源浪费，提高资源利用效率。各方可以发挥各自的优势，如学校的专业教育资源、家长的家庭教育经验、社区的实践机会等，形成互补，共同提升教育质量。鼓励家校之间的沟通交流，通过家长会、家校联络等方式，让家长更好地了解学校的教育情况，参与孩子的教育过程。重视家庭教育的作用，通过家长教育讲座、家庭教育指导等方式，提升家长的家庭教育能力。学校通过与社区合作，整合社区的教育资源，为学校教育提供支持。学校鼓励学生参与社区服务等社会实践活动，培养学生的社会责任感和实

① 四川省教育厅. 四川省义务教育优质发展共同体领航学校遴选管理办法（试行）［DB/OL］.（2021-12-27）［2024-10-06］.https://www.cdsledu.net/news/detail? news_id=140585.

② 关于构建优质均衡的基本公共教育服务体系的意见［EB/OL］.（2023-06-13）［2024-10-06］. https://www.gov.cn/zhengce/202306/content_6886110.htm.

践能力。

第四，注重顶层设计。共同体注重教育的长期规划，制定长远的教育目标，为学生的终身发展打下基础。通过定期的评估和反馈，共同体可以不断优化教育策略和方法，实现持续改进。注重学校文化的建设，通过各种文化活动和教育实践，培养学生的价值观、道德观和审美观。重视社区文化的融入，通过社区服务、文化交流等活动，让学生了解和体验社区文化。积极利用现代信息技术，如在线学习平台、教育软件等，丰富教学内容并提高教学效率。探索智慧教育的模式，利用大数据、人工智能等技术，为教育提供智能化的支持。

第五，坚持以学生为中心。共同体关注学生的个体差异和需求，提供个性化的教育支持，如针对不同学生的特点制订个性化的学习计划。共同体致力于促进学生的全面发展，不仅关注学生的学业成绩，也重视学生的社会情感发展、身心健康等。

第六，促进教师专业成长。鼓励教师通过参与教研活动、教师培训等方式，不断提升自己的专业素养和教学能力。支持教师进行教学创新，如探索新的教学方法、开发新的课程资源等。倡导多元评价体系，不仅关注学生的学业成绩，也重视学生的个性发展、创造力、合作能力等非学业方面的评价。注重及时反馈，通过定期的评估和反馈，让教师、家长等及时了解学生的学习情况，及时调整教育策略。注重学校领导的培养，提升学校领导的管理能力和领导力。鼓励教师发挥引领作用，如担任教研组长、年级组长等，发挥教师的专业引领作用。重视学生领导力的培养，通过学生会、班干部等组织，让学生参与学校管理，培养领导能力。

构建中小学校发展共同体，可以形成一个支持性、合作性的教育环境，促进学校的持续发展和学生的全面发展。

6. 实践操作

（1）内容回顾：绘制本节内容回顾思维导图。

（2）头脑风暴：探讨乡村学校如何通过联合举办活动，增进师生之间的交流和团结。

（3）项目研究：借鉴沐川县实验小学共同体领航学校建设案例，请同学们选取家乡一所优质义务教育学校，编写一份城乡学校共同体领航学校建设的实施方案，字数不少于 2 000 字。

（二）乐山市市中区平兴学校特色发展典型案例①

1. 学校介绍

乐山市市中区平兴学校地处市中区较为偏远的乡镇——平兴镇。学校的前身是原乐山市市中区平兴中心小学、明德学校和原乐山市市中区平兴镇初级中学。学校虽有百年历史，但将三校合并，作为一所农村九年一贯试点学校，仅有二十多年的时间。近年来，学校坚持"育有梦想的学生，做有情怀的教师，办有温度的学校"，实行"以德立校、依法治校、管理强校、质量兴校"的办学方略，深入推进素质教育，在学校改革中谋发展，在发展中进一步深化学校的改革，通过"创新办学思路""践行办学方略""融合地方特色"探索出了一条农村学校创新发展的新路子，实现了学校办学质量的稳步提升。

学校坚持"小学校"办"大教育"，聚焦校园文化建设，创新办学思路，通过传承与吸纳，构建学校特有的物质文化与精神文化，为学校立身立魂；聚焦践行办学方略的具体实施路径，通过制度的完善和管理的优化，擦亮学校的质量品牌，为学校立规立行；聚焦资源的整合与创生，通过"乡土课程的开发与整合""家校社协同育人的探究"和"幼小衔接的特色课程"等，提升学校的影响力和社会声誉，为学校立名立信。

2. 案例背景

在城市化发展的今天，很多农村学校生源大量流失，"空心化""消亡化"的趋势越来越严重。没有稳定的师资队伍，没有充足的教学资源，没有良好的办学条件，学校办学质量每况愈下，甚至一度陷入恶性循环，随时面临撤并消亡的危险。

3. 主要做法

（1）创新办学思路，找准学校发展的最佳切入点

随着城市化进程的加速，大量的农村生源涌入城市，农村学校和城市学校分别走向了"冰火两重天"的两个极端。在这种情况下，如果农村学校不想办法自救，仅仅想通过"等要靠"来解除自己的生存危机，几乎是不可能的。"虽然平兴学校的人数少，但是平兴学校的精气神绝不能少！"为此，平兴学校首先把学校文化建设作为切入点和抓手，从全力打造学校的精神文化和行为文化出发，通过校园文化和校园精神的塑造，把"校兴

---

① 案例材料由张俊梅整理提供。

我荣""办老百姓家门口最优质的九年一贯制农村学校""让学生喜爱，教师幸福，家长满意，社会信赖"等作为平兴学校全体教育人共同奋进的目标。与此同时，平兴学校还明确了新的定位，坚持以"小学校"办"大教育"，实行"以德立校、依法治校、管理强校、质量兴校"的办学方略，依托久泰富鑫矿业有限公司定向捐赠（1 000万元）的优势资源，力争把学校建设成环境优美、质量一流、特色鲜明、品牌响亮的样板式农村优质学校。

（2）践行办学方略，打造农村学校教育品牌

①开展学校文化建设，提升农村学校的办学品位。

在新的定位和新的办学理念的指引下，学校以建设物质文化为基础，以构建精神文化为核心，通过"三个识别系统"的打造，促进学校办学文化和办校行为的有机融合，循序推进学校的文化建设。

第一个识别系统：依托精神文化打造理念识别系统。在学校新的办学目标和办学方略的引领下，学校确立了以"笃志励学，自强不息"为校训，以"团结、勤奋、严谨、求真"为校风，以"敬业、仁爱、务实、创新"为教风，以"勤思、善学、拼搏、进取"为学风的平兴精神。

第二个识别系统：依托物质文化打造视听识别系统。学校在优化校舍的布置、调整校内功能的分区、完善实施设备的基础上，通过绿化净化美化校园，尽力给师生营造一个舒适的学习和工作环境。强调从精细化的视角出发，力争让校园的每一寸土地、每一面墙壁都能说话，每一个角落都能育人，建设整洁优美、文明和谐的平安校园。

第三个识别系统：依托规章制度打造行为识别系统。学校根据新的办学思路，更新完善了旧有的规章制度，例如：《乐山市市中区平兴学校评优选先制度》《乐山市市中区平兴学校文明班级评比细则》《乐山市市中区平兴学校师德师风考核制度》……与此同时，学校还精心组织各类丰富多彩的德育活动和德育细节教育，不断规范学生的行为习惯，提升学生道德素养，促进学生的身心健康发展。如：学校艺术节、体育节，读书节等活动，又如学校德育常规的"五个一"活动（养成一个习惯，告别一个缺点，践行一条诺言，找准一个目标，阅读一本好书）等。

②推进质量提升工程，提升学校的竞争力和影响力。

对于一所学校而言，要想有自己的立足之地就必须努力提高教学质量。质量是学校的生存之本，更是学校的发展之基。为进一步落实"质量

兴校"的方略，学校拟定了《乐山市市中区平兴学校教育质量提升工程实施意见》，明确了以强化质量管理为根本，深化教学改革为动力，推进教育科研为抓手，通过践行"三个突出"，不断提高学校的整体办学水平，推动学校教育持续向好发展，增强学校的核心竞争力和办学影响力。

突出党建引领，推行"三先""五扶"工程，实现教育的精准帮扶。"三先"即学校充分发挥党员教师"争先、率先、领先"的三先示范作用。"五扶"即坚持以爱为核心，把每位党员分配到年级班级，定期对班上的学困生、品困生、贫困生进行生活上"扶贫"、学习上"扶智"、精神上"扶志"、品行上"扶德"、心理上"扶健"，帮助孩子健康成长。

突出常规管理，推进学与教的融合发展，促进"双减"的提质增效。平兴学校坚信，常规做到极致就是优质。为此，该校建立了较为完善的督导检查机制，如领导推门听课制、学月工作检查制、集体备课制、月考分析制、班科教研制等，通过各类督导检查制度的执行与落实，不断优化学校的教风，为学校高质量发展奠定坚实的基础。

突出课程改革，加大校本教研，赋能教师的专业成长。平兴学校制定了《乐山市市中区平兴学校校本研训活动实施方案》，确立了"行政推动、全体参与、示范引领、以校为本"的工作思路，紧扣"三个结合"，即将教育教学活动与教师研训相结合、提升教师素质和提高教学质量相结合、教书和育人相结合，循序开展以学生为本、以问题为据、以团队为基的系列主题教研活动。

（3）整合资源优势，创新驱动学校特色发展

深挖乡土文化，弘扬乡土精神。平兴学校将平兴镇的乡风乡俗、特色产业以及优秀的育人理念融入学校的校本课程中，通过带领学生领略家乡美景、访谈家乡名业、自制家乡宣传视频等，让学生更深入地了解家乡，积极为家乡代言，培养学生对家乡的情感认同。

突出"一主两翼"（"学校、家庭和社会"），以"四个牵手"（师师牵手、师生牵手、家校牵手、学校乡镇牵手），多维度拓宽育人空间。"四个牵手"将学校、家庭、社会有效凝结成一股合力，共同担当起教育引导平兴学子健康成长的使命与责任。

加强横向联系，纵向衔接，做好筛选性吸纳与反思性提高。一方面，平兴学校依托苏稽片区教育平台，积极向片区内管理经验较为成熟的学校，如新桥乡小学、乐山市第十二中学等学习；另一方面，加强学段的纵

向联系，紧扣与平兴镇内的幼儿园（平兴分园、春兰幼儿园）的幼小衔接工作，围绕如何"引桥"和"建桥"，开发了幼小衔接特色课程，帮助儿童实现从幼儿园到小学的平稳过渡，不断提升两校的办学水平。

（4）取得成果

一分耕耘，一分收获。近年来，在新的办学方略的指引下，在全校师生的共同努力下，平兴学校的创新发展成效初显。同学们自信阳光，积极向上；老师们团结友爱，务实奋进；学校旧貌换新颜，教学质量稳中有升，学校先后被评为四川省绿化示范单位、乐山市绿色学校、乐山市依法治校示范校、市中区心理健康教育示范学校、市中区教师职业技能示范学校、市中区现代远程教育管理示范学校、市中区文明单位等，学校因教育教学质量突出，连续多年被评为乐山市市中区教育教学质量优秀学校，向社会递交了一份份令人满意的育人答卷。

当然，学校的创新发展不是一蹴而就的。就平兴学校而言，学校还有更长的路要走。但只要学校能时刻保持清醒的头脑，立足校情，坚定创新的意识和思维，不断完善学校创新教育机制并扎实实施。相信今后，学校定会在学校高质量发展的道路上走出自己的特色，创出自己的品牌。

4. 点评解读

平兴学校特色发展典型案例体现了乡村学校在新时代背景下，如何通过创新办学思路和整合资源，实现特色发展和教育质量提升的积极探索。

平兴学校通过深挖乡土文化，将乡风乡俗和特色产业融入校本课程，这种做法不仅有助于传承乡土文化，还能培养学生对家乡的情感认同和自豪感。平兴学校通过让学生参与制作家乡宣传视频等活动，激发学生对本土文化的兴趣和参与感，促进乡土文化的创新性转化和创造性发展。该校明确提出"以德立校、依法治校、管理强校、质量兴校"的办学方略，这表明学校将教育质量视为发展的关键，并且注重依法治校和规范管理。同时，学校依托当地企业捐赠的资源，力争打造环境优美、质量一流的学校，这体现了教育与乡村经济社会发展的紧密结合。通过建立督导检查机制、集体备课制等，优化教风，提升教学质量。此外，该校通过校本研训活动，推动教师专业成长。这些措施有助于提升教师的教学技能和专业素养，促进教师的持续发展。通过"三先""五扶"工程，实现教育的精准帮扶，这体现了对教育公平的重视。通过党员教师的示范作用和对学困生、品困生、贫困生的帮助，学校努力为每个学生提供平等的受教育机会，促进资源的均衡分配。学校通过质量提升工程，强化质量管理，深化教学改革，推进教育科研，提升了学校的教学质量和办学水平。特别是通过校本教研活动，鼓励教师参与教育教学研究，这不仅能够提高教师的教学能力，也能推动学校教育教学的持续改进。面对生源减少的挑战，学校没有选择被动等待，而是主动寻找发展机会，通过校园文化建设和办学方略的创新，提升了学校的办学品位和竞争力。平兴学校通过整合社会资源，如企业的捐赠，以及与家庭、社会的合作，拓宽了育人空间，形成了教育合力，这有助于提升学校的整体教育质量。

可以说，平兴学校特色发展典型案例展示了乡村学校在特色发展过程中的创新举措和积极成效，为其他乡村学校提供了可借鉴的经验和做法。通过特色发展，学校不仅提升了自身的教育质量，也为乡村振兴战略的实施做出了贡献。

5. 知识拓展

乡村学校特色发展主要聚焦如何在乡村教育中融入和传承乡土文化，同时与现代教育相结合，形成具有乡村教育特色的教育模式。这种发展模式强调乡村教育应与乡村的自然环境、社会习俗、文化传统和经济发展相适应，培养具有乡村文化底蕴和现代知识技能的人才，从而促进乡村的可持续发展和社会全面进步。

从学者研究观点来看，农村学校特色发展的策略主要有以下几个方面。一是重视乡土文化的传承与创新。乡村教育应成为乡土文化的传承者和创新者，通过教育实现乡土文化独特性的表达，同时培养学生的文化自信。二是强调教育与乡村发展的结合。乡村教育应与乡村的实际情况相结合，反映乡村生活样态和需求，培养学生对乡村生活的适应能力和对乡村发展的责任感。三是促进教师的专业化发展。加强乡村教师队伍建设，提升教师的专业化水平，是提高乡村教育质量的关键。四是关注教育公平与资源均衡。国家应通过政策支持和资源配置，实现城乡教育资源的均衡，缩小城乡教育差距。

从国家教育政策来看，国家把农村学校特色发展作为政策措施的重要内容，给予了强调与保障支持。比如 2018 年国务院办公厅印发《国务院办公厅关于全面加强乡村小规模学校和乡镇寄宿制学校建设的指导意见》，强调乡村小规模学校和乡镇寄宿制学校是农村义务教育的重要组成部分，提出要全面加强这两类学校的建设和管理，提高乡村教育质量①。2019 年中共中央、国务院印发的《中国教育现代化 2035》，提出要提升义务教育均等化水平，建立学校标准化建设长效机制，推进城乡义务教育均衡发展，并在实现县域内义务教育基本均衡基础上，进一步推进优质均衡②。2012 年《国务院关于深入推进义务教育均衡发展的意见》提出了一系列措施，如标准化学校建设、提高教育经费使用效率、加强教育督导评估等，以确保每个孩子都能享受到公平而优质的教育③。2020 年《教育部等六部门关于加强新时代乡村教师队伍建设的意见》提出了加强乡村教师队伍建设的多项措施，包括提高乡村教师待遇、改善工作和生活条件、加强教师培训和专业发展、实施教师交流轮岗制度等，以吸引和留住优秀教师在农村工作④。这些政策文件共同构成了国家推动乡村教育发展和实现教育均衡的政策体系，反映了国家对于提升乡村教育质量和促进教育公平的坚定决心。

6. 实践操作

（1）内容回顾：绘制本节内容回顾思维导图。

（2）头脑风暴：探讨在面临生源减少的情况下，乡村学校可以采取哪些措施应对挑战。

（3）项目研究：借鉴平兴学校特色发展典型案例，请同学们选取家乡一所农村学校，编写一份特色发展的工作方案，字数不少于 2 000 字。

四、特殊教育综合育人

（一）乐山市特殊教育学校特殊教育特色案例⑤

1. 学校介绍

乐山市特殊教育学校（以下简称"乐山特校"）创办于 1985 年，其前身为乐山市聋哑学校，2001 年从五通桥区西坝镇整体搬迁到乐山市市中

---

① 关于全面加强乡村小规模学校和乡镇寄宿制学校建设的指导意见[EB/OL].(2018-04-25)[2024-10-06]. http://www.moe.gov.cn/jyb_xxgk/moe_1777/moe_1778/201805/t20180502_334855.html.

② 中国教育现代化 2035 [EB/OL].(2019-02-23)[2024-10-06]. https://www.gov.cn/zhengce/2019-02/23/content_5367987.htm.

③ 关于深入推进义务教育均衡发展的意见[EB/OL].(2012-09-05)[2024-10-06]. http://www.moe.gov.cn/jyb_xxgk/moe_1777/moe_1778/201209/t20120907_141773.html.

④ 关于加强新时代乡村教师队伍建设的意见[EB/OL].(2020-08-28)[2024-10-06]. http://www.moe.gov.cn/srcsite/A10/s3735/202009/t20200903_484941.html.

⑤ 案例材料由周成燕整理提供。

区苏稽镇，是乐山市教育局直属的乐山市最大的一所为盲、聋、智障学生提供文化教育、职业教育、艺体教育、康复教育的综合型特殊教育学校。学校位于青衣江畔的苏稽镇，与峨眉仙山相依，与乐山大佛相伴，学校占地面积23亩，建筑面积9 400平方米。学校集义务教育、高中教育为一体，共有21个教学班，包括"送教上门"服务对象共有盲、聋、智障"三类"残疾学生295人。现有教职员工93人，其中在编教职工82人，正高级教师1人，四川省特级教师2人，硕士研究生2人，聋人教职工5人。办学规模、办学水平居四川省特教系统前列。

历经几十年的积淀，学校秉承"有教无类有爱无碍"的办学理念，以"五育并举、育残成才"为培养目标，形成了以"文化教育为基础、职业教育为关键、艺体教育为亮点、康复教育为特色"的办学模式，坚持立德树人，五育并举、育残成才，培养德智体美劳全面发展的社会主义建设者和接班人，为残疾学生的终身发展奠定坚实的基础。学校坚持科研兴校、质量强校，先后承研"听障学生典型交往障碍的学校干预策略""培智学生主体性培育研究""双语聋教育中自然手语-汉语转化策略研究"等8个省市级课题，获得四川省人民政府、乐山市人民政府教学成果奖一等奖、三等奖5次。

2. 案例背景

党的二十大报告提出，特殊教育普惠发展。学校以国务院办公厅转发《"十四五"特殊教育发展提升行动计划》及省、市提升计划实施方案为指南，在市委、市政府以及市教育局的正确领导下，围绕质量提升、特色办学做文章，取得了较为显著的办学业绩。乡村振兴，教育先行。全面小康，残疾人一个也不能少，教育公平特殊教育不能缺失。为了让每一个残疾孩子都能享有公平而有质量的特殊教育，助力他们活出精彩的人生，乐山特校人不忘初心、牢记使命，在推动乐山特殊教育的高质量发展道路上，积极探索"文化教育为基础、职业教育为关键、艺体教育为亮点、康复教育为特色"的办学模式。

3. 主要做法

（1）文化教育让学生茁壮成才

学校认真落实2016年教育部颁发的《盲校义务教育课程标准（2016年版）》《聋校义务教育课程标准（2016年版）》《培智学校义务教育课程标准（2016年版）》，坚持育人为本的理念，践行社会主义核心价值观，把握残疾学生身心发展的特点和规律，致力于培养残疾学生基本的文化知识素养，帮助他们形成正确的世界观、人生观、价值观，为学生的全面学习和终身发展打下基础。乐山市特殊教育学校与乐山师范学院积极探索院校合作共同育人模式，取得了丰硕的成果，2011—2016 年连续六年实现聋人高考升学率 100%；获得 2017 年乐山高中教育"特别贡献奖"，获得 2018 年乐山高中教育三等奖，2019—2023 年连续五年获乐山高中教育二等奖；2022 年，19 名聋人高中毕业生参加听障学生单招考试，取得 9 本 8 专的优异成绩。2023 年 12 名听障学生考入高等学府。学校先后为长春大学、北京联合大学、郑州师范学院、重庆师范大学、乐山师范学院等输送优秀学生 110 余人，为听障学生铺就了成才之路。开办培智高中，积极完善从幼儿园到高中全学段衔接的十五年一贯制特殊教育体系。

（2）艺术教育让学生绽放异彩

学校于 2010 年成立"梦与阳光"艺术团，让聋人翩跹起舞，于无声中感受音律；让盲人拨动琴弦，黑暗中触碰光明；让"智儿"挥洒笔墨，懵懂中体味成长。十年磨一剑，用激情与汗水谱写赞歌，用魅力和精神创造辉煌，"梦与阳光"艺术团被省教育厅命名为"四川省优秀学生艺术团"。版画、绘画作品多次获得全国及省、市级奖项。原创舞蹈三部曲《心灵的声音》获得第四届全国中小学生艺术展演活动一等奖、四川省首届残疾人文化艺术节金奖；《心光永恒》《春去秋来》等获四川省第二届残疾人文化艺术节金奖及全国省市各级各类艺术大赛屡获佳绩。原创剧《春天在这里》与乐山市正常学生同场竞技，获乐山市 2023 年度中小学生艺术展演（戏剧专项）活动一等奖。艺术教育让学生释放天性，不断提升了艺术审美情趣和鉴赏能力，部分学生考入长春大学、郑州师院等高校，成为特校舞蹈教师。

（3）体育康复让学生健康成长

乐山特校有体育专业教师 5 人，兼职体育教师 7 人。建设有篮球场、足球场、羽毛球场、环形跑道及感统训练室、律动室、个训室等体育、康复教育功能教室（场所），购置了跳绳、轮滑、旱地冰壶等各类体育、康复器材。学校通过体育课、大课间活动、课后服务走班形式等，促进学生的健康成长。学校承担了四川省第十届残运会飞镖、旱地冰壶和第五届特奥会全部 7 个项目的运动员选拔、训练及比赛任务；承担训练和比赛任务的教练员、工作人员共 28 人，参赛运动员达 100 余人。在四川省第十届残运会暨第五届特奥会比赛中，学校承训、参赛的运动队获得金银铜牌117枚，助力乐山队获得金牌榜、奖牌榜第一名的历史佳绩，28名教师被市委、市政府评为优秀教练员，受到市委、市政府嘉奖或表彰。

乐山特校还承担了四川省残疾人"体育复健进校园"项目，带领本市特殊教育学校共同开展跳绳、盲人乒乓球、盲人象棋、旱地冰壶、柔力球、特奥轮滑等12个大项、19个小项的体育活动，参与活动的智力残疾、视力残疾和听力残疾学生达323人、教师88人。

近年来，该校学生在环亚太平洋地区特奥会、东亚特奥会及全国、省、市特奥会上获得金、银、铜牌200多枚，特奥运动、乒乓球、航模还成为学校特色，在强健学生体魄的同时，展示了特校学生坚忍不拔的品质。

(4) 职业教育让学生习得一技之长

残障学生的就业问题一直是学校思考的问题，职业教育就是要让学生习得一技之长，掌握生存的基本技能，只有解决了生存，才能发展。学校根据残障类型，通过"校企合作"，积极整合社会资源，开展适合学生的职业类型培训。有针对培智生的家政服务，针对聋生的"嘉州绣"，针对盲生的盲人按摩；积极引进足浴，引进美甲，香江足道本土连锁企业定期为学生免费开展公益培训；与乐山市老科协、市科技关工委签订"特校学生农业科技体验"合同，与牧童亲子乐园合作建设"乐山市特殊教育学校劳动实践基地"，定期组织学生去老科协实验基地丰野农场种植蔬菜、锄草、搭架、采摘蔬菜等，培养学生的劳动技能，提升学生的劳动素养和社会适应能力。

职业教育让残疾学生更好地融入社会，盲、聋、智障毕业生分别在金威利鞋业、罗城牛肉、豪森锅厂、仙人掌盲人按摩店等公司、企业及社区实现了就业，走上了自食其力的康庄大道。

(5) 取得的成效

让学生成才。"文化教育为基础、职业教育为关键、艺体教育为亮点、康复教育为特色"的特殊教育办学模式，实现了学校"五育并举、育残成才"的办学目标。上帝虽然为这群残疾孩子关上了一扇门，但特校老师们为折翼天使修补好了翅膀。孩子们在乐山特校习得了基本的文化知识，培养了基本的生活自理能力和初步的职业技能，塑造了良好的人格和行为习惯，树立了正确的世界观、价值观、人生观，自尊、自信、自立、自强的残疾孩子在这里实现了乐观、阳光、健康成长，成为自食其力、残而有为的劳动者。有几位学生获得四川省红领巾四星章、乐山市优秀少先队员等荣誉称号，一百多名残疾学生考入高等院校，一千多名学生从这里毕业成为自食其力的劳动者。舞蹈、绘画作品在全国、省、市获奖，在全国、省、市各级体育比赛中获得两百多枚金、银、铜牌。

让教师成长。在教育教学教研工作中，老师的专业情怀更扎实，专业知识得到了进一步提升，成长为"有理想信念、有道德情操、有扎实学识、有仁爱之心"的"四有好老师"。学校先后有 7 名老师获得"全国自强模范""全国特教园丁奖"等荣誉称号，被评为"四川省特级教师""四川省最美教师""嘉州教育领军人才""乐山市优秀校长、优秀班主任、优秀教师""尊老孝亲模范"的老师达 50 多人次，李雪静老师执教的《棒棒糖》入选全国特殊教育教师教学基本功展示案例。

让学校发展。学校原创舞蹈《心灵的声音》《心光永恒》等在全国、省、市各级各类艺术大赛中屡获佳绩，《春去秋来》获 2019 年度国家艺术基金资助，学校"梦与阳光"艺术团香飘嘉州、名扬巴蜀；课题研究成果获得省、市政府教学成果奖一、三等奖 5 次。先后获得"全国特殊教育先进单位""全国志愿助残示范单位""全国特殊艺术人才培养基地""四川省绿色学校""乐山市心理健康特色学校""乐山市高中教育质量奖"等20 多项市级以上荣誉称号。

4. 点评解读

乐山市特殊教育学校特色发展案例，体现了特殊教育的普惠发展、优质发展与特色发展的要求。

就特殊教育普惠发展而言，乐山市特殊教育学校严格执行国家政策，确保残疾学生接受教育的权利，体现了教育的普及性。这不仅符合国家的教育方针，也是实现教育公平的重要体现。该校建立了从幼儿园到高中的全学段教育体系，为残疾学生提供了连续的学习机会，有助于他们更好地融入社会和适应生活。聋人高考升学率达到100%，这不仅体现了教育的普及性，也反映了学校教育质量的高水平，为残疾学生提供了进一步学习和发展的机会。

就特殊教育优质发展而言，乐山市特殊教育学校根据残疾学生的特点和需求，提供个性化的教育服务，这有助于学生发挥自己的潜能，实现个性化发展。乐山市特殊教育学校拥有专业的师资队伍，特别是在艺术和体育教育方面，这为学生提供了高质量的教育服务，有助于提升教育质量。学校在艺术、体育等领域取得了显著的成果，这些成果不仅体现了教育质量的优质性，也增强了学生自信心和社会认同感。

就特殊教育特色发展而言，通过"梦与阳光"艺术团，乐山市特殊教育学校为残疾学生提供了展示才华的平台，这不仅丰富了学生的校园生活，也提升了他们的艺术素养。学校重视体育康复教育，通过体育活动促进学生的健康成长，这有助于学生的身体发展和康复训练。开展职业教育，帮助残疾学生习得一技之长，提升他们的社会适应能力和就业能力，这有助于学生实现社会融合和自我价值。

综合来看，乐山市特殊教育学校的特色发展案例，体现了学校在文化教育、艺术教育、体育康复和职业教育等多个方面都取得了显著成就，为残疾学生提供了全面发展的机会。该校通过各种教育活动，帮助残疾学生更好地融入社会，为他们的未来生活和发展打下了坚实的基础，这有助于提高社会的包容性和和谐。与高校、企业等机构的合作，为残疾学生提供了更多的学习和就业机会，这种合作模式有助于资源共享和优势互补，是特殊教育发展的重要途径。在特殊教育实践中不断探索和改进，如完善教育体系、引进新技术等，体现了对教育质量的持续追求和对教育创新的重视。该校通过提供高质量的特殊教育服务，确保了残疾学生接受教育的权利，体现了教育公平的原则，有助于缩小社会差距，促进社会正义。该校在特殊教育实践中不断探索新的方法和途径，如校企合作、艺术团建设等，体现了教育创新的精神，为特殊教育的发展提供了新的思路和模式。

总之，乐山市特殊教育学校在特殊教育普惠发展、优质发展和特色发展方面都取得了显著的成绩，为残疾学生提供了全面、高质量的教育服务，其经验和做法值得其他特殊教育学校学习和借鉴。同时，学校在教育实践中的探索和创新，也为特殊教育的发展提供了新的思路和模式。

5. 知识拓展

特殊教育普惠与优质发展是特殊教育领域中两个重要的概念，它们分别代表了特殊教育的普及性和质量性目标。

特殊教育普惠发展指的是确保所有有特殊需要的学生都能获得基本的教育机会，无论他们的残疾类型、程度或经济背景如何。特殊教育普惠发展的理论依据是教育的平等权利，从人权的角度出发，每个孩子都有接受教育的权利，特殊教育普惠强调保障这一基本权利的实现。普惠性发展要求教育系统能够接纳所有学生，包括那些有特殊教育需求的学生，为他们提供适宜的学习环境和支持。政府和教育部门需要制定相应的政策和措施，确保特殊教育服务的普及，如资金投入、师资培训、设施建设等。社会各界应提高对特殊教育的认识和支持，共同为特殊需要学生创造一个无障碍和包容的学习环境。

特殊教育优质发展不仅要求所有特殊需要学生都能获得教育机会，还强调教育的质量，即教育服务能够满足学生个性化的需求，促进他们的全面发展。优质特殊教育强调根据每个学生的具体需求和能力，为学生提供个性化的教育计划和服务。特殊教育优质发展需要培养和配备专业的特殊教育教师，他们能够运用专业知识和技能，为特殊需要学生提供高质量的教育；需要充足的教育资源，包括教材、教具、辅助技术等，以支持特殊教育的有效实施；建立科学的评价体系，定期对特殊教育的质量进行评估，并根据评估结果进行必要的改进。家长和学校之间的紧密合作对于特殊教育的优质发展至关重要，家长的参与可以为学校提供宝贵的支持和反馈。

特殊教育普惠与优质发展是相辅相成的两个目标。普惠是优质发展的前提，只有当所有特殊需要学生都能获得教育机会时，才能进一步讨论教育的质量。同时，优质发展也是普惠的深化，它要求教育不仅要普及，还要满足每个学生的个性化需求，促进他们的全面发展。

在实践中，特殊教育的普惠与优质发展需要政策制定者、教育工作者、家长以及社会各界的共同努力，通过制定合理的政策、提供专业的师资培训、投入必要的教育资源以及建立有效的评估和改进机制，共同推动特殊教育的全面发展。

6. 实践操作

（1）内容回顾：绘制本节内容回顾思维导图。

（2）头脑风暴：分析社会对特殊教育的态度和公众意识如何影响特殊教育的普惠与优质发展，探讨如何提升社会认知。

（3）项目研究：借鉴乐山市特殊教育学校特色发展典型案例，请同学们选取家乡一所特殊教育学校，编写一份特色发展的工作方案，字数不少于 2 000 字。

（二）犍为县玉津中心小学融合教育案例①

1. 学校介绍

玉津中心小学是一所普特融合学校，2019 年 11 月实施改扩建工程，2020 年 9 月投入使用，学校由原来的 22 个教学班，学生 600 余人（其中特教 7 个班，学生 67 人），迅速发展为 50 个教学班，2 240 人（其中特教 9 个班，学生 124 人）的城区学校。

2. 案例背景

2017 年，教育部等七部门印发的《第二期特殊教育提升计划（2017—2020 年）》规定，残疾儿童少年义务教育优先采用普通学校随班就读的方式②。2020 年，教育部发布《关于加强残疾儿童少年义务教育阶段随班就读工作的指导意见》，对残疾儿童义务教育阶段随班就读工作做了更加明确的指引，国家越来越关注残障人士等弱势群体的受教育权益③。犍为县玉津中心小学是普校和特教中心融合的学校，现有职工 117 人，其中特殊教育专业教师 14 人，为开展随班就读提供了专业支撑。近年来，学校以双向接纳为理念，形成了以特殊教育中心为指导、随班就读班级为主、送教上门为辅的三位一体融合教育格局，让每位适龄儿童都享受到公平而优质的教育。

3. 核心理念

"双向接纳"是学校经过长期学习与实践，结合普特融合的自身特点提出的理念。其根本宗旨是学校应当满足所有儿童多样、独特的学习发展需求，促进所有儿童共同发展和全面发展，使普通学生与特殊学生从认知、情感、行为等方面，形成互相接纳、互相尊重、互相理解、互相认同和互相接受的关系，形成一种促进普校和特校、普通学生和特殊学生和谐共生、融合发展的局面。

4. 主要做法

（1）实施措施

一是建立制度，保障实施。学校以双向接纳为基本模式，确保融合教育工作的有序规范实施，不断提高融合教育的质量和效益，在教务处成立

---

① 案例材料由余仁智整理提供。

② 教育部等七部门关于印发《第二期特殊教育提升计划（2017—2020 年）》的通知 [EB/OL].（2017-07-18）[2024-10-06]. http://www.moe.gov.cn/srcsite/A06/s3331/201707/t20170720_309687. html.

③ 关于加强残疾儿童少年义务教育阶段随班就读工作的指导意见 [EB/OL].（2020-06-22）[2024-10-06].https://hudong.moe.gov.cn/srcsite/A06/s3331/202006/t20200628_468736. html.

了"双向接纳教育工作室"，协调普校和特校转衔对接工作，处理融合教育事务，具体包括随班就读学生的能力评估、班级安置、课程调整、学期计划制定等，以及各项融合活动的组织与策划。学校建立健全了双向接纳工作制度，明确了工作职责，细化了工作内容，促进融合教育有途径、有方法、有效果，做到在校园生活中接纳特殊学生，在教学活动中关注特殊教育学生，逐步建立成熟的双向接纳管理系统，使普特有机整合。

二是普特共训，形成共识。由于普特教师专业认知和教学上的差异，他们在教学合作上难免会存在分歧，因此为了达成共识，提升教师们在融合教育方面的专业技能，学校采取普特教师共训的方式对教师进行全面培训。如普通教师要和特殊教师一同参加融合教育相关的知识培训，特殊教师同样也要参加普特小学部分的学科知识培训，以此来弥补彼此的专业短板，这使得工作合作更加流畅顺利，增强了包容性，形成了凝聚力。

三是创设条件，奠定基础。学校完善了无障碍设施，特殊教育所需要的功能室、个训室、运动场、心理咨询室是面向全体学生开放的，也就是说普通学生同样可以报名参加，体验这些特殊教育课程如特教的兴趣课程"轮滑、冰壶、滚球"等。

四是文化入心，厚植理念。校园文化是学校发展的灵魂，是学校精神面貌的展现，为了让普特学生双向接纳，学校注重从文化宣传入手，学校文化墙、宣传栏定期更新"融合标语""残障人士励志故事""融合文化宣传""融合光荣榜"等原创作品。学校每月开展"双向接纳"的主题班会、国旗下讲话等活动，对普特学生进行文化熏陶通过价值引导逐步走向"双向接纳"，把融合教育理念根植于老师心里，落实到行动中。

五是双向接纳，融合发展。学校的随班就读学生是双向随班的，根据其自身的特殊性和学习发展需求，随班就读学生既要学习普特班级的知识文化性课程，也要到特殊教育中心学习补偿性课程、生活技能类课程及部分兴趣类课程。学校采取了普特师生互相结对的方式进行授课，按学段和年级给学生安排了结对的普通教师班主任和特殊教育班主任，确保了普特两边教学工作的同步性。

六是家校合作，助推融合。家庭是孩子的第一所学校，为了端正特殊学生家长的育儿态度，传递特殊教育理念，普及特殊教育知识，同时让普通家长改变对于残障人士不正确的观点，激发普通学生家长的同理心、同情心，认识到融合教育反向作用于普通教育，激励普通学生更加自强不息，懂得包容关爱、学会互帮互助，学校开展了系列普特家校合作活动，并且定期开展普特家长会，融合教育专题讲座等家长培训教育活动，将融合教育思想融入更多的家庭之中，让家长做到言传身教，给子女做好榜样，也为特殊学生社区融合打下基础。

七是因材施教，个性发展。随班就读学生要到普通班级进行学习，首要解决的问题就是如何抓住普特学生的共性，同时又能兼顾随班学生的个性，在不影响全班教学进度的基础上满足随班就读学生的学习发展需求。为了达成这个目标，随班就读学生所结对的教师将配合"双向接纳"工作室，结合家长对随班就读学生的教育期望，及随班就读学生的自身能力特点，调整课程设置，制订学期教学计划，做到每位随班就读学生一人一案，进行规范管理。其中普通学生有升学压力，而随班就读学生并没有，那么可以适量减轻随班就读学生文化课教学目标，增加活动课课时，同时通过活动课促进普特学生的接触与交往，促进彼此双向接纳。

八是活动融合，彰显风采。近几年，学校一直在常态化地开展融合活动，如残联主办的残疾人日会演、犍为县课后延时服务艺术展演、乐山市融合运动会，以及校内的六一融合游园活动、校园融合运动会、融合开心小农场、校园融合艺术节等。所有的这些活动，学校均鼓励普特学生主动参加，在参与这些活动的过程中，促进了普特学生互相了解、互相关心，在合作交流过程中促进了普特学生互相尊重、互相接纳，同时传递了积极向上、热爱生活的正向精神面貌。

（2）实施过程

教育部等七部门联合印发的《第二期特殊教育提升计划（2017—2020年）》明确要求，"以普通学校随班就读为主题、以特殊教育学校为骨干、以送教上门远程教育为补充，全面推进融合教育。"[①] 其中，随班就读工作是融合教育的重中之重。本案例以随班就读学生小文（现为四年级学生）为例简单介绍具有本校特色的"双向随班就读工作"实施过程（见图4.1）。

---

① 教育部等七部门关于印发《第二期特殊教育提升计划（2017—2020年）》的通知［EB/OL］.（2017-07-18）［2024-10-06］. http://www.moe.gov.cn/srcsite/A06/s3331/201707/t20170720_309687. html.

筛查评估，班级安置 ⇨ 完善信息，建立档案 ⇨ 短期观察，记录评估 ⇨ 课程调整，制订计划 ⇨ 普特结对，双向随班 ⇨ 终结评价，期末总结

图 4.1 "双向随班就读工作"流程简图

一是筛查评估，班级安置。小文进入玉津中心小学后，先由"双向接纳工作室"的老师收集基础信息。老师了解到小文属于高烧引发脑性瘫痪造成的多重障碍，进行初步筛查评估，确认小文在学习能力方面存在轻度障碍，具备一定生活自理能力，情绪稳定，能进行基本沟通；在肢体动作发展方面，小文整体肌张力偏低，行动存在不便，手部精细动作发展落后，影响了小文的书写功能。经"双向接纳工作室"评估小文具备随班就读能力，并将小文安置于与其学龄段相匹配的一年级。

二是完善信息，建立档案。双向接纳工作室将按照"随班就读一人一案制度"为小文建立个人档案。此档案内容包括小文基础信息（户籍信息、残疾证信息、医疗史、生育史、教育史等）、各时期评估报告、各阶段学期计划、各类课程教学计划，以及各项重点培养能力发展情况。

三是短期观察、记录评估。小文被安置于普通班级一年级（1）班后，由该班级班主任负责对其进行为期两周的学习情况及行为情况的观察。该阶段老师将不会对小文进行任何干预，完全像对待其他同学一样对待小文。主要目的是记录小文在普通班级中存在的学习问题和行为问题。据档案记载，小文当时对数学的学习兴趣大，比较排斥学习语文，不愿意进行书写练习，完成背诵任务存在困难。行为方面，小文寡言少语，时而哭泣，很少离开座位，几乎没见过他上厕所。

四是课程调整，制订计划。"双向接纳工作室"的老师召集小文的学科老师、特教中心老师、小文的家长召开"个人学期计划制订大会"，大家根据小文的"评估报告"、自身能力特点及学习需求、小文家长对小文的期望制订小文的学习计划。其中主要提出了各项教学支持策略、降低了小文薄弱科目语文的教学目标、增加了小文的活动课程，包括系列肢体动作康复课程。

五是普特结对，双向随班。学期计划制定后，"双向接纳工作室"的老师为小文确定了结对老师，即同年级的特殊教育老师陈老师和一年级（1）班的曾老师，她们将负责小文六年的义务教育教学工作。陈老师负责管理小文特殊教育中心的运动与康复、绘画与手工、劳动技能等课程，曾老师则负责管理小文普通班级的各类学科课程，并在课后延时服务中为小文提供各类学科补偿训练，主要包括书写训练、背诵训练、阅读训练等，同时在班上为小文寻找"生活小搭档"帮助小文快速适应学校生活（见表4.1）。

表4.1　小文同学四年级课程表

课程表						
时段	节次	星期一	星期二	星期三	星期四	星期五
上午	1	语文 *沟通表达*	数学	语文	数学 *粗大动作*	语文
	晨会	升旗仪式	大课间	大课间	大课间	大课间
	2	数学	语文	数学	语文	数学
	3	音乐	英语	科学	英语	英语 *粗大动作*
午休						
下午	4	道法	美术 *绘画与手工* *精细动作*	体育 *运动与康复* *生活技能*	英语	音乐
	5	体育 *运动与康复* *精细协调*	信息技术	音乐	综合 *劳动技能* *精细动作*	科学
	6	校本活动 课程 *注意力*	*阅读（书法）* *书写训练*	道法	美术 *绘画与手工* *精细动作*	体育 *跳绳* *精细协调*
	延时 服务	*学科补救* *及作业* *辅导-语文*	*学科补救* *数学*	*学科补救* *英语*	*学科补救* *语文*	*学科补救* *英语*

注：表中斜体字体为特殊教育课程。

　　六是终结评价，期末总结。每学期期末，小文的各科普特老师、家长将在"双向接纳工作室"内进行期末总结大会，通过终结评估和档案查看来汇总小文的能力发展情况，并对随班就读工作进行点评和建议。近四年的档案资料显示，小文的社交能力有明显进步，愿意主动与他人交流，与同学关系融洽；书写能力得到提升，所有生字、词均能正确书写，只是还不够工整；数学成绩优异，获得老师的肯定；生活自理能力有进步，只是速度较为缓慢。总体来说，家长十分肯定小文老师们的教学质量并表示由衷感谢，小文也变得开朗活泼，逐步融入了班级生活。

（3）总结反思

自学校"双向接纳融合教育策略"实施以来，学校融合教育取得优异成绩，在乐山市融合运动会上崭露头角，多次在各类融合艺术会演上获得奖项，获得了残联、教育局及乐山特殊教育专家委员会的一致好评。特殊教育家长和普特班级家长都表示喜欢现在的融合氛围，认为这样的融合环境有利于学生的学习和发展。对于特殊学生来说，他们获得了更多的社会关注和自我表现的机会，除了学习基本的知识技能外还可以到更为广阔的舞台上展示自我，有利于特殊学生身心健康发展，毕业后能更好地融入社会。普通学生家长表示，这样的融合环境有利于自己子女的品德教育，培养子女的爱心和耐心，磨炼子女的心性。

融合教育工作是特殊教育的主流方向，但还存在许多的探索空间，学校将继续以"双向接纳"为基础，实现普特殊有机融合，共同发展。

5. 点评解读

犍为县玉津中心小学的双向接纳策略不仅关注特殊学生的接纳，也关注普通学生对特殊学生的接纳，这种双向过程有助于建立一个真正包容的教育环境。学生成绩和家长的正面反馈，证明了学校融合教育策略的有效性。可以说，犍为县玉津中心小学的融合教育案例，在促进义务教育优质均衡、保障学生教育平权等方面具有十分重要的政策价值与现实意义。

案例中学校的"双向接纳教育工作室"体现了融合教育的核心，即确保所有学生，包括特殊需求学生，都能在普通教育环境中获得适当的教育和支持。通过无障碍设施的完善和特殊教育资源的共享，学校正在改变社会环境以适应特殊学生的需求，而不仅仅是调整学生以适应现有环境，这符合社会模型理论的要求。学校认识到学生具有不同的学习风格，通过增加个性化的教学计划和活动课程，促进学生多方面能力的发展。学校基于社会参与理论，鼓励特殊学生参与校园文化活动和运动会，这有助于培养学生的社会责任感和公民意识，同时促进了普通学生与特殊学生之间的相互理解和尊重。学校运用合作学习理论，创造了一个合作学习的环境，通过普特师生的互相结对方式进行授课，这不仅有助于特殊学生学习，也促进了普通学生社会交往技能的发展。学校坚持普特融合的做法，体现了对特殊学生人权的尊重，确保他们获得平等的教育机会，并被接纳为学校社区的完全成员。

案例中，学校通过个性化的教学安排和双向接纳管理系统，体现了教育公平原则，尤其是差异原则，尊重每个学生的独特性和需求。建立的资源教室和个训室为特殊学生提供了必要的支持服务，构建了资源教室模式，这是融合教育中不可或缺的一部分。通过调整课程设置和教学计划以适应个别学生的需求，学校展现了差异化教学的实践，有助于满足每个学生的学习需求。家校合作活动和家长培训，增强了家长对融合教育的理解和支持，这对于学生在家庭和学校环境中的成功至关重要。

必须指出的是，融合教育是一个不断发展的领域，需要持续地评估和改进。犍为县玉津中心小学需要持续收集数据，以科学评估融合教育对学生发展的影响，并基于这些信息不断调整和完善其策略。此外，犍为县玉津中心小学还应考虑建立更广泛的社区合作伙伴关系，以提供更全面的服务和支持，让全社会都来关心并支持学校的融合教育。

6. 知识拓展

融合教育是一种将特殊教育和普通教育结合的教育模式，旨在为所有学生包括有特殊需求的学生提供平等和适当的教育。2019年中共中央、国务院印发的《中国教育现代化2035》提出"更加注重融合发展"，强调了教育的全面性和包容性，为融合教育提供了宏观指导①。2021年国务院办公厅转发教育部等部门《"十四五"特殊教育发展提升行动计划》强调，以适宜融合为目标，推进融合教育，明确了特殊教育发展提升的总体要求、基本原则和主要目标，提出了拓展学段服务、推进融合教育、提升支撑能力的基本思路②。这些政策文件为中小学开展好融合教育提供了依据与指引。

融合教育是教育的美好范式，体现了义务教育优质均衡的政策要求。全纳教育理论、社会模型理论、社会参与理论为融合教育的实施提供了理性视角。比如全纳教育理论强调教育应面向所有儿童，无论其能力、性别、社会背景或文化差异，每个儿童都有权利接受优质的教育。社会参与理论认为学校和社会应为学生提供参与社会活动的机会，以培养他们的社

---

① 中国教育现代化 2035 [EB/OL].（2019 - 02 - 23）[2024 - 10 - 06]. https://www.gov.cn/zhengce/2019-02/23/content_5367987.htm.

② 国务院办公厅关于转发教育部等部门"十四五"特殊教育发展提升行动计划的通知[EB/OL].（2021 - 12 - 31）[2024 - 10 - 06]. https://hudong.moe.gov.cn/jyb_xxgk/moe_1777/moe_1778/202201/t20220125_596312.html.

会责任感和公民意识。

从理念原则来看，融合教育强调平等参与、尊重差异、个性化支持、全纳教育的理念，认识到每个学生都有其独特的能力和需求，倡导每个学生都有权利参与学校的所有活动和课程，提供个性化的教育支持，以满足不同学生的需求，确保教育系统对所有学生开放，无论其能力、背景或需求。融合教育遵循教育公平原则、差异化教学原则、合作学习原则，主张教师根据学生的个体差异调整教学方法和课程内容，以满足每个学生的学习需求；采用多样化的教学方法，以适应不同学习风格；在学校中设立资源教室，提供特殊教育设备和软件等必要的教育资源和辅助工具，为有特殊需求的学生提供额外的支持和帮助；通过同伴间的合作学习，促进学生之间的相互理解和帮助，增强包容性；与家长和其他社区成员合作，共同支持学生的教育需求。

7. 实践操作

（1）内容回顾：绘制本节内容回顾思维导图。

（2）头脑风暴：探讨有效的乡村学校同伴支持和合作学习模式，促进特殊教育需求学生的社交和学习。

（6）项目研究：借鉴犍为县玉津中心小学的融合教育案例，请同学们设计制作一份小学三年级融合教育学生个别化教学方案，字数不少于2 000字。

第五章 乐山市学校体育及典型案例

体育是一种旨在通过身体和智力活动来促进人的全面发展、提高身体素质和教育水平的教育。体育的概念不仅限于身体锻炼和运动技能的培养，还包括通过体育活动来促进学生的道德发展、智力提升、审美能力的增强以及劳动习惯的养成。

体育可以养德，体育活动能够帮助学生树立团队合作、公平竞争和遵守规则的意识，这些都是道德教育的重要组成部分。体育可以益智，通过体育活动，学生可以培养快速反应、策略规划和决策能力，这些能力对智力的发展有着积极的促进作用。体育训练通常需要持之以恒地努力和勤奋，这种精神转移到学习和其他生活领域，有助于培养学生的勤劳品质。体育还可以尚美，体育活动中的协调性、节奏感和表现力都有助于提升学生的审美水平。

体育活动不仅能够提高乡村学生的身体素质，还能够培养他们的团队合作能力和抗压能力，这些素质对于乡村人才的成长和乡村振兴都具有重要意义。

第一节 乐山市学校体育

学校体育工作坚持"健康第一"的教育理念，严格落实体育课程开设的刚性要求，建立"晒课表"机制，确保开齐开足开好体育课程。学校通过全覆盖开展阳光体育大课间、开设体育课后服务社团、探索体育家庭作业等方式，保障学生每天校内外各 1 小时体育活动时间。学校建立学生体质健康测试工作情况通报和体育工作常态化督查制度，确保了学生体质健康测试优良率、儿童青少年近视率等省定目标任务的圆满完成。其中，学生体质健康测试优良率为 56.08%，提升 1.65 个百分点；近视率为

43.41%，下降 1.07 个百分点；肥胖率为 6.99%，下降 0.22 个百分点。深入推进体教融合，打造"乐运动·爱健康"中小学生运动会品牌，举办市级田径、足球、篮球、乒乓球等 12 项体育赛事，近 8 000 名中小学生参加。积极组队参加四川省"贡嘎杯"青少年校园体育联赛等赛事，参加四川省第三届"贡嘎杯"青少年校园体育联赛获得一等奖 1 个、二等奖 2 个、三等奖 1 个，参加省第四届"贡嘎杯"青少年校园体育联赛 6 支队伍进入足球、篮球决赛。成功承办四川省第三届"贡嘎杯"青少年校园篮球联赛中学组和四川省第四届"贡嘎杯"青少年校园篮球联赛小学组赛事，乐山市被评为第三届"贡嘎杯"青少年校园篮球联赛优秀赛区。加强体育特色学校的创建。乐山市共建成全国学校体育工作示范学校 6 所、青少年校园足球特色学校 67 所、青少年校园篮球特色学校 13 所、足球特色幼儿园及示范园 18 所、四川省阳光体育示范学校 21 所、乐山市体育特色学校 27 所、阳光体育示范学校共 79 所。

第二节　乐山市学校体育典型案例

一、金岩小学足球启蒙教育

（一）学校介绍[①]

峨边彝族自治县金岩乡中心小学始建于 1958 年，地处乐山市峨边彝族自治县神秘的黑竹沟山脚下，是一所纯彝族农村寄宿制义务教育学校，现有教学班级 17 个，在校学生 913 人。多年来，学校以文化为骨，科技为翼，画彝乡教育之魂，逐渐发展成为仁德为本、特色鲜明的少数民族学校。

2014 年起，学校把"创造适合学生的教育"定为学校教育教学发展的理论指导，形成"仁德为本创新发展"的办学理念，确立"点石成金千岩竞秀"的校训，提出"直线曲进，仁德为本"的教育教学改革创新思路，旨在通过各种途径，让学生实现个性发展，成为新一代"四有新人"，为社会培养创新型、实用型、复合型人才方面奠基，在竞争激烈的社会环境中脱颖而出，走出大山，走向世界。

---

① 案例材料由王皓整理提供。

（二）案例背景

在新时代教育改革的大背景下，积极践行"五育并举"的理念已成为教育发展的重要方向。金岩乡中心小学深入贯彻这一理念，将体育教育作为培养学生全面发展的关键环节之一。学校借助翰墨薪传工程和乡村青少年宫平台开展第二课堂教学，以"仁德为本，创新发展"理念推动体育教育实践。在实际教育实践中，体育教育不仅成为强身健体的手段，还是培养学生品德、智力、审美和劳动素养的重要途径，为学生的成长奠定了坚实的基础。

（三）主要做法

1. 组建学生足球队

2019年初，金岩小学开始组建第一支足球队，分男队和女队。没有专业的足球老师，没有专门的足球场，只有两个黑白分明的足球。授课的老师通过查资料，搜视频，看教程，竭尽全力去教学生，学生也津津有味学着；没有球鞋，运动鞋一样踢；没有操场，泥泞的泥巴地上也可以训练……就此，金岩小学学生们的足球梦开始了。2019年夏，应壹基金的邀请，学校的女子足球队来到绵阳参加"壹基金壹乐园首届绿茵小将足球联赛"，这一场比赛让孩子们看到了和别人的差距，知道了足球除了是体力的对抗，还需要技巧，也是脑力的对抗。回校以后，学校开始思索，如何将足球进行专业化的引领。

2. 修建训练场地

在"义教均衡"的春风里，金岩小学终于有了塑胶跑道，在壹基金的帮助下，终于有了体育场，2024年学校通过人民海军潜艇学院的帮扶，完成了海军爱民足球场的修建。自此，孩子们经历了在泥潭玩球到水泥地板踢球再到现在的绿茵草坪奔跑的转变。

3. 通过支教破解师资难题

县教育局和成都体育学院签订了支教的协议，学校积极争取，让成都体育学院的优秀学生来支教，这就起到了"人尽其才"的作用。以第二课堂为抓手，成都体育学院的教师先对孩子们进行了体能测试，然后再根据他们的实际情况分为A班和B班，A班的孩子多为零基础或者低段的，主要进行球性、体能、力量的训练，比如：踢球绕桩、左右脚拨球的球性训练，近距离冲刺、跑步的体能训练，仰卧起坐、引体向上、仰卧起坐的力量练习。B班的孩子大多是中高段，有一定基础，主要是力量、速度、战术配合的训练，比如：斜插、穿插、二过一、三角战术等。在还是水泥地上踢球的时候，支教的教师为了缓解孩子们运动给膝盖造成的伤害，会让他们进行膝关节、踝关节的热身，正式上课支教的老师会拿着扩音器先给孩子们讲解战术，然后再示范怎么做，接着用游戏代入战术让学生能够明白易懂，再分组练习用学习的战术进行比赛，最后总结这堂课学生的学习情况，下节课检查学生是否有练习。周而复始，日复一日地练习着，一切都在有条不紊地进行着，也在蓄力待发中。2021 年开始，金岩小学的女子队便开始在县级比赛中崭露头角，一举获得亚军。

是什么支撑着金岩小学的足球梦，唯有热爱！金岩小学女子足球队从成立到现在参加比赛失败的场次有很多，每一次失败老师们都问孩子们："还来吗？"他们永远都会擦干眼泪和汗水坚定地点头。所以每一次的失败都是孩子们为下一次努力的动力，用他们的话说就是："失败是成功之母，总有一次能站上领奖台的！"即使水泥地很硬，地上的水很多，穿运动鞋踢球的脚很疼，有做不完的体能训练……他们都在坚持着。胜利的渴望，一步步激发着孩子的进取心，正如北大校长蔡元培所说："完全人格，首在体育。"①

4. 主要成效

随着学校对体育教育的重视和发展，学校的基础设施建设有了很大改善，例如足球场的从无到有。学校一直倡导的"直线曲进"旨在尊重孩子意愿的前提下，充分挖掘孩子自身的潜能，让花成花，让树成树，为他们提供多种可能性。由于体育特长被特招的孩子有很多，解决了部分升学问题。现在金岩小学的孩子爱运动，已蔚然成风：运动可以增强他们的自信心，塑造坚强的意志力，养成坚持的好习惯，最重要的是使他们拥有了团队意识，对于孩子们性格的形成和人格的完成具有积极的作用。2021 年在"壹基金乡村儿童足球项目足球联赛峨边赛区"获得女子组亚军、2022 年在四川省"百城千乡万村社区"足球系列活动峨边赛区中获得"最佳组织奖"和男子季军、女子季军的佳绩。2023 年在四川省"百城千乡万村·社区"足球系列活动峨边赛区"五人制足球"比赛中获得"道德风尚奖"、女子 U12 亚军。

（四）点评解读

金岩小学的足球教育案例是一个充满启发性的故事，它体现了体育教

---

① 蔡元培. 我们的政治主张［M］. 北京：光明日报出版社，2013：13.

育的多个重要理论和学术观点。

金岩小学的足球教育不仅关注学生的身体素质提升，还通过比赛和训练促进了学生的心理、社会适应能力的发展。学生在足球活动中学会了团队合作和公平竞争等社会化技能。学校通过持续的足球教育和训练，激发了学生对足球的热爱，培养了他们终身参与体育活动的兴趣和习惯。通过支教老师的专业指导，学生从零基础开始学习足球技能，逐步掌握了踢球、传球、战术配合等基本技能。支教老师根据学生的不同水平和能力，进行了分班教学，实施了个性化教学，满足了不同学生的需求。学校在条件有限的情况下，依然注重学生的安全，如支教老师在水泥地上训练时会进行热身以减少伤害。金岩小学的足球教育体现了对不同背景学生的包容性，无论性别、基础如何，都有机会参与到足球活动中。学校在发展足球教育的过程中，得到了教育局和外部组织的支持，这表明其遵循了相关的教育政策和法规。

金岩小学的案例展示了体育教育在资源有限的情况下，如何通过创新和坚持来实现教育目标。它强调了体育教育在培养学生的身体素质、心理韧性和社会技能方面的重要作用，同时也展现了体育精神在教育过程中的不可替代性。通过这个案例，学校可以看到体育教育对于学生全面发展的积极影响，以及它在塑造学生个性和价值观方面的潜力。

（五）知识拓展

体育教育是学校教育的重要组成部分，是"五育并举"的重要组成部分，它不仅关乎学生的身体健康，也与学生的心理健康、社会适应能力以及终身体育习惯的养成密切相关，更事关健康中国战略的推进与社会主义现代化强国目标的实现。党和国家高度重视学校的体育教育工作，从历史沿革来看，新中国成立初期，党和国家十分注重体育教育的普及和体育运动的开展。改革开放后，体育教育政策开始强调学生的全面发展和体育教学的科学化。进入21世纪以来，体育教育更加注重培养学生的体育素养和终身体育意识。2015年，党的十八届五中全会明确提出"健康中国"战略，将其作为推进健康中国建设任务的一部分。此后，2016年8月，党中央、国务院召开了全国卫生与健康大会，进一步明确了健康中国建设的新格局，并讨论了《"健康中国2030"规划纲要》（讨论稿），完成了健康中国战略的顶层设计。2016年10月，中共中央、国务院印发了《"健康中国2030"规划纲要》。2019年6月，国务院印发《关于实施健康中国行动的意见》，从政策体系的顶层设计上推进健康中国行动。

体育教育通过各种体育活动，能够提高学生的身体素质，预防疾病，促进身体健康；有助于缓解学生的压力和焦虑，提高情绪管理能力，培养积极向上的心态。通过团队体育活动，学生可以学习合作、竞争和社交技能，增强社会适应能力。体育教育培养学生的体育兴趣和习惯，为其终身参与体育活动打下基础。体育教育，需要达到以下育人目标：在知识与技能方面，要传授体育运动的基本知识和技能，使学生掌握一定的运动技巧，包括基本运动技能（如跑、跳、投）和专项运动技能（如篮球、足球等）。在情感态度与价值观方面，要培养学生对体育活动的兴趣和热爱，形成积极的体育态度和健康的生活方式，包括合理饮食、规律运动和良好的生活习惯。在增强身体素质方面，通过体育锻炼促进学生身体各系统的发展，提高身体素质。在促进社会化方面，通过体育活动培养学生的团队精神、领导能力和社会责任感，学习如何处理输赢，如何尊重对手，以及如何培养团队精神。

这些理论和观点构成了学校体育教育的基础，指导着体育教育的实践和研究。通过这些理论的指导，学校可以更有效地设计和实施体育教育计划，以促进学生的全面发展。

（六）实践操作

1. 内容回顾：绘制本节内容回顾思维导图。

2. 头脑风暴：探讨如何吸引社区资源和家长参与乡村学校的体育教育，以增强社区联系和支持。

3. 项目研究：结合对金岩小学足球运动案例的学习，请撰写一份在乡村学校体育教育中融入自然教育理念的体育文化活动课例，字数不少于1 000字。

二、马边光辉中心校小篮球促成长

（一）学校介绍①

马边彝族自治县建设镇光辉中心校是一所具有历史底蕴和生机活力的学校。学校创办于1937年，原名永乐小学，1953年迁现址，学校坐落于山水彝乡、秀美马边之城南建设镇官帽舟，是我国历史学家贺昌群的启蒙母校。

---

① 案例材料由王兴其整理提供。

学校现有中心校1所，村小2所，少数民族学生约占学生总人数的94%。学校文化以"灵动儿童——七彩光辉"为主题贯穿于教育教学活动。学校形成了"依法治校，规范行为；以生为本，着眼未来"的办学理念，"提升师生整体素质，努力提高教学质量"的办学目标，"民主管理，自觉自主"的办学思路，"给予师生完整、幸福的教育生活"的学校愿景，"明理树德，感恩励志"的校训，"团结友善，和谐奋进"的校风，"严谨治教，爱岗敬业"的教风，"乐学善思，勤学苦练"的学风。

学校的特色有"小篮球"等，被乐山市篮球协会授予"民族地区农村乡镇篮球特色示范学校"。光辉中心校小篮球队的成功，离不开执着于篮球梦想的教练员。他们不仅具备丰富的篮球教学经验，还拥有先进的教学理念和方法。在他们的指导下，一批又一批的优秀运动员脱颖而出。在光辉中心校小篮球的发展过程中，他们不仅注重技术提升，还重视培养孩子们的团队协作精神、积极进取的心态以及远大理想的树立。他们相信，小篮球不仅是一项运动，而且是一种教育，一种精神传承。通过小篮球，孩子们学会了如何与他人合作、如何面对挑战、如何坚持不懈、如何看到希望、如何追求梦想。

（二）案例背景

为贯彻四川省"三大球"的振兴工作，全面推进"体教融合"，落实县委九届第67次常委会（扩大）会议关于对接基层篮球发展相关工作，结合农村孩子吃苦耐劳、敢拼敢闯的特点，努力为孩子们找到一条走出大山的路，实现自己的远大梦想，寻找一种适合学生身心发展的体育项目，学校决定落实"小篮球"课程。

（三）主要做法

1. 让"小篮球"走进学生课堂

学校严格按照课程标准开齐开足课程，每周落实校本课程"篮球课"至少1节，为学生购买篮球及球筐，保障每个孩子在校都有篮球。

2. 让"小篮球"充实学生课余生活

按照年龄组建3个梯队的篮球社团和3个组别的学校篮球队，利用寄宿制优势，长期坚持早晚训练。

3. 让"小篮球"韵律操成为校园独特的风景

为了让更多彝族孩子喜欢上篮球，学校特意编排"篮球韵律操"，利用每天的课间活动让篮球队的学生做操，这成为光辉校园里一道独特的风景。

4. 让"小篮球"比赛促普及

学校高度重视"小篮球"走出去，凡是有机会比赛一定全力支持，被乐山市篮球协会授予"民族地区农村乡镇篮球特色示范学校"称号。

为营造校园篮球氛围，吸引更多孩子参与，学校每年举办两次班级篮球联赛和学区篮球联赛。

5. 让"小篮球"见证孩子们的成长

在孩子成长的生命故事中，一定会有小篮球的故事，也不缺乏篮球的故事。

曲摸福林，现就读光辉中心校五年级一班。他个子不高，但反应敏捷，舍得拼搏，舍得吃苦。读一年级时语文和数学成绩都在90分以上，一次偶然的机会曲摸福林被篮球爱好者钟某发现了这匹黑马，与家长协商，把其发展成为校队队员。自2019年11月以来，曲摸福林参加乐山市首届少儿篮球俱乐部联赛获得多个冠、亚、季军，2021年10月代表乐山市参加在绵阳举办的"四川省小篮球联赛总决赛"，获U10混合组冠军。2024年4月获得"贡嘎杯"小学男子篮球亚军。

曾经在光辉中心校五年级二班学习的吉言拉伙，为了篮球爱好，与父母闹矛盾，舍近求远坚决要在光辉中心校就读，在2019年11月参加"全国青少年冬夏令营（乐山站）暨乐山市小篮球俱乐部联赛"获U8组冠军主力成员，并获"希望之星"。五年级一班的水罗星星，年年被评为优秀学生，还曾荣获市级"三星章"；吉日阿付，参加篮球训练，成绩不但没受影响，反而还提升了不少。他四年级获市级"三星章"，五年级获"省级优秀学生"。以上队员都是每次参与比赛的主力成员。

6. 主要成效

2018年11月，光辉中心校参加"马边县首届文轩教育杯中小学生篮球比赛（小学组）"，获男子组冠军、女子组冠军；2019年11月参加"马边县第二届文轩教育杯中小学生篮球比赛（小学组）"，获男子组第三名、女子组冠军；2019年5月代表马边县参加"中国小篮球联赛暨乐山市中小学生篮球比赛（小学组）"，获U10男子组第五名，并获"道德风尚奖"；2019年11月参加"全国青少年冬夏令营（乐山站）暨乐山市小篮球俱乐部联赛"获U8组冠军；2020年10月参加"2020乐山市首届少儿篮球俱乐部联赛"，U8组获"五人挑战赛"亚军，U10组获"五人挑战赛"季军。并获得"道德风尚奖"和"优秀组织单位奖"；2021年6月5

日—6 日参加"四川省小篮球联赛·乐山赛区（中国小篮球系列活动）暨乐山市第二届少儿篮球俱乐部联赛"，获 U10 混合组冠军，U8 组位列小组第三名；2021 年 10 月 15—17 日代表乐山市参加"四川省小篮球联赛（中国小篮球系列活动）"，获"U10 混合组四川省冠军"；2022 年 1 月参加"乐山市第二届少儿篮球俱乐部联赛"，获"U10 组亚军"和"U10 组个人斗牛冠军"；2022 年 7 月，参加"奔跑吧少年"乐山市第三届少儿篮球俱乐部联赛获"U10 组冠军"，并被乐山市篮球协会评为"民族地区农村乡镇篮球特色示范学校"；2023 年 8 月，参加"川渝地区篮球邀请赛"乐山赛区比赛，获得亚军；2023 年 9 月，参加"2023 年乐山市中小学运动会校园篮球联赛"，获得小学组第一名；2023 年 12 月，参加"2023 年四川省第四届贡嘎杯青少年校园体育联赛"获总决赛亚军，同时在设施建设、教练团队培养等方面取得了显著进步。如今的光辉中心校小篮球队，已经成为当地乃至周边地区的一面旗帜。

小篮球锻炼了孩子们的身心，提升了孩子们的认知，陶冶了孩子们的情操。随着"小篮球"特色项目的蓬勃开展，大多数学生的学习习惯、卫生习惯、文明习惯、纪律意识及道德品质等有了较大的转变。

通过"小篮球，大体育"特色活动的开展，教练员们不断学习探索篮球比赛进攻中的方法技巧，归纳总结小篮球实战中的"三原则"技巧：高打矮，多打少，快打慢。提炼出了光辉小学"小篮球"精神，即教师层面：锲而不舍，业精于勤，不计得失，甘于奉献；学生层面：张扬个性，勤奋刻苦，勇于拼搏，不甘落后。学校号召全校师生传承并弘扬学校"小篮球"精神，推动学校各方面健康发展。

（四）点评解读

马边彝族自治县建设镇光辉中心校小篮球促成长案例通过"小篮球"项目在体育教育方面的实践，体现了健康中国战略和体育育人功能的多维度价值。

光辉中心校确保每个学生都有机会参与篮球运动，这有助于促进学生的身体健康和身体协调性。通过定期的篮球活动，学生能够在增强肌肉力量、提高心肺功能的同时，预防肥胖和疾病。篮球课和社团活动，不仅教授篮球技能，也培养学生的战术意识和决策能力，这些技能对学生未来的学习和生活都很有益。案例中提到的篮球社团和梯队建设，强调了团队合作的重要性。学生在篮球运动中学习如何与他人协作，共同为团队目标努力，这种团队精神可以迁移到日常生活和其他领域。学校通过篮球韵律操等创新形式，激发学生对篮球的兴趣，这种兴趣可能会伴随学生终身，促使他们养成终身参与体育活动的习惯。通过篮球运动，学生能够体验到成功的喜悦，增强自信心。同时，篮球运动也是释放压力、调节情绪的有效途径，有助于提升学生的心理健康水平。光辉中心校通过编排"篮球韵律操"等活动，将篮球运动与校园文化相融合，这不仅丰富了校园文化生活，也使篮球运动成为学校的特色之一。光辉中心校鼓励学生参与篮球比赛，并取得了一系列成绩。这种竞技参与不仅提升了学生篮球运动的水平，也促进了篮球运动在学生中的普及。案例中提到的学生个人成长故事，展示了篮球运动对学生个人品质的积极影响，如坚持不懈、勇于拼搏等。学校在各类篮球比赛中取得了优异成绩，并在设施建设和教练团队培养方面取得了进步，这些成效体现了学校体育工作的成果。光辉中心校通过"小篮球"项目，不仅锻炼了学生的身心，也提升了学生的综合素质。同时，学校也形成了自己的篮球文化和精神，这种文化和精神的培养对于推动学校整体发展具有重要意义。

马边彝族自治县建设镇光辉中心校的"小篮球"项目是健康中国战略在校园体育教育中的具体实践，其通过篮球运动促进了学生的身体发展、技能培养、团队合作、心理健康，并为终身体育奠定了基础。同时，该项目也展现了体育育人的多功能性，对学生的全面发展起到了积极作用。

（五）知识拓展

根据《"健康中国2030"规划纲要》，推进健康中国建设是实现全民健康的重要国家战略，其中全民健身运动被提到了重要位置[①]。篮球作为一项深受广大群众喜爱的体育活动，是健康中国战略的重要组成部分，对于增强人民体质、提高健康素养和生活质量具有积极作用。

一是具有促进身体发展的功能。篮球运动涵盖了跑、跳、投等多种身体活动，能够全面锻炼身体各个部位的肌肉群，增强心肺功能，提高身体素质。对于青少年来说，参与篮球运动有助于促进骨骼健康发育，增强体质。

二是具有技能培养的作用。篮球运动不仅要求基本的运球、投篮、传球等技能，还需要战术理解能力和团队协作意识。这些技能的培养有助于

---

① 中共中央 国务院印发《"健康中国2030"规划纲要》[EB/OL].(2016-10-25)[2024-10-06]. https://www.sport.gov.cn/gdnps/files/c25531179/25531211.pdf.

提高学生的反应速度、身体协调性以及解决问题的能力。

三是能够促进团队合作。篮球是一项强调团队协作的运动。在篮球运动中，学生可以学习如何与他人沟通、协作，理解团队目标的重要性，这些技能对于学生未来的社会交往和职业发展都非常重要。

四是有助于维持心理健康。参与篮球运动有助于缓解青少年的学习压力，提高情绪调节能力。通过体育活动，学生可以获得成就感和自信心，有助于形成积极乐观的心态。

五是促进终身体育习惯的养成。篮球运动因其普及性和趣味性，容易激发学生的体育兴趣，有助于培养其终身参与体育活动的习惯。这种习惯的养成对于提高国民整体健康水平具有重要意义。

国家出台了一系列加强体育工作的政策措施，旨在贯彻落实健康中国战略，促进全民健康。比如早在 1990 年，原国家教委颁布的《学校体育工作条例》，规定学校应当保证体育课和体育活动的时间，鼓励学校结合实际情况，开展多样化的体育项目，包括篮球[1]。2018 年教育部办公厅颁布的《全国青少年校园足球改革试验区基本要求（试行）》虽然主要针对足球，但体现了国家推广校园体育特别是集体球类项目的总体方向，篮球同样适用[2]。2019 年国务院办公厅印发的《体育强国建设纲要》，提出要提升青少年体育素养，广泛开展体育活动，使青少年熟练掌握至少一项体育运动技能[3]。2019 年国务院颁布的《健康中国行动（2019—2030 年）》，提出了包括中小学健康促进行动在内的多项行动，强调要提高青少年体质，其中包括通过学校体育活动促进健康[4]。2020 年中共中央办公厅和国务院办公厅颁布的《关于全面加强和改进新时代学校体育工作的意见》，强调要丰富体育活动内容，鼓励学校开展篮球等集体项目，增强学生体

① 学校体育工作条例［EB/OL］.（1990－03－12）［2024－10－06］. http://www.moe.gov.cn/srcsite/A02/s5911/moe_621/201511/t20151119_220041.html.

② 关于印发《全国青少年校园足球改革试验区基本要求（试行）》和《全国青少年校园足球试点县（区）基本要求（试行）》的通知［EB/OL］.（2018-08-20）［2024-10-06］. http://www.moe.gov.cn/srcsite/A17/moe_938/s3273/201808/t20180829_346499.html.

③ 关于印发体育强国建设纲要的通知［EB/OL］.（2019-09-02）［2024-10-06］. https://www.gov.cn/zhengce/content/2019-09/02/content_5426485.htm.

④ 健康中国行动（2019—2030 年）［EB/OL］.（2019-07-09）［2024-10-06］. https://www.gov.cn/xinwen/2019-07/15/content_5409694.htm.

质①。此外，许多地方政府也出台了相关地方性政策，鼓励和支持学校体育活动，特别是篮球等集体球类运动的开展。

（六）实践操作

1. 内容回顾：绘制本节内容回顾思维导图。

2. 头脑风暴：探讨如何挖掘和开发适合乡村学校特点的体育项目，以形成独特的体育教育特色。

3. 项目研究：结合对马边彝族自治县建设镇光辉中心校小篮球促成长案例的学习，请撰写一份具有家乡特色体育文化活动的课例，字数不少于1 000字。

三、罗城中心小学武术特色体育

（一）学校介绍②

犍为县罗城中心小学始建于1906年，是一所融合地域文化和现代教育理念为一体的百年老校，位于素有"东方诺亚方舟"之称的4A级景区船形古镇——罗城镇。罗城镇地处成都平原东南，有着悠久的历史文化，素有武术之乡的盛誉。自元明以来，习武之风甚浓。从清朝康熙年间起，罗城人代代以练武为能事，武馆林立，涌现了一大批科举武生，武术达到高峰时期。犍为县罗城中心小学始终坚持"润泽生命，行健致远"的办学理念，融合古镇浓厚的武术地域文化，以武术为办学特色，也一直致力于"最美学校""平安校园""和谐校园"的创建和打造，如今发展成了教育教学质量高、体育教育特色鲜明、具有一定影响的农村小学。

（二）案例背景

2016年6月15日，国务院颁布的《全民健身计划（2016—2020年）》，强调了传统文化的关键作用，同时也明确了武术教育对于青少年成才的重要性③。2016年9月5日，国家体育总局颁布实施的《青少年体育"十三五"规划》，指出将地方传统武术文化纳入学校体育教育中的重要意义④。

---

① 关于全面加强和改进新时代学校体育工作的意见[EB/OL].（2020-10-15）[2024-10-06]. https://www.gov.cn/zhengce/2020-10/15/content_5551609.htm.

② 案例材料由王飞整理提供。

③ 全民健身计划（2021—2025年）[EB/OL].（2021-08-03）[2024-10-06]. https://www.gov.cn/xinwen/2021-08/03/content_5629234.htm.

④ 青少年体育"十三五"规划[EB/OL].（2016-09-12）[2024-10-06]. https://www.gov.cn/xinwen/2016-09/12/content_5107582.htm.

2022年新颁布的《体育与健康课程标准》鼓励各地、各学校根据实际情况，灵活运用如武术等民族民间传统体育活动，以丰富和补充体育与健康教学内容，促进身心健康全面发展①。

作为地处"武术之乡"的学校，犍为县罗城中心小学通过调查发现，受罗城人习武传统的影响，大部分学生非常喜欢传统武术，但犍为县罗城中心小学没有专门的武术教材，只是偶尔开展武术活动，也没有系统开设传统武术课程，这导致犍为县罗城中心小学在地方武术的传承与发展方面起的作用不大，不能满足学生学习武术的愿望。

因此，犍为县罗城中心小学积极响应国家政策的号召，结合实际，发挥自身优势，深入挖掘和利用武术这一民族民间传统体育项目，发掘地方武术文化资源，修改、补充、完善教学内容，丰富校本课程资源，顺应体育课程内涵发展的需要，将传统武术引入小学课堂，努力将其融入日常体育教学中，充分发挥其独特的育人价值，全面培养学生素养，形成传统武术教育办学特色，传承好、发展好罗城特有的地方武术优秀文化，让中华武术和武术文化在孩子心中扎根、开花代代相传，着力培养更多热爱武术文化的新时代青少年。

（一）主要做法

1. 立足武术特色，打造武术文化

犍为县罗城中心小学校园文化建设突出武术办学特色，校园内的走廊、宣传栏、墙壁等都有"武术"的宣传海报、画册，充满武术元素。犍为县罗城中心小学融入武术文化内涵，注重武德的修养，要求学生"未曾学艺先学礼，未曾习武先习德"，赋予学生以民族精神、高尚人格和优良品德，树社会主义之魂，立民族之根。罗城中心小学围绕武德高、武旨正、武纪严、武风良、武礼谦、武志坚、武学勤、武技精、武仪端、武境美构建特色德育体系。

2. 增设武术课程，传承武术精神

犍为县罗城中心小学以武术课题研究为抓手，增设武术校本课程。2001年引进专业人员——国家一级武士、全国散打冠军徐上清担任武术教练。2014年起犍为县罗城中心小学开展了农村小学地方传统武术教材编写和课程设计研究，通过武术课例分析研究、个体跟踪研究、公开课研讨等

---

① 义务教育体育与健康课程标准（2022年版）[EB/OL].（2022-04-08）[2024-10-06]. http://www.moe.gov.cn/srcsite/A26/s8001/202204/W020220420582362336303.pdf.

实践研究活动，对初步形成的武术教材进行反复修改、完善，最终于2020年形成了《跟我学武术》系列教材，"武术"校本课程正式进入课堂、进入课表，各年级每周一节，成为常态化课程，做到了全员覆盖（见图5.1）。

图 5.1　农村小学地方武术教材

3. 创编武术体操，增强学生体质

犍为县罗城中心小学创造性地将武术操和麒麟灯作为大课间的特色内容，自创太极一套武术操和武术三字经，同时开展热身键子舞、麒麟武术操、武术健身操、活力跑步四项运动。武术体操把呼吸、冲拳、踢腿等元素编创到操里，让学生在打拳的时候出拳有力、弹踢紧凑、眼神与手配合、呼吸自如、抡臂有力、扎拳有气势，让学生们在了解和训练武术的同时，激发他们对武术的热爱，达到强身健体的目的。

4. 升级武术社团，传承非遗麒麟

为进一步落实国家"双减"政策，优化课后服务社团，犍为县罗城中心小学在加强传统艺术体育社团建设的同时，依托办学特色创建武术社团。武术社团主要项目有散打、跆拳道、武术套路、器械等；武术社团的成员在校内承接了各种活动的演出，并多次参加犍为县、乐山市、四川省的武术比赛，获奖不计其数。近年来，犍为县罗城中心小学为将武术办学特色进一步升华，结合罗城古镇悠久的麒麟灯文化还成立了少年麒麟灯社团。少年麒麟灯社团组织学生听讲解、看演示，还专门设计、定制各种服装，引进各种教具、设备，麒麟灯社团的教师们运用多种传承教学方法，通过对舞麒麟灯动作展示、难点动作分解，引导通过欣赏和实践，让学生掌握麒麟灯的基本技法，加强学生对麒麟灯文化知识的宣传，兴起弘扬和培育民族精神的热潮。

5. 取得的效果

（1）学校层面。一是依托队伍建设，提升社会影响力。经过不懈的努力，犍为县罗城中心小学得到了上级部门、周边学校和社会各界的一致好评。犍为县罗城中心小学竞技队伍和表演队伍积极参加社会实践和公益表演，队伍受罗城镇政府邀请，在重大节日及每月月初或月末于罗城古镇船形街古戏楼处表演等。二是依托武术品牌，各项比赛屡获佳绩。犍为县罗城中心小学参加四川省运动会连续两届被犍为县人民政府授予"突出贡献奖"，参加乐山市运动会连续三届被犍为县人民政府评为"先进集体"，被省教育厅授予"省级体育传统项目示范学校"，是"四川省中华国术传习基地"；从 2014 年起开展武术课题"农村小学传统武术文化传承与发展实践研究"，于 2021 年结题，并获得四川省二等奖、乐山市一等奖；2022 年参加四川省第十七届校园影视教育成果展示交流活动，其中《犍为县罗城中心小学武术麒麟灯特色办学宣传片》荣获校园专题类省一等奖；2022 年"麒麟少年武校园，五育融合耀嘉州"课后服务特色展示活动、2023 年"麒麟舞动促融合，民族团结放光彩"课后服务特色展示活动，均获犍为县一等奖。

（2）学生层面。犍为县罗城中心小学武术教育让学生们展现出了独特的乡村少年风采。2015—2024 年的 10 次体质与健康测试显示，学生在身体形态、生理功能和身体素质等多个指标上呈现逐年上升趋势；学生武术素养和体育运动能力快速提高，在各级各类体育运动比赛中取得了骄人的业绩：自 2003 年开始武术特色办学至今，犍为县罗城中心小学向四川省跆拳道专业队输送了 10 多名队员，向四川省武术队输送了 10 名队员，向四川省体育学院输送了 25 名体育专业学生；先后有两百多名学生在世界级、国家、省、市级运动会和专项比赛中获得金牌。近年来，犍为县罗城中心小学武术竞技队在四川省第十四届运动会中获得两金一铜的佳绩，在乐山市第八届运动会中获得武术散打七金九银、武术套路一金六银，在乐山市武术散打比赛夺取 8 枚金牌、10 枚银牌、11 枚铜牌，团体总分乐山市第一名，在第九届世界传统武术锦标赛中喜获 4 金 8 银 11 铜。

立足现在，展望未来，犍为县罗城中心小学将继续深化武术特色办学模式，不断提升学生的身心素质和武术技能水平，加强与国内外其他学校的交流与合作，共同推动武术教育在全国乃至全球范围内的普及和发展，书写新时代乡村振兴和人才培养的崭新篇章。

（四）点评解读

犍为县罗城中心小学的武术特色办学案例是一个将体育教育与文化传承、健康促进、教育创新等多重目标相结合的成功实践。

武术的学习和实践能够激发学生的身体运动智能，同时，武术的学习和表演，也能在一定程度上培养学生的音乐节奏感、空间感知能力等其他智能。通过武术的学习，学生能够在团队合作中学习社会交往技能，如尊重、合作、领导力等，这些都是社会化学习的重要组成部分。罗城中心小学通过校园文化建设，强化了武术的文化氛围，将武术精神融入学校的教育理念中。这种做法不仅有助于传承中国传统文化，也让学生在日常生活中不断接触和学习武术文化，从而培养学生对传统文化的认同和尊重。学校通过增设武术课程和创编武术体操，有效地将体育锻炼与课程教学结合起来，促进了学生体质的增强。武术作为一种传统的体育形式，对于提高学生的身体素质、协调性、灵活性等都有积极作用。罗城中心小学将武术作为常态化课程，有助于培养学生对武术的长期兴趣，为学生终身参与体育活动打下良好的基础。罗城中心小学通过武术特色教育，为所有学生提供了平等参与和学习的机会，体现了教育的公平性和包容性。罗城中心小学依托当地文化特色，将武术和麒麟灯等非物质文化遗产融入教育中，体现了教育的地域性和本土化。罗城中心小学在武术教学中进行了创新，如编写校本教材、创编武术体操等，这些创新举措使得传统武术教育更加适应现代教育的需求。武术社团和麒麟灯社团等实践活动，让学生有机会亲身参与和体验，这种实践性学习有助于学生更深刻地理解和掌握知识。罗城中心小学将武术教育与德育、体育、艺术教育等多个方面进行整合，形成了一个综合性的教育体系，促进了学生的全面发展。

犍为县罗城中心小学的武术特色办学案例是一个将传统体育与现代教育理念相结合的成功案例，它不仅传承了中国传统文化，也促进了学生身心健康的发展，体现了教育的多元化和综合性。

（五）知识拓展

地方传统体育活动融入中小学体育活动是体育教育领域中一个重要的议题，它不仅有助于传承和保护本土文化遗产，还能提升学生的体育兴趣和体质健康。从文化传承与教育理论视角来看，教育系统是文化传承的关键机构之一。通过将地方传统体育活动纳入课程，学生不仅能学习体育技能，还能了解和体验这些活动背后的文化意义和历史价值。这种教育方式有助于保持文化多样性，同时增强学生的文化自信。从体育与健康教育理论视角来看，体育活动对青少年的身体健康至关重要。地方传统体育活动往往结合了当地的自然环境和居民的生活习惯，具有独特的身体锻炼效果。例如，某些活动可能专注于提高柔韧性、平衡性或协调性，而这些都是传统体育活动可以特别强调的。从多元智能理论视角来看，加德纳认为，除了逻辑数学和语言智能外，身体运动智能也是人类认知的一个重要方面。地方传统体育活动可以激发学生的身体运动智能，帮助他们在体育领域内发展技能，这种技能的培养对其他智能的发展也有积极影响。从终身体育教育理论视角来看，鼓励学生在学校期间培养对体育活动的热爱，以便在毕业后继续保持体育活动的习惯。地方传统体育活动因其文化相关性和独特性，可能更能激发学生的兴趣，从而促进他们终身参与体育活动。从社会化学习理论视角来看，强调学习和发展的社会性质。通过参与地方传统体育活动，学生不仅可以学习体育技能，还能学到如何与他人合作、遵守规则和解决冲突，这些都是重要的社会技能。从教育公平与包容性理论视角来看，地方传统体育活动为学生提供了接触和学习本土文化的机会，这有助于确保教育内容对所有学生都是包容和可接近的。从教育的地域性与本土化理论视角来看，强调教育内容应与学生所处的地理、文化和社会环境相联系。地方传统体育活动的融入，使教育更加贴近学生的生活经验，增加了教育的相关性和吸引力。从教育的创新与适应性理论视角来看，教育需要不断适应社会的变化和学生的需求。地方传统体育活动在融入现代教育体系时，可能需要进行创新性的改编，以确保它们既保留了传统特色，又能满足现代教育的目标。从教育的实践性理论视角来看，实践性学习强调通过动手体验来获得知识和技能。地方传统体育活动提供了丰富的实践机会，使学生能够通过亲身体验来学习，这种学习方式比抽象的讲解更为有效，且令学生记忆深刻。从教育的整合性理论视角来看，教育意味着不同学科和活动之间应相互联系和支持。地方传统体育活动可以与艺术、历史、地理等其他学科整合，形成一个跨学科的学习体验，促进学生全面、均衡地发展。

民间武术与健身活动作为中国传统文化的重要组成部分，具有悠久的历史和深厚的文化底蕴，不仅能够强身健体，还承载着丰富的文化价值和教育意义。在学校体育教学中融入地方民间武术，对于培育和弘扬民族精神、促进青少年学生身心健康具有重要作用，有助于青少年了解和传承中华优秀传统文化，提高武术艺术的审美能力，增强民族文化认同感和文化自信；有助于学生了解自己家乡的文化特色，增强地方文化自豪感；有助于培养学生的意志品质和自律能力，学习如何与他人交流、合作，提高社交技能。国家对中小学武术教育给予了政策上的支持和指导。早在2004年，中宣部、教育部颁发的《中小学开展弘扬和培育民族精神教育实施纲要》明确规定："体育课应适量增加中国武术等内容。"[1] 2021年教育部办公厅也发布了《〈体育与健康〉教学改革指导纲要（试行）》，鼓励学校丰富体育教学内容，其中包括武术等传统体育项目[2]。

因此，将民间武术与健身活动等地方传统体育活动融入中小学体育教育，不仅可以丰富体育教学内容，还能促进学生在多个层面上的发展，包括身体健康、文化认同、社会技能等，提升综合育人的质效。

（六）实践操作

1. 内容回顾：绘制本节内容回顾思维导图。

2. 头脑风暴：探讨如何将体育课程与其他学科进行跨学科融合，丰富学生的学习体验。

3. 项目研究：结合对犍为县罗城中心小学的武术特色办学案例的学习，请撰写一份具有家乡传统体育文化活动的课例，字数不少于1 000字。

---

① 中小学开展弘扬和培育民族精神教育实施纲要[EB/OL].（2004-04-05）[2024-10-06]. http://www.moe.gov.cn/s78/A06/jcys_left/moe_710/s3325/201005/t20100527_88477.html.

② 《体育与健康》教学改革指导纲要（试行）[EB/OL].（2021-06-30）[2024-10-06]. http://www.moe.gov.cn/srcsite/A17/moe_938/s3273/202107/t20210721_545885.html.

第六章　乐山市学校美育及典型案例

　　美育，又称美感教育，是一种爱美的教育。它既是审美教育，也是情操教育和心灵教育，是培养人们认识美、体验美、感受美、欣赏美和创造美的能力的教育过程，潜移默化地影响人的情感、趣味、气质、胸襟，激励人的精神，温润人的心灵①。

　　美育的概念最早是由德国古典美学重要代表席勒在 1795 年的《审美教育书简》中提出的②。美育不仅指艺术教育，它还广泛地涉及思想教育、道德教育、精神教育等多个层面，对人的全面素养有着深远的影响。

　　美育包括：①审美能力的培养，通过教育提升个体的审美能力，使人们能够认识和理解美，进而欣赏和创造美；②情操教育，涉及对个体情感的培养，通过对美的体验和感受，培养出高尚的情操和品格；③心灵教育，利用审美活动本身所具有的感染力，塑造美好心灵，促进个体内心的和谐与平衡；④全人教育，美育具有促进人的全面发展的功能，不仅局限于艺术领域，而且渗透到日常生活的方方面面，包括言谈举止和礼仪规范。

　　美育可以帮助乡村学生发现乡村文化和自然之美，激发他们对乡村文化的自信和自豪感，同时也能够提高他们的创造力和想象力，为乡村文化振兴和创新发展提供源泉。

---

　　①　关于全面加强和改进学校美育工作的意见 [EB/OL].（2015 - 09 - 15）[2024 - 10 - 06]. https://www.gov.cn/zhengce/content/2015-09/28/content_10196. htm.

　　②　朱立元. 把握美育内涵 塑造美好心灵（美育）[N]. 人民日报，2018-10-19（24）.

第一节　乐山市学校美育

乐山市统筹资源服务学校艺术工作，遴选中小学美育副校长23名，校外文化（美育）辅导员86名，命名市级美育教育试点示范基地校园21所。乐山市创建市级曲艺传承发展基地学校16所，创建四川省艺术特色学校19所、美育实践基地2个、优秀学生艺术团5个，评选优秀传统文化艺术传承学校7所；建成乐山市艺术教育特色学校19所，优秀学生艺术团73个。乐山市认真组织学校参与全国第七届中小学生艺术展演、中国第十一届曲艺节、四川省第九届管乐展示活动、西部学校音乐周、第二届省级青少年书画传习大会等活动，获得优秀组织奖1个、一等奖5个、二等奖4个、三等奖10个。

第二节　乐山市学校美育典型案例

一、乡村生态美育

（一）峨边彝族自治县金岩乡中心小学自然美育案例①

1. 学校介绍

金岩乡中心小学始建于1958年，地处神秘的黑竹沟山脚下，是一所有着60余年办学历史的彝族农村义务教育学校，结合民族地区特色和实际情况，开展了特色美育课程。

2. 案例背景

随着国家对美育课程的高度重视，大力开展美育课程成为学生实现全面发展与多样化成长的需要。在新课标背景下，美育是小学教育的关键组成部分，也是"五育并举"育人模式中的关键内容。美育是培养人认识美、体验美、热爱美和创造美的能力的教育，对帮助学生树立正确的人生观、价值观具有重要意义。为充分发挥美育课程的重要作用，峨边彝族自治县金岩乡中心小学把美育课程纳入了重要教学内容。

---

① 案例材料由潘佳旭、张华整理提供。

3. 主要做法

（1）乡土美育浸润校园

自 2015 年开始，学校以"乡村少年宫活动"为载体，开展美术课外兴趣小组。利用天然的教学环境，学生去大自然里搜集各式各样的树叶，用胶水、卡纸等材料拼贴出自己喜爱的图案来。彝族孩子们动手能力强，制作好的手工作品在学校艺术节进行展示，提高了学生对美育课程的兴趣。在兴趣课上，老师带领学生去河边捡拾形状各异的石头，在石头上用五彩的颜料画出有趣的图案，"石头画"就是学生对自然美的艺术表现方式（见图 6.1）。

图 6.1 "石头画"作品

在经过一段时间的练习后，老师就带着孩子们写生，看到什么就画什么，大山、树木、溪流等都是学生最好的绘画素材，让孩子们切实感受大自然不同事物的造型结构，既锻炼了孩子们的观察能力，又能培养孩子们的专注力。这样对其他学科的学习都有极大的帮助作用。尤其是想象画、科幻画的学习，可以丰富孩子们的联想力和想象力，锻炼孩子们的思维能力，有着其他学科不可替代的作用。

为响应国家号召，顺应教育趋势，在"双减"政策下，学校开设了美术社团。美术社团结合"点石成金，千岩竞秀"的校训，以金岩的"岩"字衍生出校园文化——山水文化。学校利用学生自身优势和当地特色，根据山水文化，设立"灵感来源于生活、画面来源于文本"的儿童画与国画结合的特色社团。在绘画中孩子们不仅能体会到中国传统绘画带来的自然、古朴的独特韵味，还在学习的过程中变得专注、沉稳、果敢，同时也能在潜移默化中修身养性。

（2）公益美育浸润乡村课堂

2023 年 5 月，Artlink 艺术花园远程公益教育项目执行组来到学校调研远程公益艺术教育项目，开展了教育教学回访、调研工作和线下送教活动，实行优质教育教学资源共享。2024 年 3 月，Artlink 艺术花园远程公益教育项目正式开始线上教学模式，授课时间为每周一、周三下午 1 点到 2 点半。线上教学由一批来自浙江绍兴职业技术学院的优秀学生志愿者为孩子们授课。老师在课堂上把传统节日与诗歌进行巧妙结合，让学生感受各地民俗风情，让孩子们在诗词歌赋中近距离感受到了中华优秀传统文化。孩子们在不断了解传统文化的同时，提升了自身的绘画水平与文化底蕴，培养了对民族文化的尊崇。远程公益教育项目不但为乡村美育教学的创新与发展带来了新思路，还让乡村儿童进一步感受到了美育的魅力。

（3）主要成效

学校美育课程多元化的开设，让一些原本不自信、不爱学习的孩子们，发现了自己的特长。通过不断努力，孩子们多次在各项绘画比赛中获奖，得到了大家的认可，变得自信起来，学习成绩也逐渐提高了。美育课程在形成学生创新精神和技能技法意识，促进学生个性形成和全面发展等方面有着其他学科不可替代的作用。近年来学校相继参加省、市、县各级艺术活动以及课后服务成果展等，荣获多项个人和集体奖。2015—2018 年上海少年儿童科普微童话（插画）竞赛，学校有多人获奖，其中一等奖一名，二、三等奖 8 名，优秀奖 21 名；2023 年学校组织师生参加由四川省地震局举办的"防震减灾科普作品大赛"实物类作品获得省级奖项。在进行校园文化环境提升改造时，在教室外、寝室里、楼梯间点缀一幅幅充满童真、童趣的儿童画获奖作品，为校园增添文化的魅力、艺术的韵致，提高师生的艺术素养，塑造师生高雅气质，促进师生全面发展。

几年的努力让学校旧貌换新颜，素质教育之花竞相开放，学校教育教学质量稳步提升。回顾学校发展历程，展望学校未来，学校将始终坚持以"仁德为本，创新发展"的理念大力开展社团活动，推动素质教育实践，助力学校富有内涵、特色的发展之路，校园面貌日新月异，师资队伍与时俱进，莘莘学子茁壮成长，办学特色不断彰显。一所充满生机和活力的彝族农村小学，在素质教育这幅画卷中留下浓墨重彩的一笔。

4. 点评解读

这个案例展示了一所乡村学校如何通过各种美育活动来丰富学生的校园生活，并与公益教育项目相结合，提升学生的艺术素养和文化认同。

通过美术课外兴趣小组和美术社团活动，学生在创作过程中体验到审美情感的愉悦，增强了对美的感知和欣赏能力。写生活动锻炼了学生的观察能力和专注力，有助于提升学生的认知发展，尤其是在想象画和科幻画的学习中，写生活动丰富了学生的联想力和想象力。美育活动不仅提升了学生的艺术技能，还有助于培养学生的专注、沉稳和果敢等人格特质，符合审美人格理论中通过艺术活动促进个人全面发展的观点。美育活动涉及视觉空间智能和身体运动智能，通过手工制作和绘画，学生在这些智能领域得到了发展。美育活动考虑到学生的年龄特点和兴趣，如利用当地自然材料进行创作，体现了发展适宜性实践中教育活动应当适合儿童的发展水平。学生通过亲身体验和实践，如搜集树叶、泥土制作手工，以及在石头上绘画，这种体验学习有助于学生对美的理解更加深刻。通过公益教育项目，学生接触到了中华优秀传统文化，这种社会文化的互动促进了学生对文化传统的理解和认同。美育活动鼓励学生发挥创造力，如在石头上绘制图案，以及结合国画和儿童画的特色社团活动，都有助于培养学生的创新思维。美育活动与语文、历史等学科相结合，如通过诗歌和传统节日的学习，实现了跨学科的综合教育。美育为学生提供了自我表达的平台，学生可以通过绘画和手工制作表达自己的情感和想法。在美育活动中，学生被鼓励对艺术作品进行分析和评价，这有助于培养他们的批判性思维能力。

金岩乡中心小学的乡土美育典型案例展示了美育在培养学生审美情感、认知、人格、创造力等方面的重要作用，同时也体现了美育在促进学生跨文化理解和批判性思维发展中的潜力。通过与公益教育项目的结合，学校为乡村儿童提供了更多元化的美育资源，有助于缩小城乡教育资源差距，提升乡村儿童的整体素养。

5. 知识拓展

美育，或称审美教育，是指通过艺术和美的体验来培养人们的审美感受、审美判断和审美创造能力的教育，并最终形成健全的人格特质。美育在人的全面发展中占有重要地位，它不仅能够提升个人的文化素养，还能够促进情感、道德和精神的发展。美育被视为教育的"磨刀石"，它不仅关乎审美教育、情操教育和心灵教育，还涉及思想教育、道德教育和精神教育。美育是培养学生创新精神和爱国主义情怀的基础，它深度嵌入中华优秀传统文化，并与社会主义核心价值观全面融合，对学生的言谈举止和礼仪规范具有重要的打磨作用。

在春秋战国时期就有"以诗为乐，以礼为乐，以乐为乐"等美育实践[①]。王国维率先提出"美育"一词，后经蔡元培推广实施美育，梁启超、丰子恺、朱光潜等人的美育教育思想，为美育教育在学校的实践提供了理论与知识的准备。1999年发布的《中共中央 国务院关于深化教育改革全面推进素质教育的决定》倡导素质教育，美育作为其中核心内容得到内涵式发展，明确了美育在国家教育方针中的地位[②]。2015年国务院办公厅《关于全面加强和改进新时代学校美育工作的意见》是新中国成立以来首份专门部署改进学校美育工作的系统文件，提出了加强顶层设计、聚焦突出问题、明确改革发展的重点任务等要求[③]。《关于全面加强和改进新时代学校美育工作的意见》发布后，各地积极响应，出台相关文件，推动美育工作的进展。2019年《教育部关于切实加强新时代高等学校美育工作的意见》强调了美育在高等教育中的重要性，提出了高校美育工作的总体要求、重点任务和主要举措，包括强化普及艺术教育、提升专业艺术教育、改进艺术师范教育等[④]。

美育虽然是"五育并举"的重要组成部分，被上升到国家教育方针层面，但是学校美育工作还面临着不少挑战：比如部分地区和学校对美育的重要性认识不足，影响了美育的全面开展；美育教师数量不足，且缺乏系统的专业培训，影响了美育质量；美育课程设置不够合理，缺乏足够的课时支持，教学设施设备相对陈旧；现行的以分数为主导的评价机制，对美育的发展构成了一定的制约，加强美育活动有形式化的倾向，美育的质量有待提升。学校需要通过提高思想认识水平、加大美育教师配备、深化教育教学评价改革、加大资金投入等措施，进一步提升美育的质量和效果，促进学生的全面发展。

6. 实践操作

（1）内容回顾：绘制本节内容回顾思维导图。

（2）头脑风暴：探讨在预算有限的情况下，乡村学校如何有效利用现

---

① 卢海果. 中华美育精神的内蕴与价值［N］. 中国艺术报，2022-06-20（5）.

② 中共中央 国务院关于深化教育改革全面推进素质教育的决定［EB/OL］.（1999-06-13）［2024-10-06］.https：//www.cse.edu.cn/index/detail.html？category=129&id=2281.

③ 关于全面加强和改进学校美育工作的意见［EB/OL］.（2015-09-15）［2024-10-06］.https://www.gov.cn/zhengce/content/2015-09/28/content_10196.htm.

④ 关于切实加强新时代高等学校美育工作的意见［EB/OL］.（2019-04-11）［2024-10-06］.http://www.moe.gov.cn/jyb_xwfb/gzdt_gzdt/s5987/201904/t20190411_377509.html.

有资源进行美育。

（3）项目研究：借鉴金岩乡中心小学美育典型案例，请同学们结合家乡自然资源，撰写一份小学生的美育实施方案，字数不少于1 000字。

二、乡土文化美育

（一）峨眉山市罗目镇小学文化美育案例①

1. 学校介绍

峨眉山市罗目镇小学现位于峨眉山市罗目镇火神庙街49号，始建于1905年，即清朝光绪三十一年，是一所百年老校。学校占地10 143平方米，建筑面积6 921平方米，建有教学楼两幢、办公楼一幢，功能室齐全，是融学园、花园、乐园为一体的"三园"式学校。学校现有小学一所，幼儿园一所。学校有教学班10个，在校小学生和学龄前儿童近500人，教职工35人，其中高级教师12人，一级教师12人，二级教师11人，县、市级骨干教师2人。

近年来学校坚持以习近平新时代中国特色社会主义思想为指导，全面贯彻党的教育方针，以立德树人为根本任务，紧紧围绕"打造'礼学'品牌，创建'莲萧'特色"办学目标，强化教师队伍，发展素质教育，以特色校本课程为学校发展突破口，全面提高办学水平和教育质量，实现了学校特色发展。

近年来，学校多次获教学质量一等奖；"乐山市宣传阵地建设先进单位"；连续九年获校本研训优秀奖和学校综合评价优秀奖；2023年获"四川省级绿色学校"称号；2023年被命名为"乐山曲艺优秀文化传承基地"；学校党支部获先进基层组织；保持了"科技创新示范学校"和"市文明单位"的光荣称号。

2. 案例背景

（1）时代背景。习近平总书记指出，中华优秀传统文化是中华文明的智慧结晶和精华所在，是中华民族的根和魂，是我们在世界文化激荡中站稳脚跟的根基②。中华优秀传统文化既是学校最深厚的文化软实力，也是

---

① 案例材料由阮龙芳整理提供。

② 中共中央党史和文献研究院，中央学习贯彻习近平新时代中国特色社会主义思想主题教育领导小组办公室. 2023习近平新时代中国特色社会主义思想专题摘编［M］. 北京：中央文献出版社，2023：327.

贯彻落实"为党育人、为国育才"要求的沃土。大力传承发展中华优秀传统文化，坚定文化自信是学校的历史使命。传承古镇本土优秀文化，罗目镇小学义不容辞。

（2）地域特征。罗目镇小学坐落在文化底蕴深厚的历史文化名镇——罗目古镇，古镇依江而建，不仅孕育了一代又一代的优秀文人，如中国著名的翻译家和文学家金满城、"红色报人"王达非、"刑法泰斗"伍柳村，以及文学艺术界、教育界等方面的名人林之达、张文源、林木、杨万祥等，还盛行"打莲箫"（四川非物质文化遗产）。萃取本地优秀传统文化与学校文化相融合，促进学校特色发展，罗目镇小学有得天独厚的条件。

3. 主要做法

"打莲箫"是罗目古镇本土优秀文化，是四川省非物质文化遗产，起源于隋朝年间，打法多样，风格独特，深受古镇老百姓的喜爱。打莲箫不仅能强身健体，更重要的是还能培养学生审美情操，实现美育的育人功能。近几年来，学校将校园文化与本土文化"打莲箫"相融合，与学校阳光体育活动相结合，积极开发打莲箫特色课程，助推学校美育工作，实现了学校特色发展。罗目镇小学根植、传承与弘扬本土文化的做法得到了肯定与推荐。

（1）组建社团，营造美育氛围。

2015年学校经费极其紧张，"打莲箫"所需要的器材、服装成为学校发展美育遇到的最大的问题。如果全校四百多名学生一起参与，仅器材费用就接近两万元，服装花费接近两万元。经学校行政会反复研究决定，先以社团形式开展，从新生入手，力争罗目镇小学的学生人人知莲箫，人人舞莲箫，营造美育氛围。2015—2018年，每年六一儿童节，莲箫社团在操场上展示，得到全体师生及家长、社会的好评，让他们认识到特色美育能给孩子带来自信、阳光，也为2019年9月全校特色课程莲箫的开启，做好了铺垫。

（2）开发莲箫特色课程，推进学校特色美育发展。

莲箫社团的表演，培养了社团所有学生认识美、体验美、感受美、欣赏美和创造美的能力，提升了学生的综合素养，成效显著，得到学校上级、全体师生、全体家长和社会人士的高度认可。在此氛围下，全体参与莲箫，实现特色美育的条件成熟。经行政联席会研究，并征求教师会、家长会的意见，最终决定了2018年9月全面讲授莲箫特色课程。学校在经费极其有限的情况下，最终决定：器材自己做，每个学生交纳 10 元的材料费，服装由学生自己购买。古镇传统的莲箫器材制作非常复杂，极易损坏，又不好修补。为了节省制作器材的费用，同时便于器材的制作和修补，教师们在器材上进行了创新，全体幼儿园教师充分利用暑假一个多月的时间，完成 500 副莲箫器材的制作。

万事俱备，只欠东风。传统的莲箫舞复杂，在全体学生共同参与的情况下，动作难以整齐。于是编排莲箫舞的老师进行修改，在传承古镇非遗文化的基础上进行了创新，选择的音乐也较为轻快。在校长阮龙芳的指导下，编排莲箫的老师编写了莲箫校本读本，收录莲箫音乐与唱词。第一套莲箫操比较传统，亦步亦趋；第二套莲箫操学生开始变换队形，姿势灵动，迎风起舞；第三套莲箫操边唱边舞，充满童趣。

全校 400 名学生手持莲箫，顺着节奏，从头打到脚，从前打到后，敲击肩、背、脚、头、臂、腰、腿等形成舞、打、跳、跃的连续动作，发出清脆的响声，气势震撼，蔚为壮观。

（3）取得效果

近几年来四川教育导报、乐山教育、乐事 TV、乐山新闻网、峨眉山融媒体中心、微峨眉头版，相继报道学校莲箫特色课程，实现学校特色发展与品牌效能同生共长。一是实现了非遗文化、学校文化、学校美育三结合，提升了学校整体办学水平。莲箫操被编为学校大课间活动的其中一个项目以后，从非遗文化传承层面来说不仅让学生对古镇非物质文化有了更深的了解，还在学生的心里播下了非遗保护的种子，建构了非遗传承的长效机制；从学校文化层面来说，莲箫现已经成为罗目镇小学的特色校园文化，古镇非遗文化在学校得到了彰显；从学校美育层面来说，莲箫不仅发展了学生观察能力、想象能力、形象思维能力和创造力，还培养了学生综合素养，形成学校的特色美育。

二是丰富了学生课余生活，为学生认识自我、展示自我、愉悦自我提供了舞台。"打莲箫"与阳光体育结合后，校园内随时可见孩子"打莲箫"的身影；开启课后服务后，"打莲箫"也成为罗目镇小学一年级周三下午社团活动，深受孩子们喜欢，美育特色育人功能得以彰显。在政府支持下，孩子多次登台表演，为学生展示自我提供了舞台，为古镇的非遗文化的传承与创新营造了良好的氛围。2019 年 12 月 30 日，在 2020 年四川省"百万群众迎新登高"健身活动乐山市分会场暨峨眉山市 32 届"体彩杯"

迎新年全民健身冬季长跑活动中，学校六年级的学生表演了打莲箫，展示了古镇非遗义化；2020年9月，在第六届中国（四川）国际旅游投资大会和第七届四川国际旅游交易博览会期间，学校莲箫队用莲箫舞迎接到访的外宾，为古镇文化添彩。

三是凸显本土优秀传统文化，彰显了学校特色，拓展了育人途径。2021年3月18日教导导报记者倪秀、何文鑫进校园，专访学校特色课程莲箫、礼学德育课程、农耕劳动，并在教育导报第36期上专版报道。学校创建美育特色的做法为农村小学特色创建探索了一条有效路径。

四是汲本土文化，建美育特色。学校开辟了一条适合本校特色发展的路径，它不仅实现了非遗文化的传承与创新，进一步推进了文化建设，同时它还实现以美育人，以文化人，进一步提高了学生审美情操和文化素养。

4. 点评解读

罗目镇小学通过将本土文化"打莲箫"融入校园文化和美育教育的做法，体现了美育教育的多个核心理念和实践价值。

罗目镇小学通过"打莲箫"活动，不仅促进了学生身体健康，还培养了学生的审美情感和审美能力，体现了美育在全人教育中的重要角色。通过参与"打莲箫"活动，学生能够体验到艺术带来的情感表达和情感交流，有助于情感的健康发展。教师们在器材制作上的创新，以及莲箫舞的编排创新，展示了美育教育在激发学生创新思维方面的潜力。"打莲箫"作为四川省非物质文化遗产，其在学校的传承和弘扬，增强了学生对本土文化的认同感和自豪感。学校通过社团活动和特色课程，将美育教育与社会实践相结合，让学生在参与中学习，体验社会文化。学校鼓励学生参与社团活动，尊重学生的个性选择，为学生提供了个性化的美育体验。在学习"打莲箫"的过程中，学生不仅能学习技艺，还可能被鼓励去思考和评价艺术作品，培养批判性思维。学校积极开发和利用本土美育资源，通过社团活动和特色课程，有效地利用了有限的资源，创造了丰富的美育体验。面对经费紧张的挑战，学校采取了创新的解决方案，如自制器材和学生自购服装。这不仅解决了经济问题，也培养了学生的动手能力和自我管理能力。学校的努力得到了社区的广泛认可，这表明了美育教育在社区中的重要地位，以及社会对美育价值的认同。

罗目镇小学的案例展示了美育教育在培养学生综合能力、情感、创新思维和文化认同方面的重要作用，同时也体现了学校在资源有限的情况下如何通过创新和社区参与来推动美育教育的实践。这种做法值得其他学校借鉴和学习。

5. 知识拓展

美育教育是一种全面而深入的培养方式，它通过艺术和美的体验，致力于提升学生的审美感受力、创造力和审美判断力。这种教育形式不仅有助于促进学生情感的发展和个性的塑造，还致力于激发学生创新思维和提升其文化素养。美育与全人教育的理念紧密相连，是其中不可或缺的组成部分，它关注学生在情感、智力、身体和社会性各方面的全面发展。

美育教育的意义和作用是多维度的。它不仅帮助学生通过艺术作品和美的体验来表达和理解情感，培养同情心和人文关怀，而且通过艺术创作和审美体验激发学生的想象力和创造力，这对培养创新思维至关重要。此外，美育还是建立文化认同，促进文化多样性的重要途径。学生可以通过美育更好地理解和欣赏自己和他人的文化。美育教育还应鼓励学生参与社会实践，如社区艺术项目，以及与语文、历史、地理等其他学科相结合的跨学科学习，这些都是深化对美的认识和体验的有效途径。

为了更有效地开展美育教育，需要多方面的支持和参与。学校应积极开发和利用校内外的美育资源，教师也应不断提升自己的艺术专业知识和跨学科教学能力。政府和社会应提供必要的政策支持和资源投入，鼓励社会各界参与美育教育，共同推动美育事业的发展。同时，美育的评价体系应注重过程和体验，而不仅仅是结果和技能的展示。在数字时代，美育教育还应融入现代技术，如数字艺术和多媒体，以吸引学生参与。

美育教育的实施还需要依据一系列相关理论和主要观点，包括审美情感理论、审美认知理论、审美人格理论等，这些理论强调了美育在丰富情感体验、提升认知能力和影响品格形成方面的作用。霍华德·加德纳的多元智能理论和维果茨基的社会文化理论，进一步阐释了艺术在智能发展和社会交往中的重要性。发展适宜性实践和体验学习理论指导教育者根据儿童的年龄和发展阶段设计美育活动，以确保活动既吸引儿童兴趣，又促进他们的发展。积极心理学和自我表达理论则突出了美育在促进个体积极情感、幸福感以及提供自我表达平台方面的作用。批判性思维理论则鼓励学生对艺术作品进行深入分析和评价，培养审美判断力。综合这些理论和观点，教师可以设计出激发学生兴趣，促进他们全面发展的教育活动，帮助学生形成对美的感知和欣赏能力，同时提升他们的创造力、批判性思维和社会交往能力。

6. 实践操作

（1）内容回顾：绘制本节内容回顾思维导图。

（2）头脑风暴：探讨如何激发乡村地区学生对艺术的兴趣和热情。

（3）项目研究：借鉴罗目镇小学"打莲箫"美育典型案例，请同学们结合农乡民俗活动，撰写一份活动类的小学生美育实施方案，字数不少于1 000字。

（二）犍为县敖家中心小学棋类文化美育案例①

1. 学校介绍

走过沧桑岁月，历经世纪辉煌，犍为县敖家中心小学已走过了百年风雨历程。学校始建于1911年，坐落在犍为县北大门，与五通桥区、井研县相邻，占地面积8 430平方米。学校现有教学班8个，学生306人，教师26人，均为专科及以上学历。

犍为县敖家中心小学于1996年建成县级文明单位和卫生单位，2000年被命名为省级教师职业技能示范单位，2005年建成乐山市校风示范学校，多次被主管部门评为安全先进集体，多次获评犍为县素质教育督导评估优秀学校。学校办学条件良好，基础设施齐全，校园布局合理，育人氛围浓厚。"风劲帆满海天阔，俯指波涛更从容"，犍为县敖家中心小学"以诚载教，惠泽学子"。

2. 案例背景

犍为县敖家中心小学是一所典型的农村小学，由于条件所限，学生普遍没有什么兴趣爱好，回家后要么捧着手机打游戏、刷视频；要么坐在电视机前看电视。为此，培养学生高雅的兴趣爱好，为学生的未来生活奠定幸福的基础，成为学校思考的问题。2013年9月，犍为县敖家中心小学成立乡村少年宫，在成立之初，学校开设了棋类、书法、舞蹈、合唱、诵读等兴趣小组，开展了各种兴趣活动，但学校是由于条件所限，开展的活动收效甚微。但学校通过实践探索，发现小棋盘蕴含着大智慧，下棋可以让学生静下来，可以开发他们的智力，对于锻炼学生的耐挫能力，提高沉着冷静、积极向上等意志品质都有积极的作用，同时围棋、象棋也是中华民

---

① 案例材料由杨勇才整理提供。

族的文化瑰宝，传承了中华优秀传统文化。因此，学校结合实际情况，在全校开展围棋、象棋活动。

2014年，犍为县敖家中心小学按照教育局提出的"一校一品，一校一特色"的办学要求，逐渐围绕棋类开展活动，建成了以棋类为特色的学校，在全体学生中开展围棋、象棋培训活动。为进一步凸显学校特色，学校从师资培训、课程建设、课堂教学、经费保障等方面做了大量工作：定期对全体教师进行技能培训，提高教师的水平；编写校本教材，供学生训练使用；在校本课时中安排一节围棋课、一节象棋课，保证有充足的教学时间；每学期开展校园棋王比赛，颁发奖状奖品；学校预留充足的经费，保障学生参加犍为县、乐山市的各种比赛活动以及训练器材的购买，学校已累计投入经费5万余元。

经过近10年的坚持，犍为县敖家中心小学的棋类特色已经在犍为县名声初显，多次在犍为县中小学生棋类比赛、犍为棋院举办的迎春杯围棋和象棋比赛中获得好成绩。初步形成了自己的特色，受到上级主管部门的肯定、家长的认可及社会的好评。

3. 主要做法

（1）师资建设

学校根据现有的师资，把学校老师分成低段组、中段组、高段组，分别负责对学生开展指导培训。学校还与犍为棋院联系，聘请棋院专业教练到校对师生开展培训，使教师的指导水平更加专业化、系统化，使学生能获得正规训练。

（2）课程建设

犍为县敖家中心小学把棋类活动课程化，确保了学校特色的可持续发展，扎扎实实走实每一步。每个训练组认真制订教学计划，把棋类训练纳入学校课表，进课堂，保证教学训练时间。

一是组织编写校本教材。学校老师历时近一年，编写了《围棋教材（初级篇）》《围棋教材（中级篇）》，并于2018年印刷成册，供教学使用。

二是实施分层教学。一、二年级为起步层，开展棋类规则、下棋习惯、棋子的基本走法训练，主要目的是培养学生良好的下棋习惯，激发学习围棋、象棋的兴趣；三、四年级为发展层，这一阶段主要通过训练教给学生下棋的基本原理、基本布局和基本杀法，同时进行棋类文化知识传授，渗透下棋与为人处世的道理，培养学生良好棋德棋品；五、六年级为提高层，在前两个阶段的基础上，学生已经掌握了一定的下棋知识，这个阶段就可以教给学生战术的综合运用及各种棋子的配合，锻炼学生处理全局与局部、进攻与防守、虚与实、舍与得等关系的能力，将逻辑思维与形象思维结合起来，培养学生纵观全局的能力，进行棋理、棋文、棋韵等棋文化的学习，使学生明棋理、懂棋道，学会为人处世的道理。

（3）活动开展

学校每年设计并开展丰富多彩的棋类活动，形成常态化的棋类活动模式，构建棋类特色教育体系，让孩子们在活动中收获，在活动中成长。

学校在每学期临近期末时举行棋类汇报展示活动，开展棋类比赛，评选校园"棋王"。学校建立健全学校考段、考级制度，颁发校园段位棋手称号，邀请父母长辈切磋棋艺，开展亲子对抗赛，邀请社会人士参加校园棋类比赛、交流活动，扩大社会影响面，提高社会影响力（见图6.2）。

图6.2　校园棋类比赛

（4）营造氛围

环境是最好的老师。一走进犍为县敖家中心小学的校园，就能感受到浓郁的棋文化氛围，围墙上、楼梯间、走廊上、墙壁上经典残局、围棋起源、象棋介绍随处可见。棋艺文化已经成为一种校园文化，经敖家中心小学全体师生用心、精心设计，它已然成为师生们生活中密不可分的一部分，并深深影响着孩子们的学习和生活。

（5）特色成果

通过连续几年坚持不懈的努力，犍为县敖家中心小学的特色初步形成，在犍为县中小学生棋类比赛中多次获奖。2017 年 2 月，犍为县敖家中心在犍为县中小学棋类比赛中，获小学象棋团体第二名、围棋团体第五名；2018 年 5 月，在犍为县中小学棋类比赛中，获小学围棋团体第五名、象棋团体第七名，并获得优秀组织奖；2019 年 5 月，在犍为县中小学棋类比赛中，小学围棋、象棋均获小学团体第三名；2023 年 4 月，在犍为县中小学棋类比赛中，获小学围棋团体第五名、象棋团体第三名，同时获得了优秀组织奖，学校选派的 5 名象棋选手有 4 人获得个人赛前八名。2023 年犍为县敖家中心小学被犍为县教育局授牌棋类重点项目基地学校。

犍为县敖家中心小学通过棋类训练，锤炼了学生的意志品质，提高了学生的整体素质。课余饭后，随处可见专心对弈的小棋手。犍为县敖家中心小学将行棋规则与学生日常行为规范相结合，开展下棋文明礼仪教育，培养学生良好的行为习惯。学生学习棋子按一定的规则行走，对弈才能有序进行。行棋如此，学生在学校也应该按照一定的要求行事，这样学校才能秩序井然，同时通过下棋，也让学生明白了在同一张棋盘，相同兵力、棋子的情况下，只有通过自己周密思考、缜密判断、仔细计算才能获得胜利，这样赢了高兴，输了心服，有良好的耐挫能力。在 2023 年进行的心理健康测试中，犍为县敖家中心小学的学生没有一例心理方面有异常的现象，学校学生表现出了良好的耐挫能力。

4. 点评解读

犍为县敖家中心小学的棋类教育案例体现了美育在中小学教育中的多元化价值和深远影响。

棋类活动作为中华优秀传统文化的重要组成部分，敖家中心小学通过师资建设和课程开发，不仅向学生传授棋艺技能，而且在无形中培养了学生对中华优秀传统文化的认同和尊重。学生在学习棋类的过程中，自然而然地接触和吸收了中国的文化精髓。棋类运动要求参与者具备严密的逻辑思维和策略规划能力。敖家中心小学通过系统的教学计划和校本教材，使学生在棋局对弈中锻炼了逻辑思维，学会了如何根据局势变化灵活调整策略。棋类竞赛中常有输赢，敖家中心小学通过棋类活动让学生学会面对胜负，培养了学生的心理素质和情绪管理能力。这种能力对于学生未来的社会适应和个人成长都至关重要。棋类活动虽然主要是个人对弈，但敖家中心小学通过组织棋类比赛和团队活动，促进了学生之间的交流与合作，提升了学生的社交技能和团队协作精神。敖家中心小学将棋类运动与道德教育相结合，通过棋类规则和礼仪教育，培养学生的体育精神和道德规范。学生在棋类活动中学会了尊重对手、遵守规则，这有助于他们形成正直的人格。在棋类教学中，敖家中心小学鼓励学生创新思考，不拘泥于固定模式，这有助于激发学生的创新思维。同时，面对棋局中的各种问题，学生需要独立思考解决方案，这种训练有助于提升学生解决问题的能力。敖家中心小学将棋类教育与美育、德育、智育等其他教育领域相结合，形成了一个综合性的教育模式。棋类活动让学生在多个方面得到了均衡发展。敖家中心小学通过具体的棋类活动和比赛，让学生将所学知识付诸实践，这种实践性学习有助于加深学生对棋类文化和技能的理解和掌握。敖家中心小学利用本土的教育资源，与地方棋院合作，聘请专业教练，这种本土化的教育方式有助于提升教育的实效性和针对性。敖家中心小学在棋类教育中不断探索和创新，如编写校本教材、开展棋类文化学习等，这些创新举措使棋类教育更加适应现代教育的需求。棋类教育为所有学生提供了平等的学习机会，无论学生的背景如何，都能享受到优质的棋类教育。

犍为县敖家中心小学的棋类教育案例充分展示了美育在中小学教育中的重要作用。通过棋类教育，学校不仅传授了棋艺技能，还在文化传承、思维训练、心理教育、道德培养等多方面发挥了积极作用，促进了学生的全面发展。

5. 知识拓展

中国象棋作为一项深植于中国传统文化的策略性游戏，不仅是一项体育运动，还是一种文化传承和教育工具。将其引入中小学教育，可以促进学生在多个层面上的发展，这对于提升学生的综合素质、传承中华优秀传统文化，以及推动教育创新都具有重要意义。

从文化教育学的角度来看，中国象棋承载着深厚的历史文化信息和哲学思想，是一种文化符号和教育媒介。通过象棋教学，学生不仅能更深入地理解中国传统文化的精髓，还能在无形中培养对民族文化的认同感和自豪感，这是文化传承教育的重要一环。从认知心理学的角度分析，中国象棋对弈过程中所需的前瞻性思维和策略规划能力，能够有效锻炼学生的思维技能。象棋的每一步棋都需要玩家进行逻辑推理和策略部署，这有助于提高学生的逻辑思维、问题解决和决策制定能力。这些认知技能的培养，对学生的学习能力和未来的职业发展具有积极影响。从社会心理学和情感教育的角度出发，中国象棋的竞技性质能够培养学生的心理素质和情绪管理能力。在对弈过程中，学生需要学会如何应对胜利与失败，如何管理自己的情绪波动，这些经历对于学生的心理健康和个性发展至关重要。同时，象棋的团队活动还能提升学生的社交技能和团队合作精神，这是社会化过程的重要组成部分。中国象棋在道德教育方面也具有独特价值。象棋文化中的棋德和棋风教育，强调公平竞争、尊重对手和遵守规则，这些道德教育对于培养学生的公民意识和社会责任感具有重要作用。从教育公平的角度来看，中国象棋作为一种成本较低的活动，可以在学校中普及，为不同经济背景的学生提供平等的学习机会，这有助于缩小教育资源差距，促进教育公平。从终身教育和自我提升的角度来看，中国象棋是一项可以终身学习和享受的活动。通过学习象棋，学生可以培养终身学习的习惯和自我提升的动力，这有助于学生的持续发展和个人成长。

中国象棋在教育领域的应用具有多维度的学术性和理论性价值。将中国象棋融入学校教育，不仅可以促进学生的全面发展，还能推动教育的现代化和国际化，让学生更好地了解和参与国际文化交流。学校与教师应当充分认识到中国象棋在教育中的重要价值，积极探索象棋教学的有效途径和方法，以实现教育的多元化和个性化发展。

6. 实践操作

（1）内容回顾：绘制本节内容回顾思维导图。

（2）头脑风暴：探讨跨学科教学在乡村学校美育中的实施策略。

（3）项目研究：借鉴犍为县敖家中心小学棋类特色案例，请同学们撰写一篇美育教育中跨学科学习的实例和策略小论文，字数不少于 1 000 字。

（三）犍为县龙孔初级中学剪纸文化美育案例①

1. 学校介绍

犍为县龙孔初级中学始建于 1958 年，位于犍为县城东南，距县城 20 千米，依青龙山，傍龙洞河，是省级校风示范校、省级卫生先进单位、省级无吸烟单位、省级文明校园、市级现代教育技术示范校、市级文明单位、市级模范职工之家、县级最美校园、县级园林式单位、县级绿色学

---

① 案例材料由杨建萍整理提供。

校、乐山市教科所联系学校。学校占地2.4万平方米，建筑面积18 000余平方米，图书室藏书近40 000册。现有15个教学班，学生700余人，教职工70余人，其中高级教师12人，中级教师24人，寄宿生近600人，是全县规模较大的寄宿制学校之一。学校坚持以人为本，在"立志勤奋朴实健美"的校训下，强化科学管理，学校管理更加规范化，积极推进素质教育，营造校园学习氛围，关心学生身心健康。学校近年来多次荣获县教育系统教育宣传先进集体、县安全维稳先进集体、乐山市教科所联系学校（初中）教学质量二等奖、学校工作综合考评一等奖、教育教学质量考核评估一等奖、学校特色展示一等奖。

2. 案例背景

剪纸是我国古老的传统民间艺术之一，它历史悠久，风格独特，深受人们喜爱，对培养学生的思维能力、动手能力、审美能力大有裨益。犍为历史悠久，文化底蕴深厚，民间艺术种类繁多，源远流长。犍为的剪纸艺术作为我国非物质文化遗产，以其独有的"镂空艺术"在民间流传已久。

犍为县龙孔初级中学充分利用地方纸张资源的便捷，就地取材，将剪纸引进课堂，设立"龙中剪艺社"，以"尊重个性、发展个性、铸魂育人"为宗旨，唤起学生的审美需求，培养高尚的审美情趣，让学生体验剪纸艺术的乐趣，促进对艺术的感知、欣赏与创作能力，激发学生对民间传统艺术的热爱。剪纸艺术社团在加强美育的教学过程中，推行以剪纸表现形式为主题的剪纸艺术社团教学活动，形成"剪纸艺术育人"的美育办学特色。发掘资源，拓展美育思路。在校园的文化环境建设上，营造以剪纸等美术剪纸艺术为特色的独特校园育人环境。开展剪纸艺术教学的研讨与交流，进行深入系统的研究。整合剪纸艺术教育和校本课程教育，整合剪纸艺术教育和学科课堂，实现智慧型课堂境界。以纸为载体，鼓励师生探究。以剪纸教学为主题，以着重提高师生的剪纸艺术能力和艺术素养为目标，特聘请犍为剪纸传承人李如进校指导，与师生开展交流互动，促进剪纸艺术教学上档次、出精品、出人才。立足剪纸艺术基地，注重内涵提升。该校坚持走剪纸艺术育人育德的特色办学之路，将剪纸艺术创作活动与同时期的热点和焦点活动、重大节庆日相结合，组织开展大型现场展示活动，取得了瞩目的社会效应，极大地提升了剪纸艺术的文化内涵和社会影响力。

3. 主要做法

"龙中剪艺社"有以犍为剪纸非遗传承人李如为主的课后服务教学平台，主要培养剪纸爱好者和特长生；同时也搭建了以美术专职教师杨建萍为主的常规课堂教学平台，对剪纸艺术进行全员普及和推广。两个平台的建设实现了"常规课堂打基础，课后服务促提升"的目标，有力促进了剪纸艺术的传承和发展。

（1）设定培养目标，引领非遗传承

剪纸艺术的存在空间日益狭窄，将民间剪纸融入农村初中艺术教育中，有助于让更多学生了解传统剪纸技巧并弘扬中华优秀传统文化。以剪纸艺术的学习传承为载体，培养学生热爱祖国、热爱家乡的深厚情感，了解犍为清溪剪纸的悠久历史和各类剪纸技巧，体会剪纸蕴含的中华优秀传统文化和积极向上的思想情操，积极推动剪纸走出校园、走进家庭、走向社会，深刻体会剪纸艺术传承的自豪感与使命感。

（2）立足剪纸特色课程，展现独特魅力

一是开展主题创作凝聚时代内涵。"龙中剪艺社"的孩子们跟随剪纸非遗传承人李如老师等人围绕庆祝党的二十大开展了主题剪纸活动。同学们怀着对党的崇敬和对祖国的热爱，精心构图，细心剪刻，一幅幅精美的作品浑然天成，令人赞叹。孩子们通过自己的剪纸作品表达了"努力学习，永远听党话、感党恩、跟党走"的高尚情操，让剪纸艺术富有时代和文化内涵，体现出极强的教育价值，剪纸不再是单一的艺术作品，而是有思想有灵魂会说话的艺术表达。

二是依托剪纸为媒创新德育落地。剪纸艺术不能为了艺术而艺术，它是艺术性表达人们思想情感的物化形式，将剪纸艺术与德育活动有机融合构建德育实践平台，促进知行合一是学校孜孜以求的心愿，为此学校精心设计了丰富多彩的剪纸主题教育，开展了以"剪出'中国红'"为核心内容的剪、展、演、讲活动。新冠疫情期间，"龙中剪艺社"创作了抗疫英雄剪纸作品主题展，引导学生向英雄致敬，增强抗疫必胜信心；在庆祝中国共产党成立100周年之际开展主题剪纸活动，加强学生爱党、爱国、爱社会主义的教育。习近平总书记提出：深刻把握雷锋精神的时代内涵，让雷锋精神在新时代绽放更加璀璨的光芒。为此"龙中剪艺社"组织学生开展"学习雷锋精神"的主题剪纸，引导学生学习雷锋精神，助人为乐，奉献爱心。

三是促进艺术融合焕发新鲜活力。为了更好地推广剪纸艺术，该校美育组老师精心策划排练舞蹈《剪纸姑娘》，被选参加犍为县教育局主办的文艺汇演，并荣获县级艺术展演一等奖。此次展演把剪纸艺术和舞蹈艺术有机融合，赢得观众热烈掌声，受到主管部门领导的高度赞扬，从而赋予剪纸新的活力和生命力，焕发出勃勃生机和无尽魅力。

（3）主要成效

犍为县龙孔初级中学办学 60 余载，逐步形成了"融合、福生、谐天、奋进"的龙中精神。该校以务实的教育行动实践在共生共长中将犍为剪纸这一宝贵的非遗文化加以传承、拓展、创新，将其深深根植于校园教育教学活动中。通过课后剪纸活动的开展，剪纸已经成为龙孔初级中学的文化、德育和精神载体。在剪纸活动中，学生细致观察，全神贯注，一幅幅醉人的作品既陶冶情操又滋养生命，让无数留守儿童的周末过得既美好又有意义，让学习吃力的孩子们感受到学校生活的充实与美好。

"龙中剪艺社"在 3 年时间内规模日益壮大，该校老师们在课余也积极加入剪纸教学课程进行指导，共培育剪纸艺术特长学生 200 余人，剪纸爱好学生 1 200 余人。学校大力开展以剪纸为载体的校园文化建设，楼道内设置了剪纸文化走廊，操场边制作了剪纸作品展板，美术室里陈列着丰富多彩、精美绝伦的剪纸作品，全校剪纸作品超过 500 幅。整个校园到处散发着浓浓的剪纸文化气息，潜移默化地教育着学生，真正实现了润物细无声的美育效果。

该校通过不懈努力，开设了不同纹样、不同技法和不同主题的剪纸课程，使得剪纸艺术的教学活动逐步走向深入并形成体系，在师生中生根、发芽、开花、结果。全校师生共同努力为孩子们种下了剪纸基因，使他们增强了民族文化意识，展现了农村初中独具特色的校园风貌，从而让剪纸艺术在传承中发展，在发展中创新。以剪纸艺术为核心的课后服务特色展示活动连续两年获奖，并在县级交流会上进行分享，龙中剪纸特色展示活动已成为孩子们初中生活最美好的回忆，同时也从默默无闻逐渐走向家喻户晓。

4. 点评解读

"龙中剪艺社"的实践是一次成功的美育教育尝试，它展示了如何通过传统文化艺术的学习和传承，来培养学生的多方面能力，并促进他们的全面发展。这种教育模式值得在更广泛的范围内推广和应用，以实现传统文化的现代传承和创新发展。

（1）培养审美情感。"龙中剪艺社"通过将剪纸艺术融入农村初中艺术教育，不仅让学生了解传统剪纸技巧，还让他们亲身体验和欣赏剪纸艺术的美。通过主题剪纸活动，学生们在创作过程中，学习如何通过色彩、线条、构图等元素来传达情感和思想，这种审美体验有助于他们形成独立的审美判断力和创造力，同时也在欣赏自己和他人的作品中，提升了审美情感。

（2）激发创造力。案例中提到，在李如老师的指导下，学生们被鼓励去尝试不同的设计和表现手法，进行主题创作。这种自由探索的过程，不仅锻炼了他们的手工技能，激发了他们的创造力，还能帮助他们学会如何面对挑战和解决问题。学生们需要根据主题进行构思、设计，通过不断地实践和创新，培养出一种勇于尝试和不断改进的精神，极大地促进了他们创新思维的发展。

（3）增强文化认同感。剪纸艺术作为一种具有深厚文化底蕴的艺术形式，其在教育中的传承和发展有助于增强学生对中华文化的认同感，有助于培养学生对祖国、对家乡的深厚情感。通过学习犍为清溪剪纸的历史和技巧，学生们对中华优秀传统文化有了更深入的了解和认同，能够更加深刻地理解其中的精髓，从而建立起对传统文化的自豪感和责任感。

（4）学习手工艺技能。剪纸艺术的学习不仅仅是对技巧的掌握，而且是对手工艺精神的传承。"龙中剪艺社"的剪纸教学平台，为学生提供了学习和实践剪纸艺术的机会。学生们通过实际操作，学习剪纸的基本技巧和方法，培养耐心、细致和专注，这不仅锻炼了他们的动手能力，也提高了他们的手工艺技能。这些品质对他们未来无论是在艺术创作还是其他领域的学习和工作中都是宝贵的财富。

（5）熏陶道德情操。案例中提到，剪纸艺术与德育活动有机融合，通过剪纸主题教育，如抗疫英雄剪纸作品主题展、庆祝中国共产党成立100周年的主题剪纸活动等，引导学生形成积极向上的道德情操。这些活动不仅传递了正能量，也让学生在创作中体会到了道德的力量。这种教育方式使得道德教育更加生动和具体，有助于学生内化道德规范，形成良好的道德品质。

（6）艺术融合焕发新鲜活力。"龙中剪艺社"将剪纸艺术与舞蹈艺术结合，如《剪纸姑娘》舞蹈表演，不仅为剪纸艺术注入了新的活力，也拓宽了艺术表现形式，使剪纸艺术更加生动和多元，为传统文化的传承和发展开辟了新的道路。这种艺术融合的尝试，有助于吸引更多年轻人对传统文化的兴趣，激发出新的艺术灵感和创意，同时也让剪纸艺术以更加现代和创新的形式传承下去，推动传统文化的创新发展。

"龙中剪艺社"的实践充分展示了剪纸艺术在美育教育中的重要作用，证明了将传统文化融入现代教育体系的可行性和有效性。这样的教育模式，不仅能够传承和发展剪纸艺术，还能够培养学生的多方面能力，促进学生的全面发展。这种模式可以被更多的学校和教育机构借鉴和应用，以促进传统文化的传承和发展，同时也为学生提供更多元化的教育体验。

5. 知识拓展

剪纸艺术，作为中国传统文化的瑰宝，不仅承载着深厚的历史文化底蕴，同时也是美育教育中不可或缺的一部分。它通过一系列独特的艺术形式和教育方法，对人们的审美情感、创造力、文化认同感、手工艺技能以及道德情操等方面产生积极影响。

（1）剪纸艺术的美育体现

一是培养审美情感。剪纸艺术以其精致的工艺和丰富的图案，唤起人们对美的追求和欣赏。通过观察和创作剪纸，人们可以学习到如何欣赏线条的流畅、色彩的搭配以及构图的和谐，从而培养出对美的敏感度和审美能力。

二是激发创造力。剪纸艺术创作是一个自由发挥的过程，艺术家可以根据自己的想象和创意来设计图案。这种自由创作的过程鼓励人们打破常规，激发创新思维，培养艺术表达能力。

三是增强文化认同感。剪纸艺术深深植根于中国传统文化之中，每一幅作品都蕴含着丰富的民族特色和历史故事。通过学习和传承剪纸艺术，人们可以更深入地了解并认同自己的民族文化，增强文化自信。

四是学习手工艺技能。剪纸艺术的制作需要精细的手工操作，包括剪、刻、折、粘等多种技巧。这些技能的学习和实践，不仅能够锻炼动手能力，还能培养细致入微的观察力和耐心。

五是熏陶道德情操。许多剪纸作品都蕴含着正面的道德寓意，如孝顺、忠诚、勤劳等。通过欣赏和创作这些作品，人们可以在无形中接受道德教育，提升个人的道德修养。

（2）剪纸艺术的主要元素

一是图案。剪纸艺术中的图案通常具有深厚的文化象征意义，如龙、凤、鱼、花等，它们不仅美观，还承载着吉祥和祝福的寓意。通过这些图案，剪纸艺术传达了人们对美好生活的向往和追求。

二是线条。线条是剪纸艺术的灵魂，通过线条的粗细、曲直、疏密变化，剪纸作品可展现出独特的艺术魅力。线条的运用能够体现艺术家的技艺和对美的理解。

三是色彩。色彩在剪纸艺术中起着至关重要的作用。传统的剪纸多以红色为主，象征着喜庆和吉祥。现代剪纸则更加注重色彩的多样性和创新，通过色彩的对比和搭配，增强作品的视觉冲击力。

四是构图。剪纸艺术的构图讲究平衡和和谐，艺术家通过对称、重复、交错等构图手法，创造出既美观又富有节奏感的作品。好的构图能够使剪纸作品更加生动和吸引人。

五是技法。剪纸艺术有多种技法，包括剪、刻、撕等。不同的技法可以创造出不同的艺术效果，如剪技法的流畅、刻技法的精细、撕技法的自然等。艺术家可以根据作品的主题和风格选择合适的技法。

六是材料。虽然传统的剪纸材料主要是纸张，但现代剪纸艺术也在不断探索和尝试使用其他材料，如布、皮革、金属等。这些新材料的使用，为剪纸艺术的发展提供了更多可能性，拓宽了艺术表现的边界。

剪纸艺术的美育价值和主要元素共同构成了这一艺术形式的独特魅力。通过剪纸艺术的学习和创作，人们不仅能够获得美的享受，还能够在精神和文化层面得到提升和丰富。

6. 实践操作

（1）内容回顾：绘制本节内容回顾思维导图。

（2）头脑风暴：探讨在美育教学中如何平衡技能训练与创造力培养。

（3）项目研究：借鉴犍为县龙孔初级中学"龙中剪艺社"案例，请同学们撰写一篇关于中小学生参与艺术项目和比赛利弊分析的小论文，字数不少于 1 000 字。

（四）马边民建小学小巨匠彝族银饰工作坊美育案例①

1. 学校介绍

民建小学创建于清朝光绪三十二年（1906 年），秣马厉兵，砥砺前行，至今走过逾百年风雨历程。学校由县教育局直接管属，2014 年 9 月 1 日，

---

① 案例材料由罗莉整理提供。

整体搬迁至东光大道191号。校区前临马边河、背靠莲花山，占地约92 200平方米，建筑面积约1.7万平方米，有约3.2万平方米的绿化带，2.13万平方米的运动场馆。学校校园布局分为：①"四区"，即教学区、综合功能区、运动区、生活区；②"七园"，即雏鹰园、百草园、朝花园、桃李园、求真园、博爱园、五环园；③"三基地"，即劳动实践基地、法治教育活动阵地、少先队活动阵地。标准的教室，一应俱全的各类功能教室，高速互联的校园网，充满现代和民族特色的校园环境，折射出百年老校深厚的文化底蕴，学校是马边县占地面积最大、设备设施齐全的一所小学。

学校始终秉持"真爱"教育理念，以"育真情，求真知，做真人"为校训，教师就是要"千教万教教人求真"，学生就是要"千学万学学做真人"，确立了"求真育爱，自信阳光"的校风、"爱岗敬业、教真育爱"的校风及"勤奋自强、善问好思"的学风，树立学校求真务实、爱满天下、自立自信、身心健康的风尚。学校提出了"大爱家园·求真乐园"的办学目标，让学校成为享受爱的家园、追求人生真谛的乐园，铸就幸福人生。学校优美的校园环境，温馨的提示语，优秀传统文化的展示，师生作品的呈现，让每一面墙、每一处景都充满爱的氛围、学的知识、做的榜样。

学校坚持立德树人根本任务，坚持五育并举。学校先后被评为"全国节约型公共机构示范单位""全国中小学国防教育示范学校""全国爱鸟护鸟先进学校""全国优秀家长学校实验基地校""全国未成年人生态道德教育示范校""全国青少年校园足球特色学校""四川省民族地区校本研训基地学校""四川省义务教育优质发展共同体领航学校""四川省大中小学思政一体化共同体学校""四川省防震减灾科普示范学校""乐山市艺术教育特色学校""乐山市优秀学生艺术团""乐山市心理健康教育特色学校""乐山市阳光体育示范校"。

学校金索玛合唱团在2023年5月的新时代·蜀少年展演中获三等奖，10月被评为乐山市优秀艺术团，作品《格尔格吠》在2023年11月首届西部音乐周中获一等奖，小巨匠彝族银饰工作坊作品参加世界大学生运动会展览，男子足球社团获全县的五人制足球赛中获冠军，男子篮球社团在乐山市小学生篮球联赛中取得历史性突破获乐山市第五名。

2. 案例背景

马边彝族自治县位于小凉山腹地，是一个有着悠久历史和独特文化底蕴的民族地区，居住着以彝族为主的十余个少数民族。彝族有着灿烂的民族文化和民间文化，彝族的民间银饰工艺是该民族最具代表性的文化技艺之一。彝族民间银饰工艺以其细腻的线条、巧妙的构思、传神的造型、天然的情趣，闪耀着熠熠光辉，是彝族文化的传承载体与活化石。2009 年，彝族银饰制作技艺被列入国家级非物质文化遗产代表性项目。

为进一步铸牢中华民族共同体意识，传承中华优秀传统文化，增强文化自信，加强青少年文艺人才队伍建设，马边彝族自治县民建小学在市、县教育主管部门的指导下，探索践行"绿色环保"理念，以铝箔替代银箔，用"废弃易拉罐"为原料，以银饰浮雕画、彝族银佩饰、彝族银饰帽、彝族银饰镶木制器皿等为创作灵感，制作反映彝族人民日常生活、传统习俗、历史史诗、传说故事、风土人情等方面内容的银饰工艺品，成立了小巨匠工作坊。

3. 主要做法

（1）传承彝族银饰技艺

彝族人民素爱打扮，以披金戴银为时尚。特别是彝族银饰品极富美感，是彝族人民智慧的结晶。

马边彝族自治县民建小学艺术社团传承着独特的地方文化，将彝族银饰制作技艺引入课堂，创建匠心彝族银饰工作坊。学校专门邀请本县彝族银饰制作技艺非遗传承人莫口乌佳先生来为师生们授课，带领大家认识彝族银饰的纹样及寓意，如神秘的土司印章纹、形象的日月星辰纹、有趣的犬齿纹羊角纹等，让大家领略了一篇篇浩瀚的彝族史诗。孩子们还了解了彝族银饰制作的传统工具，在非遗传承人的指导下体验各种技能技巧。

（2）创新彝族银饰技艺

民建小学匠心彝族银饰工作坊的教师们在传统技艺的基础上加以改良，选择适合孩子们日常使用的替代工具，巧妙地将易拉罐铝箔替代银箔，让孩子们学习和掌握裁剪、拓稿、压痕、磨纹、修饰等银饰制作技巧，一件件精美的彝族银饰艺术品在师生们灵巧的双手中诞生了。师生们还巧妙地将实木器物配以传统彝族银饰，使得银饰的柔和与实木器物的稳重相结合，产生了独特而又别致的传统魅力。

（3）发扬彝族银饰技艺

小巨匠彝族银饰工作坊教师不断积累教学实践经验，改进技能技艺，并结合本县非物质文化遗产彝族银饰制作工艺，将相关课程撰写成适合学生学习使用的校本教材（见图6.3）。

图6.3　小巨匠工作坊校本教材

教材内容包括：

①彝族银饰赏析。该部分让学生从历史、生活和艺术的角度了解彝族各类银饰。

②彝族银饰纹样。该部分让学生从生活类、植物类和动物类去认识和了解彝族常见的装饰纹样，知道纹样的象征意义，并根据图式规律去设计搭配彝族纹样。

③易拉罐的艺术美。该部分让学生感受手工课的趣味，认识铝箔材料的特点。

④工具的认识和运用。该部分引导学生认识课程中将会用到的各类工具，如压痕笔、丸棒、打孔钳、圆嘴钳、钉锤等，了解相关工具的作用，并掌握将易拉罐处理成铝箔的技巧。

⑤仿银饰工艺制作饰品类。该部分让学生重点掌握压痕笔和丸棒的使用技巧，设计纹样，制作一件彝族饰品。

⑥仿银饰工艺制作贴画类。该部分让学生掌握立体浮雕画制作的方法，懂得裁剪和拼接的技巧。

⑦点的制作技巧。该部分让学生懂得欣赏彝族纹样中各类"点"的秩序美，掌握用压痕笔制作小点和用钉锤敲击出大点的技巧。

⑧彝族吊坠动则摇曳。该部分让学生感受吊坠装饰的声美、形美，重点掌握使用圆嘴钳制作彝族吊坠的方法。

⑨木器物饰银。该部分让学生欣赏银饰的柔和与实木器物的稳重结合

的别致魅力，学习根据实木器物的造型去设计制作与之相搭配的彝族银饰。

校本教材旨在保护、传承、弘扬彝族银饰制作技艺，该课程的编撰，对进一步增进民族团结进步、促进民族文化交流交融具有十分重要的现实意义。

（4）取得成效

2018年，匠心彝族银饰工作坊前身小巨匠工作坊初次登场，荣获四川省第9届中小学生艺术节艺术实践工作坊类别三等奖、乐山市一等奖。2019年，工作坊教师们在积累教学实践经验、不断改进技能技巧的基础上，结合本县非物质文化遗产彝族银饰制作工艺，开发出极具地方特色的校本课程，并在之后不断总结、补充和完善。其间，学校美术教师们多次以美术展览交流活动、暑期教师培训举办讲座等形式，向本县美术教师们讲解自己非遗文化进校园的经验和心得。2023年小巨匠工作坊更名为匠心彝族银饰工作坊，作品受到市、县领导的欢迎和表彰，2023年6月工作坊的作品参加四川省"锦绣大运四川华章"文化特展。2023年9月，教育部教育质量评估中心主任范唯，省政府教育督导委员会专职副主任、教育厅总督学傅明来学校调研并参观工作坊作品。2024年3月，在县教育主管局的引领下，工作坊开发出自己的校本教材，引领本县美术学科特色化教育。2024年4月，学校被授予非遗传承项目基地校。

从自然山川，到绿叶花卉，再到人文内涵，彝族银饰取材自然，回归生命。剪刀、美工刀、压痕笔、丸棒、钉锤、各式不同用处的手工钳……件件工具见证了孩子们的成长。马边彝族自治民建小学匠心银饰工作坊用物传递，留住文化根脉，用心传授，弘扬工匠精神，用情传承，锻造匠心精神。

4. 点评解读

马边彝族自治县民建小学小巨匠彝族银饰工作坊美育典型案例，深入体现了活态传承理论在文化传承和美育教育中的应用。

民建小学通过将彝族银饰制作技艺纳入教学体系，展现了文化传承的动态性和时代性。这种动态性不仅体现在技艺的持续发展中，也体现在对传统技艺的现代诠释和创新上。学校不仅传授技艺，还鼓励师生进行创新，通过引入现代设计理念和材料，使银饰艺术与当代生活紧密相连，使银饰艺术在现代社会中继续发展和演变，增强了文化的生命力。

学校在银饰制作中融入了多元文化元素，如将彝族银饰与实木器物结合，这种跨文化的创新不仅丰富了银饰艺术的内涵，也促进了不同文化之间的对话和交流，展示了文化多样性。这种多样性的体现不仅丰富了银饰艺术的表现形式，也促进了不同文化的交流和融合，还有助于培养学生的开放视野和文化包容性。

学校对传统银饰技艺的改良，如使用易拉罐铝箔代替银箔，体现了对现代社会条件的适应。这种适应性不仅降低了学习成本，在现代教育环境中传承和普及，也使得银饰艺术更加易于普及和传播，有助于文化的可持续发展。

通过彝族银饰的赏析和纹样学习，学生不仅学习到了技艺，还提供了深入了解彝族的历史、文化和生活方式的机会。这种文化教育有助于培养学生对民族文化的认同感和尊重。

银饰艺术的学习和创作，是审美教育的重要组成部分，为学生提供了审美实践的机会。学生在实践中学习如何欣赏美、创造美，培养了审美意识和审美创造力，同时也能够表达和传播彝族传统文化的审美观念。

彝族银饰中蕴含的道德观念和价值理念，如和谐共生、尊重自然等，可以在传承活动中作为道德教育的内容。通过银饰艺术的学习和创作，学生可以内化这些道德理念，形成良好的道德品质。

学校邀请非遗传承人授课，确保了彝族银饰制作技艺的准确传承。学生通过实践学习，掌握了银饰制作的一系列技能，如裁剪、拓稿、压痕、磨纹、修饰等。学校鼓励师生在传统技艺的基础上进行创新，如使用易拉罐铝箔代替银箔，这种创新不仅培养了学生的创新思维，也使银饰艺术更加符合现代审美和实用需求。学校通过校本教材的编写和课程的实施，鼓励学生将理论知识转化为实践技能。学生在实践中不断发现问题和解决问题，提升了自身的实践能力和解决问题的能力。

民建小学艺术社团的实践案例，是活态传承理论在文化传承和美育教育中的成功应用。学校引入彝族银饰技艺，不仅保护和传承了这一非物质文化遗产，还通过对其的创新和教育，使之适应现代社会，焕发新的活力。这种传承方式不仅有助于增强学生的文化认同感和审美能力，还培养了他们的创新精神和实践技能，对于促进民族文化的交流交融具有重要的现实意义。通过这种活态传承，彝族银饰艺术得以在现代社会中继续发展，成为连接过去与未来、传统与现代的桥梁。

5. 知识拓展

活态传承理论强调文化遗产的传承应该是一个动态的、生活化的、持续发展的过程。它不仅是对传统知识和技艺的保存，还在现代社会中不断更新和创新，使之成为活生生的文化遗产。彝族银饰作为中国非物质文化遗产之一，不仅承载着彝族的历史、文化和审美，也是彝族人民智慧和技艺的结晶。运用活态传承理论理解彝族银饰非物质文化遗产的传承活动，可以从学理性、教育性、技能性三个方面来分析把握。

第一，学理性分析。从文化动态性上看，彝族银饰的传承活动体现了文化的动态性。通过不断地实践和创新，银饰艺术不仅保留了其传统的核心元素，还吸收了现代设计理念和审美趋势，使之更加符合当代社会的需求。从文化多样性上看，活态传承理论认为，文化传承应当鼓励多样性。彝族银饰在传承过程中，可以与其他民族文化和艺术形式进行交流和融合，形成具有多元文化特色的银饰艺术。从文化适应性上看，彝族银饰的传承需要适应现代社会的变化。这要求传承人不仅要掌握传统技艺，还要具备对现代社会文化变迁的敏感度和适应能力，以确保银饰艺术的持续发展。

第二，教育性分析。从文化教育角度看，彝族银饰的传承活动本身就是一种文化教育。通过学习和了解银饰的历史、文化意义和制作工艺，参与者能够深入理解彝族文化，增强文化认同。从审美教育角度看，银饰艺术的学习和创作过程，是审美教育的重要环节。参与者在实践中不仅能培养审美意识，提升审美能力，同时也能够表达和传播彝族的审美观念。从道德教育角度看，彝族银饰中蕴含的道德观念和价值理念，如尊重自然、和谐共生等，可以在传承活动中作为道德教育的内容，引导参与者形成良好的道德品质。

第三，技能性分析。从技艺传承上看，彝族银饰的传承活动强调技艺的学习和实践。参与者需要掌握银饰制作的一系列技能，包括设计、铸造、雕刻、镶嵌等，这些技能的传承对于保护和发展彝族银饰艺术至关重要。从培养创新能力上看，在活态传承的过程中，创新能力的培养同样重要。传承人需要在保持传统特色的基础上，探索新的设计理念和制作技术，以适应现代市场和审美需求。从培养实践能力上看，彝族银饰的传承活动鼓励实践能力的培养。通过实际操作，参与者能够将理论知识转化为实践技能，同时也能够在实践中不断发现问题和解决问题，提升自身的实践能力。

彝族银饰非物质文化传承活动在活态传承理论的指导下，不仅能够实现文化遗产的有效保护和传承，还能够促进文化的创新发展，同时为参与者提供了丰富的教育和学习机会。通过这种传承活动，彝族银饰艺术得以在现代社会中焕发新的活力，成为活生生的文化遗产。

6. 实践操作

（1）内容回顾：绘制本节内容回顾思维导图。

（2）头脑风暴：探讨乡村学校美育中传统与现代文化融合的策略是什么。

（3）项目研究：借鉴马边民建小学小巨匠彝族银饰工作坊美育典型案例，请同学们运用地方传统文化素材，撰写一份小学生的美育实施方案，字数不少于 1 000 字。

三、校本艺术课程

（一）市中区牟子学校艺术美育案例①

1. 学校介绍

牟子学校是一所实施初中义务教育、促进基础教育发展的学校。学校秉持"以德立校、特色兴校"的教育理念，致力于构建和谐的校园文化，推动学生的全面发展。通过举办家长会等活动，牟子学校加强了家校联系，形成了家校合力，共同为孩子的成长和教育负责。此外，学校还积极参与新课标背景下的课堂教学实施研究，通过教研交流活动，汇聚新理念，促进教师专业成长和教育质量的提升。

2. 案例背景

学校美育的任务就是要实现对受教育者的精神陶冶、美的行为习惯的养成和正确的世界观、人生观、价值观的引导，让受教育者拥有美好心灵、高尚情操、良好道德。为加强对学生的美育教育，牟子学校秉承"四美教育办学思想"，分别是优美——艺术之美；秀美——环境之美；健美——体魄之美；志美——创新之美，通过"四美"教育，不断提升学生的审美情操与审美素养。

---

① 案例材料由廖芹整理提供。

3. 主要做法

（1）艺术课程教学，培养基础美育意识

艺术课程教学是牟子学校美育的核心内容，旨在通过课堂教学培养学生的艺术素养和审美能力。牟子学校将美术课、音乐课纳入常规课程，每周一至两节。学校的艺术课程注重培养学生的创新精神和实践能力，让学生在实践中感受艺术的魅力，提升审美品位。

（2）校园特色艺术课程，全面提高美育素养

此外，学校还特别开展了特色艺术课程，包括音乐、美术、舞蹈、小筝、剪纸等，通过专业教师的指导，帮助学生掌握基本的艺术技能和表现方法。在每周三下午，牟子学校会安排小筝艺术课程，这也是牟子学校闻名乐山的特色之一。学校安排了三位优秀的专业音乐老师，选拔了二十多个有音乐天赋的学生来进行培养，并带领他们参加各种活动、比赛，均获得了优异成绩。学生在参加这类活动时不仅自身能获得美的教育，对于全校师生来说这也是美的教育、美的表率。

在美育上获得优秀成果的还有学校的民间剪纸艺术特色工作坊。学校在每周四下午安排剪纸课程，老师会带领学生们先在自然中搜集美的素材，然后学习剪纸的技能、花纹以及艺术手法等，最后创作成一幅画。这些画最后都成了牟子学校优美环境的一部分，使校园环境之美又反作用于学生，让学生在不知不觉中受到美育教育。

周四开设的民间剪纸特色艺术课程教学，使学生掌握基本的艺术技能的同时，也为以后个人创造美打下坚实基础；学校每学期都会举办各种艺术节活动，在校园文化活动中引导学生欣赏美、发现美、创造美，培养学生的审美能力和审美情趣（见图6.4）。

图 6.4　校园艺术节

（3）校外艺术实践活动，提升美的创造能力

学校每年都积极鼓励学生参与各种艺术类实践，使学生在比赛中成长，锻炼其创造美的能力。校外艺术实践不仅是为了学习技巧，更重要的是培养学生的审美情趣。在欣赏和创作艺术作品的过程中，学生能够更加深入地理解美的多样性和复杂性，学会欣赏和鉴别不同类型的艺术作品，从而提升审美水平和鉴赏能力。校外艺术实践为学生提供了丰富的学习资源和实践机会，学生们通过不断练习和反思，能够提升个人的艺术表现技巧。无论是绘画、雕塑、舞蹈还是音乐等艺术形式，都需要不断地磨炼自己的技艺和表现力，使艺术作品更加生动和富有感染力。

（4）主要成效

经过几年的努力，牟子学校的美育成果显著。学生们不仅在艺术技能上有了大幅提升，而且审美素养和创造力也得到了全面提高。许多学生在艺术比赛中获得了优异成绩，为学校赢得了荣誉。

小筝美育取得了显著的效果。2021 年荣获市中区第二十三届校园文化艺术节区艺术节器乐类节目一等奖、优秀展演艺术奖，并参加全区艺术节会演；2021 年荣获乐山市中小学生艺术展演器乐类三等奖；2021 年荣获乐山市班级合奏课比赛二等奖；2022 年荣获乐山市班级合奏比赛一等奖；2022 年 5 月荣获四川省班级合奏比赛三等奖。2022 年 1 月，围绕"践行十爱·德耀嘉州"主题，熊猫小筝社团和剪纸社团、舞蹈社团共同编创节目

《筝爱嘉州》，被区委宣传部作为宣传短片，并在微嘉州、嘉州教育网进行专题报道；社团多次参加乐山电视台《放学啦》栏目节目录制；社团活动被推送至"学习强国"学习平台进行宣传；2023年荣获市中区第二十五届中小学生、幼儿园艺术节一等奖，优秀艺术表演奖，并参加艺术节总展演。2023年，学校被中共乐山市委宣传部、乐山市文学艺术界联合会授予"乐山市曲艺传承发展基地"。

美术组美育效果突出。学校组织学生参加"乐山市市中区第二十一届中小学生书画比赛暨第八届汉字书写大赛"并获得良好成绩，张诗涵同学获得一等奖；马悦同学和苏敏同学获得二等奖；黄恩熙同学、黄紫晴同学、沈柯丞同学、王家艺同学、文慧同学以及肖紫竣同学获得三等奖。2019年乐山市市中区第一届校园足球文化节手抄报比赛中，个人组获得一个二等奖，两个三等奖。在乐山市市中区第二十三届艺术节展演中，学校吴菲萱同学的《我爱家乡美》被评为一等奖。在乐山市市中区第二十一届中小学生艺术节比赛中，王依同学、杨文杰同学以及杨泽同学都荣获一等奖。

更值得一提的是，美育的成功实践也给牟子学校带来了深远的影响。师生们更加热爱学校，校园氛围更加和谐，教学质量也得到了显著提升。牟子学校的美育之路，不仅让乡村孩子们享受到了艺术的魅力，同时也为他们的全面发展奠定了坚实的基础。

4. 点评解读

牟子学校的美育教育实践，是将美善相济的育人理念具体化、系统化的过程。

一是实现了课程美育的深化。牟子学校将美术、音乐等艺术课程纳入常规教学体系，不仅确保了学生能够接受基础的艺术教育，而且通过每周一至两节的课程安排，保证了学生有足够的时间和机会去接触和学习艺术。这种课程设置体现了教育的普及性和系统性，为学生提供了一个全面了解和学习艺术的平台。

二是突出了美育浸润的实践。学校的特色艺术课程，如小筝和剪纸，不仅丰富了学生的校园生活，也让学生在实践中深入体验艺术的魅力。特别是小筝艺术课程，通过选拔有音乐天赋的学生进行培养，并带领他们参与各种活动和比赛，这种浸润式的教育方式让学生在参与中学习，在体验中成长，从而更深刻地理解和感受艺术。

三是体现了以美育德的要求。牟子学校的美育教育不仅关注艺术技能的培养，还注重通过艺术教育来培养学生的道德品质。通过艺术活动，学生不仅能够获得美的教育，还能够成为全校师生的美的表率，这种以美育德的教育方式有助于学生形成良好的道德观念和审美情趣，促进学生全面发展。

　　四是形成了协同育人的策略。牟子学校在美育教育中采用了协同育人的策略，通过专业教师的指导和选拔有天赋的学生进行培养，形成了一种教师与学生、学生与学生之间的互动和合作。这种协同育人的方式不仅提升了学生的艺术技能，也锻炼了他们的团队合作能力和社交能力，为学生的综合素质培养提供了有力支持。牟子学校鼓励学生参与校外艺术实践活动，这种校内外协同育人的方式为学生提供了更广阔的学习视野和实践机会。通过参与比赛和创作活动，学生不仅能够锻炼自己的艺术技能，还能够提升自己的审美水平和鉴赏能力，这对于学生的个人成长和艺术修养具有重要意义。

　　牟子学校的美育教育实践，是对美善相济育人理念的深入贯彻和实践。通过课程美育、美育浸润、以美育德、协同育人等多维度的教育方式，学校不仅成功地培养了学生的艺术素养和审美能力，也为学生的全面发展奠定了坚实的基础。这种教育模式的成功经验，为其他学校提供了宝贵的借鉴和参考。

　　5. 知识拓展

　　艺术课程的美育价值体现在多个方面。一是审美情感的培养。艺术课程通过接触不同艺术形式，培养学生的审美情感和审美能力，让学生体验美、欣赏美。二是创造力与想象力的激发。艺术活动鼓励学生自由表达和创新思维，激发创造力和想象力。三是文化认同与传承。艺术课程教授学生了解和欣赏本民族和世界的优秀艺术成果，增强文化认同感和传承意识。四是情操教育与心灵陶冶。艺术作品往往蕴含深刻的道德情操和精神追求，艺术课程通过这些作品对学生进行情操教育和心灵陶冶。五是人文素养的提升。艺术课程有助于提升学生的人文素养，促进学生全面发展。

　　艺术课程的教学模式与方法是多样化的，主要包括五种。一是项目式学习，通过具体的艺术项目，让学生在实践中学习和探索，提高解决实际问题的能力。二是探究式学习，鼓励学生主动探究艺术问题，培养批判性思维和独立思考的能力。三是合作学习，通过小组合作完成艺术创作，培养学生的团队协作精神和沟通能力。四是跨学科学习，结合不同学科知识，开展艺术教学活动，拓宽学生的知识视野。五是技术融合式学习，利用现代信息技术，如数字艺术、虚拟现实等，创新艺术教学手段。

国家高度重视艺术教育工作，并出台了一系列政策文件对艺术教育提出了具体的指导和要求。比如 2014 年发布的《教育部关于推进学校艺术教育发展的若干意见》，提出了推进学校艺术教育发展的具体意见，包括课程设置、教学方法、师资培训等①。2023 年发布的《教育部关于全面实施学校美育浸润行动的通知》，提出了全面实施学校美育浸润行动的具体措施，包括教学改革、教师素养提升、艺术实践活动等，同时强调了智慧教育赋能美育教学②。这些政策文件体现了国家对艺术教育的重视，旨在通过美育促进学生的全面发展，培养具有创新精神和实践能力的人才。

6. 实践操作

（1）内容回顾：绘制本节内容回顾思维导图。

（2）头脑风暴：探讨除了艺术展演，还有哪些校园艺术活动能够吸引中小学生积极参与到艺术教学中。

（3）项目研究：借鉴市中区牟子学校美育教育典型案例，请同学们撰写一篇小论文分析如何通过游戏化学习促进中小学生的艺术教育，字数不少于 1 000 字。

（二）五通桥区竹根镇跃进小学文化美育案例③

1. 学校介绍

五通桥区竹根镇跃进小学始建于 1964 年，占地面积 4 500 多平方米，现有在职教师 46 人，教学班 13 个。学校秉承"立人为本，成志于学"的办学理念，以"塑群体，抓质量，创和谐"为工作重点，致力于构建文明、健康、和谐的校园。跃进小学在提升教育教学质量方面取得了显著成效，连续两年获得乐山市联系学校教学质量综合评估奖、进步奖。学校规范完善了各项规章制度，开展课题研究，提升教师素质，狠抓教育教学质量。此外，学校还大力开展阳光体育活动，创建气排球特色学校，被评为

---

① 关于推进学校艺术教育发展的若干意见[EB/OL].（2014-01-14）[2024-10-06]. http://www.moe.gov.cn/srcsite/A17/moe_794/moe_795/201401/t20140114_163173.html.

② 关于全面实施学校美育浸润行动的通知[EB/OL].（2023-12-22）[2024-10-06]. http://www.moe.gov.cn/srcsite/A17/moe_794/moe_628/202401/t20240102_1097467.html.

③ 案例材料由胡容整理提供。

"乐山市市级校风示范校""乐山市阳光体育示范校"以及五通桥区管理先进单位、督导评估优秀学校。学校还积极开展全民国家安全教育日活动，致力于提升学生的安全意识和自我保护能力。通过这些活动和措施，跃进小学为学生提供了一个全面发展的教育环境，旨在培养学生成为有知识、有品德、有能力的新一代。

2. 案例背景

随着国家的发展以及综合国力的提升，人们对美好生活更加向往，对文化素养与社会文化的要求越来越高。2023年发布的《教育部关于全面实施学校美育浸润行动的通知》，强调各地教育部门要将学校美育浸润行动纳入重要议事日程，提出了学校要严格按照各学段课程标准开齐开足上好艺术相关课程，改进美育教学的方式方法，深化美育综合改革，充实美育教学内容，完善美育教育设施，整合美育教育资源，形成协同推进的合力机制，让学生身心更加愉悦、活力更加彰显、人格更加健全①。

基于当前社会教育背景，学校现代教育的重要任务更需要思考"如何将学生从繁重的文化课程中解放出来"，通过趣味美育的熏陶，让学生在山水之间、游戏之中，培养认识美、感受美、欣赏美、创造美的能力，促进学生全面发展。

从课程背景的调研、课程特色的提炼、课程理念的确定、课程目标的设置到课程实施的设计，跃进小学一直立足本土文化，挖掘本土资源，努力构建符合自己学校特点的美育综合实践课程。

3. 主要做法

（1）课程引领，培养学生正确的美育理念

五通桥水域旷达、桥梁众多，这里捶榕夹岸、山水相依、桥木相融，是一座颇具特色的水乡古镇。万年的三江水，千年的盐文化，百年的黄葛树，玲珑古朴的自然风光，与延续千年的盐业文明相得益彰。而小西湖旖旎的自然风光与水乡特色的人文民俗也为学校的美育研学提供了天然的养分。

课程内容的选择，以"川南民间民俗"为基础，以"五通水乡文化"为特色。其旨在通过学习，让学生了解传统民俗文化、学习民俗传统工艺，从思想上加深他们对中华优秀传统文化的理解；从情感上增强国家认

---

① 关于全面实施学校美育浸润行动的通知［EB/OL］.（2023-12-22）［2024-10-06］. http://www.moe.gov.cn/srcsite/A17/moe_794/moe_628/202401/t20240102_1097467.html.

同感和民族自信心。

课程的设计以"核心文化、核心技术"为主线，引导学生如何在传承中"守住匠心、延续经典、创新能力"。通过研学课程的实施，学校要在学生心中种下美的种子，让每一个参与研学的孩子都成为"美的使者"，让其明白学校不但要传承美，而且要传播美，还要具备在承袭中提升自己"创新美"的能力。

课程的编排以"空间感知、美育赏析、手创制作、民俗体验"等多种形式，引导学生在团队中合作，在探索中思考，在分享中沟通，有层次有梯度地培养学生"感受美、发现美、创造美"的能力。

（2）活动育人，全面提升学生美育素养

①打卡水乡之自然寻美。五通桥山水秀美，被誉为"大佛脚下的画家村"，这里山环水绕、古木参天，这里桥水相依、人文厚达。漫步"小西湖"之滨，赏水乡"山水之秀，桥木之娇"。带领学生走出教室，进入自然，在四望关，学生可以远眺如黛的青山、近赏苍翠的黄葛，感受水乡的别样风情！

该课程为室外美育课，共分三个环节：沿江观景了解水乡地貌、手机拍照定格一张水乡风景图、拾取落叶制作书签。在为时40分钟的户外采风活动中，同学们将在导师的带领下欣赏小西湖的水乡风貌，真实感知水乡的"山、水、桥、树、屋"的形态特征，带着对自然的敬畏拾一片落叶返回研学教室继续在五通水乡风光宣传片中全面赏析五通水乡的盛景。

②品读水乡之水乡年画。年画因其取材广泛、色彩艳丽、形式活泼、寓意吉祥等特点广受民众喜爱。年画又因其地域不同，习俗不同，分化演绎出了不同风格的版本，各地年画独具地方特色，而学校川南的民俗年画又以其独特的风格和形式成为民俗艺术品中的翘楚。

独具魅力的水乡年画"型美色艳"，是值得关注与欣赏的民间民俗艺术品（见图6.5）。民俗年画课程共分为四个环节：欣赏年画了解特点、学习年画基本图案、创新设计年画、完成年画展览。在本环节的学习中，导师会引领同学们欣赏年画，了解年画吉祥图案的寓意，学习年画的设计与制作。

③汇美水乡之主题环创。图案精巧的蓝花印布，色彩艳丽的被面蜡染，以及各种造型别致的工艺挂饰，步入这样充满了浓郁乡土气息和民族风情的环境之中，你是否也会被它"柔切、自然、美观、秀气、典雅"的

氛围所感染呢？在这样一个具有中国民俗特色的环境中开展美育活动体验，会使学生对民族民间的传统艺术有更多的认识，能培养出对传统民俗文化的热爱，能激发出创造美、感受美的能力。审美能力的提升，也有助于帮助学生形成乐观、仁爱、亲和的良好品行。

图6.5 汇美水乡之主题环创作品

前两个课程旨在从实景采风活动中感受水乡古城的古典与雅韵，而这一节课的设计，学校在关注了学生美学技艺的积淀的基础上，引导学生运用提供的民俗风情环创素材（如一张蓝花布、一件被面蜡染、一款云配挂件等），以小组为单位选择配饰进行一次有思考有策划的美学主题环创设计。汇美装裱完成之后，老师组织大家参观主题环创作品，再通过投石计票的方式推荐出得票最高的三件作品。由获奖小组主创人员谈一谈作品创意，以及物料搭配情况，并在活动后完成美育报告。

④品味水乡之茶语时光。"四川茶馆甲天下"，川南的盖碗茶素来为人们所津津乐道。在四川茶馆里喝茶，不仅可以聆听到市井乡音里的叫卖声，还能品尝到乡土食味里的茶点小吃；不仅能感受到晨风暮阳的光阴流转，也能品味到清味茶汤里的百味人生。可以说，小小的盖碗茶里蕴含着四川人对岁月的理解，对人生的追求。

这一节研学课程，导师将讲授盖碗茶的冲泡技法以及喝茶的礼仪。茶美，美在味，美在礼，亦美在行。随着课程的推进，同学们还将跟着研学导师学习完成一幅"水波纹"茶布的设计。

⑤绣美水乡之礼到福到。水乡小西湖，山水秀美、地灵人杰，这一方水土哺育出了一代又一代的文化名士和能工巧匠，他们用智慧与匠心为秀

美水乡的建设和发展贡献了力量。其中，本土水墨禅心的创始人宋凝女士就以其独特的针法技艺创造出了独具特色的水乡刺绣。借力本土资源，延伸美育课堂，导师通过带领学生参观、采访、学习等形式，让学生多途径地感受美、创造美。

在这节水乡民俗技艺体验课程中，导师会带领大家欣赏独具魅力的水乡刺绣作品，并结合水墨禅心刺绣基地原创开发的木板刺绣技艺，教大家学习简单的平针绣技法，并完成一件"礼到福到"刺绣挂件刺绣作品。

4. 主要成效

学校通过拓展美育空间激发了孩子们对家乡的热爱。学校的课程改变了传统的美育空间形式，将美育课堂从室内移到室外，极大地拓宽了孩子们感受美、发现美、创造美的途径。以千年水乡的人文风情作为美育培育的底色，孩子们在"研、赏、绘"等活动中感受到家乡的美，活动也无声地激发出了孩子们热爱家乡的情感。

挖掘本土美育资源培养了孩子们对传统文化的认同。学校通过挖掘本土独具特色的传统文化作为美育教育资源，如：水乡年画、川南盖碗茶、水乡刺绣，孩子们从这些宝贵的特色传统美育资源中汲取了巨大的养分。从前孩子们对于家乡的传统文化知之甚少，从课程的学习中他们学到了传统技艺，学校的美育社团也从原来的一个增加到现在的四个，孩子们主动创作与学习的热情也明显提升。

独具特色的美育活动形式提升了孩子们艺术创造的能力。特色的美育活动形式是助力孩子美育素养提升的重要途径，学校的课程从多个维度引导孩子们去发现美、感受美、创造美。在持续的课程学习中，他们不断地学习新的艺术技能，丰富创作灵感。因为孩子们创作热情很高，学校的书画作品展也由原来的一年一次增加为一年两次。孩子创新的能力也提升不少，在五通桥区科技节展评活动中斩获颇丰，不仅有学生获奖，也有老师获奖。据统计，本校学生的手创作品获奖人数从课程开设之前到参与课程之后有了成倍增长。

5. 点评解读

五通桥区竹根镇跃进小学美育综合实践教育典型案例展示了一个小学如何结合本土文化资源，通过创新的教育模式，实施美育综合实践课程。

课程内容的选择紧扣川南民间民俗和五通水乡文化，让学生了解并学习川南本土文化，特色课程设计让学生从情感上体验和认识五通水乡的文化，有助于学生形成对本土文化的认同感，增强对中华传统文化的认同感和民族自信心。同时赏析五通水乡的自然风光和文化特色，让学生在美的体验中培养审美能力，激发学生在音乐、视觉艺术等方面的多元智能。通过户外教学，将课堂置于真实的水乡环境中，学生能够在自然环境中感知美，能够在具体的情境中学习和体验，这种情境学习有助于学生建立深刻的知识和技能，为终身教育打下基础。

课程设计以核心文化、核心技术为主线，整合了空间感知、美育赏析、手创制作、民俗体验等多种形式，注重传承与创新的结合，引导学生在守住传统工艺的同时，发展创新能力，体现了整合式教学的理念。通过设计具有地方特色的项目，如年画制作、刺绣体验、制作书签等手工艺活动，学生在实践中学习，提升创造力和动手能力，提升项目式学习的能力。学生通过实地考察、参与制作书签、设计茶布等活动，参与民俗活动，亲身体验和感受本土文化，增强对传统文化的理解和认同，这种体验式学习有助于提升学生的审美能力和创造力。

课程深入挖掘了五通桥水乡的本土文化资源，如年画、盖碗茶、刺绣等，使学生能够直接接触和学习本土文化，增强文化自信。课程设计注重实践性和参与性，通过多种形式的活动，使学生在团队合作、探索思考、分享沟通中学习和成长。教师在课程实施中扮演了引导者和促进者的角色，需要具备相应的本土文化知识和教学技能，这要求对教师进行相应的培训。学校与地方文化机构、社区、艺术家等合作，共同开发和实施课程，体现了校地合作的重要性。学生在课程中的积极参与是成功的关键，通过各种活动，学生能够主动探索、学习和创造，体现了学生参与的教育理念。课程实施的效果通过学生的参与度、作品质量、创新能力等多个维度进行评价，这种评价机制有助于全面了解学生的学习成效。

学校通过活动育人，全面提升学生美育素养。比如自然寻美活动中，学生在户外采风中感受自然美，通过手机拍照、制作书签等活动，提升对美的感知和创造力。通过欣赏和学习制作水乡年画，学生不仅了解民间艺术的特点，还能提升自己的艺术创作能力。学生通过小组合作，运用民俗风情素材进行主题环创设计，培养团队协作和创新思维。学生通过学习盖碗茶的冲泡技法和礼仪，体验茶文化，提升审美和文化修养。通过学习刺绣技艺，学生能够接触并学习传统手工艺，增强对传统文化的认同和尊重。

通过拓展美育空间，学生在自然环境中学习和体验，激发了对家乡的热爱和情感。通过挖掘和学习本土文化，学生对传统文化有了更深刻的理解和认同。特色美育活动形式提升了学生的艺术技能和创新能力，学生在各类展览和比赛中取得了优异的成绩。

五通桥水乡的美育综合实践课程是一个全面、系统、创新的教育项目，它不仅关注学生的文化认同和审美能力，还强调实践、体验和创新的重要性，有效地促进了学生的全面发展。其展示了中小学如何有效地利用本土文化资源，通过创新的教育模式，实施美育综合实践课程，促进学生的全面发展。

6. 知识拓展

中小学利用本土文化打造美育综合实践课程，是一项旨在深化学生对本土文化的认识、提升审美素养和创造力的教育活动。

从理论观点上看，文化认同与多元智能、情境学习与终身教育为利用本土文化打造美育综合实践课程提供了理论依据。文化认同理论认为本土文化教育有助于学生建立对自己文化的认同感，这是他们形成社会身份和价值观的基础。多元智能理论强调通过接触和学习本土文化中的各种艺术形式，如音乐、舞蹈、戏剧等，可以激发学生在不同智能领域的潜能。情境学习理论主张将学生置于本土文化的自然环境中，如实地考察历史遗迹、参与民俗活动等，可以提高学习的动机和效果。终身教育理论提出本土文化教育可以培养学生对文化和艺术的持续兴趣，为他们的终身学习奠定基础。

从课程建设理论来看，整合式教学理论强调要将本土文化的内容和元素整合到现有的课程中，如在语文课中加入地方文学，在历史课中探讨地方历史等。项目式学习理论主张设计以本土文化为主题的项目，如让学生研究本地的传统节日、民间故事，并以报告、展览或表演的形式展示成果。体验式学习观点主张要组织学生参与本土文化体验活动，如访问博物馆、观看传统戏剧表演、学习传统手工艺等，以增强学生的体验感和参与感。

从国家政策来看，国家十分重视依托本土文化开发美育综合实践课程，比如《关于全面加强和改进新时代学校美育工作的意见》强调美育在学生全面发展中的作用，提出要将美育与德育、智育、体育等相融合，形成全面育人的教育体系[①]。《中华优秀传统文化进中小学课程教材指南》提

---

① 关于切实加强新时代高等学校美育工作的意见[EB/OL].（2019-04-11）[2024-10-06].
http://www.moe.gov.cn/jyb_xwfb/gzdt_gzdt/s5987/201904/t20190411_377509.html.

供了将中华优秀传统文化融入中小学教育的具体指导，包括课程内容的选择、教学方法的应用等①。2023 年发布的《教育部关于全面实施学校美育浸润行动的通知》提出了美育浸润行动的具体措施，如加强美育课程建设、提高美育教师的专业素养、开展校园文化活动等②。

从实施方式来看，利用本土文化打造美育综合实践课程需要重视以下关键环节。一是课程设计环节。要开发专门的本土文化课程，或者将本土文化内容融入现有课程，如美术、音乐、社会等。二是重视教师培训。教师是课程建设的主体，要对教师进行本土文化的培训，提升他们对本土文化的认识和教学能力。三是强化地方合作。本土文化是植根于地方的，要与地方、社区文化机构合作，利用社区资源，如邀请民间艺人进课堂，组织学生参观文化场所等。四是重视学生参与。学生是课程建设的受益对象，要鼓励学生主动参与本土文化的学习，如通过调研、创作、表演等方式，提高学生的实践能力和创新能力。五是创新评价机制。质量是课程建设的关键，要建立科学的评价体系，评估学生在本土文化美育课程中的学习成效，包括知识掌握、技能提升、情感态度等方面。

总之，中小学利用本土文化打造美育综合实践课程是一个系统工程，需要教育理论的指导、国家政策的支持、课程设计的创新、教师培训的加强、社区资源的利用以及评价机制的完善。这些措施的实施，可以有效地提升学生的美育素养，促进学生的全面发展。

7. 实践操作

（1）内容回顾：绘制本节内容回顾思维导图。

（2）头脑风暴：探讨如何设计一个均衡的中小学艺术课程，涵盖不同艺术形式。

（3）项目研究：借鉴五通桥区竹根镇跃进小学美育综合实践教育典型案例，请同学们运用地方传统文化素材，撰写一份小学生的美育课程教案，字数不少于 1 000 字。

---

① 中华优秀传统文化进中小学课程教材指南［EB/OL］.（2021-01-19）［2024-10-06］. http：//www.moe.gov.cn/srcsite/A26/s8001/202102/t20210203_512359. html.
② 关于全面实施学校美育浸润行动的通知［EB/OL］.（2023-12-22）［2024-10-06］. http：//www.moe.gov.cn/srcsite/A17/moe_794/moe_628/202401/t20240102_1097467. html.

第七章 乐山市学校劳动教育及典型案例

　　劳动是贯穿马克思主义理论的一个核心概念。在马克思看来，劳动不仅创造了世界，而且创造了人。人们通过劳动，创造了物质财富、精神财富，推动了生产力的繁荣发展与社会的文明进步。在人类能够主动地改造自然的同时，也促使人类智力的发展和知识的积累，劳动也因此成为人的自我实现和自由发展的手段①。从这个意义上讲，劳动是人的第一需要②，是人的本质特征和存在方式。离开了劳动，人就无法完成社会化，类属性也就无从谈起。

　　按照马克思主义劳动教育观来理解，劳育即劳动教育，是"造就全面发展的人的唯一方法"和"提高社会生产的一种方法"。劳动教育成为新时代中国特色社会主义教育的重要组成部分，上升到党的教育方针的战略高度，被赋予了"五育并举"新的时代意义。劳动教育强调通过劳动实践来培养学生的劳动观念、劳动技能和劳动品质，对学生进行热爱劳动、热爱劳动人民的教育活动，强化学生劳动观念，弘扬勤俭、奋斗、创新、奉献的劳动精神③。

　　对于农村学校来说，要通过劳动教育，帮助乡村学生养成勤劳务实的品质，掌握农业生产和其他劳动技能，这对于提高他们的就业能力和创业能力，推动乡村经济社会发展具有重要作用。

---

① 马一凡. 马克思主义如何理解"劳动"［N］. 学习时报，2023-07-24（2）.
② 鲁克俭. 劳动何以成为人的第一需要［N］. 光明日报，2024-06-03（15）.
③ 大中小学劳动教育指导纲要（试行）［EB/OL］.（2020-07-15）［2024-10-06］. http://www.moe.gov.cn/jyb_xwfb/gzdt_gzdt/s5987/202007/t20200715_472806.html.

第一节　乐山市学校劳动教育

乐山市劳动生态环保教育有沙湾沫若戏剧文创园和峨眉山研学营地创建省级研学旅行实践基地（营地），乐山市翡翠学校、乐山市龙泓路小学、犍为县孝姑中心小学、峨眉山市第二小学校等被推荐创建四川省中小学劳动教育实验校。目前，乐山市创建省级研学实践基地15个、建成市级中小学生研学实践教育基地（营地）24个。乐山市成功创建四川省绿色学校324所、乐山市"无废学校"建设40所，乐山师范学院、峨眉山市第二小学校、乐山高新区实验小学、乐山市金口河区永和镇第二小学4所学校被评为四川省首届美丽校园。14名学生被评为省级生态环保小标兵，乐山二中陈晓岑老师被评选为"嘉州环保先锋"，市教育局被评为市级水土保持工作先进集体。

第二节　乐山市学校劳动教育典型案例

一、校园劳动实践基地

（一）市中区茅桥镇中心幼儿园劳动教育典型案例①

1. 学校介绍

乐山市市中区茅桥镇中心幼儿园地处乐山市中区粮油产业中心茅桥镇，创办于2001年，新园区于2017年2月开园，园所规划用地8亩，园外"花果山"种植区3亩。茅桥镇中心幼儿园2019年实现集团化办园，现有茅桥镇中心幼儿园和凌云幼儿园两个园区，其中茅桥园区共9个教学班，幼儿240余人，教职工42人；凌云园区共3个教学班，幼儿90人，教职工15人。集团教师均为大专及以上学历，其中本科生20名，研究生1名；1名教师被评为"乐山市骨干教师"、1名教师被评为"乐山市教坛新秀"、1名教师被评为"区级骨干教师"、1名教师为"市中区名校长工作室"成员、5名教师为"市中区名师工作室"成员。集团先后被评为全

---

① 案例材料由向往整理提供。

国足球特色幼儿园、全国少儿美术教育示范单位、四川省示范性幼儿园、四川省陶行知研究会理事单位、四川省无烟学校、乐山市保教质量示范园、乐山市示范性家长学校、乐山师范学院本科生实习基地、市中区文明单位、市中区三八红旗集体、市中区防震减灾科普示范园、市中区应急管理标准化学校。

乐山市市中区茅桥镇中心幼儿园自开园以来，一直秉承"做自然教育，让生命丰盈而灵动"的办园理念，以"自理、自信、自立、自强"为培养目标，依托"耕读课程"，立足于"耕"，深植"生活"，拥抱"自然"，着眼于儿童的身心和谐发展以及乡村儿童所具备的乡村生产、生活经验，同时以"春耕、夏耘、秋收、冬藏"的自然规律为课程行动指南，将"耕读文化"浸润于儿童的学习与生活之中，为儿童的学习提供丰富多彩的课程内容和良好的教育体验，促进幼儿德、智、体、美、劳全面发展，让儿童与自然、生活亲密接触，赋予了"自然教育"的实践内涵。

幼儿通过参与耕读劳作，进一步知晓"耕以养身，读以明道"的哲理，用最自然的方式，感受"日入开我卷，日出把我锄"的诗意人生，逐步树立良好的品格。

2. 案例背景

"生活即教育"理念强调了生活对教育的重要影响，而幼儿园的种植活动是生活教育中的重要内容。随着新农村的不断建设，开门是路、入眼有田、耳听有鸟、背靠大树的美丽乡村日常生活为茅桥镇中心幼儿园的孩子们提供了丰富而鲜活的经验素材。

作为一所乡镇幼儿园，学校在硬件和师资上无法与城市幼儿园相比，但学校有着丰富的自然资源。因此，学校以种植活动为依托，让幼儿亲自参与、动手实践，在实践中体验劳动的艰辛，理解劳动与收获的关系，逐步构建"耕读"课程体系，让儿童与自然、生活亲密接触，丰盈生命的体验。这在完善教育教学内容的同时，有效推进了教学做合一。

3. 主要做法

（1）打造种植活动场地，让环境相融共生

学校将园外"花果山"上泥土层稍厚一点的区域开荒打造成每个班的种植区；在泥土层稍薄一些的区域通过钻孔、深挖的方式种植果树；在板结层区域创设"土窑坊"，提供泥、砖、树枝、木板等最自然的本土资源，让孩子们在原生态的自然环境中创作、搭建。园内立体、互通的"种植长廊"便于幼儿随时进行种植观察和记录（见图7.1）。

楼道以自然规律为主题，呈现出孩子们"春耕、夏耘、秋收、冬藏"的丰富活动轨迹。楼梯间的"农耕文化区"和户外农具展示区，不仅投放了传统农具，还艺术地展示了农耕文化和丰收景象，让农耕文化自然地融入孩子们的生活环境中。

图7.1　"种植长廊"劳动实践课

（2）遵循课程设计原则，让种植激活童趣

平衡性——满足幼儿兴趣与保证植物存活率。在种植活动中，允许幼儿自主表达，多种选择，教师和孩子一起调查、讨论不同作物对气候、环境、土壤的不同需求，根据实际合理选择种植对象。待种植对象确定后，师幼共同查阅资料，明确种植要求，细化种植步骤，按照科学的方法开展种植活动。

关联性——聚焦五大领域，生成关联性主题内容。学校以知识、能力、情感态度为导向设置课程目标，紧扣种植过程，聚焦一日生活，兼顾与课程内容相关的五大领域活动，让幼儿获得完整的生活和学习经验。

连续性——重视幼儿经验的连续性，丰富课程内容。教师充分挖掘种植活动带来的教育效能，用善于发现的眼睛，尊重幼儿的态度，寻找幼儿的"最近发展区"，为幼儿提供获得经验的"脚手架"，使得课程内容环环相扣、相互关联，从想一想、说一说、看一看、做一做的角度引导幼儿开展对自然的实践探索。

合作性——构建家园合作，获取教育同频共振。在开展种植课程时，幼儿园积极鼓励家长参与其中，在园内、园外为幼儿和家长提供种植活动的机会，鼓励孩子挥洒汗水、激发蓬勃的生命力。

（3）课程实施以趣为引，让自然赋能儿童

闻其声，顺其趣。教师善于倾听幼儿间的对话、讨论或对某一植物生长的争辩质疑，发现幼儿兴趣点，从而捕捉教育契机，形成活动主题。

追其行，延其趣。教师鼓励幼儿尝试根据观察的现象提出合理的解释，对将要发生的事情进行预测，学会把生活经验整合起来，帮助幼儿连接从"发生了什么"到"怎么发生"的逻辑思维。

解其道，助其趣。真问题——激发幼儿探索的内驱力。面对孩子们的问题，教师不直接给出答案，而是审视问题的答案，分辨问题的价值，引导种植活动的开展。真学习——丰富幼儿真实的体验感。教师支持幼儿行为，认可幼儿的想法；活动中，时时关注幼儿，适时予以指引，保持幼儿兴趣；关注互动契机，促进幼幼合作。真收获——促进幼儿经验的结构化。活动前，教师根据具体情况灵活开展小组讨论、自由探索、集体辩论、集体教学等不同形式的活动；活动后，教师组织幼儿分享收获，交流经验与困惑，为下次活动的开展提供良好基础。

4. 主要成效

大自然是孩子生命成长中最有效、最有价值的教育场地。从 2017 年 2 月开园起，学校在自然教育之路上已经走过七年的时光。这七年就像孩子们的种植活动一样，经历了从播种到收获的喜悦。在种植活动中，幼儿得以亲近自然，感知自然的变化规律，形成了敬畏与保护自然的积极情感，幼儿的动手能力、积极思考和解决问题的能力得到培养。教师们也在依托种植资源进行幼儿园课程深度建构的过程中，成为学习型的教师，在"如何筛选种植资源建构幼儿园课程"之时，不断推动教师专业素养的提升。同时，幼儿园积极与社区、家长保持联系，开展生态文明宣传活动，营造生态文明教育的浓厚氛围。如今，幼儿园不断遵循"本土化、游戏化、生活化"的课程设置原则，形成了以种植活动为特色的园本课程，先后多次承担国家、省、市、区级讲座交流，接待了来自北京、陕西、内蒙古、福建等地及乐山市区的姊妹园交流参观团队。

在 2020 年度四川省教育科研 8 项重大课题中，市中区茅桥镇中心幼儿园成功入选省级重大课题"新时代幼儿品格教育体系研究"的子课题参研园，并以《种植活动中责任品格的培养策略实践研究》为题开展了实践探究，以探寻幼儿种植活动中责任品格培养的有效方法和策略。在第一批子课题中期考核中，该园被评为优秀子课题单位。

今后，学校还将融合一切自然资源，为孩子们打造独一无二的乐园，让孩子们在幼儿园就能经历植物的春生、夏长、秋收、冬藏，体验开荒、选种、播种、施肥、养护、收获的全过程，享受自然与生活带来的无穷魅力。

5. 点评解读

市中区茅桥镇中心幼儿园的劳动教育案例深刻体现了"生活即教育"理念，将劳动教育与幼儿的日常生活紧密结合，提供了一个全面而深入的教育实践。

在环境创设与利用方面，幼儿园将自然环境作为教育的场所，利用园外的"花果山"和园内的"种植长廊"，为幼儿提供了一个与自然亲密接触的平台，这种环境创设有助于幼儿在真实环境中学习和成长。通过"农耕文化区"和户外农具展示区，幼儿园不仅展示了传统农具，还艺术地展示了农耕文化和丰收景象，这种文化氛围的营造有助于幼儿了解和传承本土文化。

在课程设计方面，茅桥镇中心幼儿园科学把握了平衡性、关联性、连续性、合作性原则。①坚持平衡性原则。幼儿园在种植活动中平衡了幼儿兴趣与植物存活率之间的关系，这种平衡性体现了教育的灵活性和适应性。②坚持关联性原则。种植活动与五大领域活动相结合，形成了一个综合性的课程体系，这种关联性有助于幼儿获得完整的生活和学习经验。③坚持连续性原则。幼儿园重视幼儿经验的连续性，通过种植活动，教师为幼儿提供了连续的学习经验，这种连续性有助于幼儿知识的积累和能力的提升。④坚持合作性原则。幼儿园鼓励家长参与种植活动，构建了家园合作的模式，这种合作性有助于形成教育的合力，改善教育的效果。

在课程实施策略上，幼儿园以趣为引，通过倾听幼儿的对话和讨论，发现幼儿的兴趣点，这种以趣为引的策略有助于激发幼儿的学习兴趣。以实践探索为核心，幼儿园鼓励幼儿根据观察提出问题，进行实践探索，这种以实践探索为核心的策略有助于培养幼儿的探究能力和创新思维。以经验结构化为重点，通过分享收获和交流经验，促进幼儿经验的结构化，这种以经验结构化为重点的策略有助于幼儿知识的系统化和深化。

具体来看，茅桥镇中心幼儿园抓住了生活化的教学内容这个关键，利用丰富的自然资源，将种植活动作为教学内容，这不仅与幼儿的日常生活紧密相关，而且让幼儿能够在自然环境中学习，体现了生活化的教学内容。注重了日常活动中的学习，比如种植活动成为幼儿日常生活的一部分，他们在种植、观察、记录等日常活动中学习到了关于植物生长的知识，这种学习方式自然而有效。把游戏作为学习的主要方式，将种植活动设计得富有趣味性，让幼儿在游戏中学习，既满足了幼儿的天性，又达到了教育目的。开展了环境创设与利用，打造了种植活动场地，创设了"土窑坊"和"种植长廊"，这些环境的创设为幼儿提供了丰富的学习资源，同时也让环境成为教育的一部分。落实家园共育要求，幼儿园鼓励家长参与种植活动，构建了家园合作的模式，这种家园共育的方式有助于幼儿在家庭中也能得到劳动教育的延伸。强化生活实践与体验，比如通过种植活动，幼儿亲自参与劳动，动手实践，体验劳动的艰辛和收获的喜悦，这种生活实践与体验是幼儿学习的重要途径。注重幼儿的情感与社会性发展，比如种植活动让幼儿亲近自然，感知自然的变化规律，培养了幼儿的积极情感和对自然的敬畏之心，同时也促进了幼儿社会性的发展。培养幼儿的自主性，比如在种植活动中幼儿有机会自主选择种植对象，参与决策过程，这种自主性的培养有助于幼儿成长为独立的个体。强调观察与探索方法，比如鼓励幼儿观察植物的生长，提出问题，进行探索，这种观察与探索的过程培养了幼儿的科学素养。重视生活常规与习惯养成，比如通过种植活动，幼儿逐渐养成了观察、记录、照顾植物的生活习惯，这些习惯的养成对幼儿的成长具有重要意义。重视幼儿情感教育，比如在种植活动中，幼儿体验到了劳动的辛苦和收获的快乐，这种情感体验有助于幼儿情感的发展。注重文化与价值观念的传递，比如该幼儿园通过种植活动，传递了尊重劳动、热爱自然、保护环境的文化和价值观念。

　　幼儿园的种植活动让幼儿得以亲近自然，感知自然的变化规律，这种亲近自然的经历有助于培养幼儿的环保意识和生态责任感。通过种植活动，幼儿的动手能力和问题解决能力得到了培养，这些能力对幼儿的全面发展至关重要。在幼儿园的课程深度建构过程中，教师的专业素养得到了提升，这种提升有助于提高教育质量。幼儿园与社区、家长保持联系，开展生态文明宣传活动，这种社区联系有助于营造生态文明教育的浓厚氛围。

茅桥镇中心幼儿园的劳动教育案例充分展示了"生活即教育"理念在学前教育中的有效实施。通过将劳动教育与幼儿的日常生活紧密结合，幼儿园为幼儿提供了丰富而有意义的学习经验，促进了幼儿的全面发展。这一案例为其他幼儿园提供了宝贵的经验和启示，值得学习和推广。同时，这一案例也表明，即使在硬件和师资上无法与城市幼儿园相比，但通过充分利用自然资源和创造性地开展教育活动，也能够为幼儿提供高质量的教育。

6. 知识拓展

生活即教育是教育家陶行知先生提出的理念，其核心在于认为教育应当与生活紧密结合，教育的过程就是生活的过程，教育的内容应当来源于生活、服务于生活。在这一理念指导下，教育不仅限于课堂知识的传授，更应涵盖个体在日常生活中的各种经验与实践，强调通过亲身体验和实际操作来获得知识和技能，实现知行合一。陶行知认为，教育的内容和方法应来源于生活，生活本身就是一个巨大的教育资源库。生活中的各种现象和问题都可以成为教育的素材。教育不应脱离生活实际，而应与生活紧密结合。教育的过程是生活的一部分，教育的目的是帮助个体更好地适应和改善生活。教育的最终目的是培养学生的实际能力，使他们能够运用所学知识和技能解决生活中的问题，提高生活质量。其强调个体在德、智、体、美、劳等方面的全面发展，认为教育应关注学生的身心健康、情感态度、价值观等。教育提倡做中学，强调通过实际操作和亲身体验来获取知识和技能，认为这是最有效的学习方式。教育应关注社会现实问题，培养学生的社会责任感和公民意识，鼓励他们积极参与社会生活，为社会的进步做出贡献。总之，生活即教育理念为学校提供了一个全面、深入、具有实践指导意义的教育思想框架。

在学前教育中，生活即教育的理念有着特别的体现，因为幼儿的学习和发展是与他们日常生活紧密相连的。比如生活化的教学内容，教学内容应紧密联系幼儿的实际生活经验，如家庭、食物、动物、自然环境等，这些内容易于幼儿理解和接受。一是日常活动中的学习。幼儿在日常生活中的吃饭、穿衣、整理玩具等活动，都是学习自理能力和社会行为规范的机会。二是游戏作为学习的主要方式。游戏既是幼儿的天性，也是他们认识世界和学习的主要方式。通过角色扮演、建构游戏等，幼儿能够在玩乐中学习社会规则和知识。三是环境创设与利用。创设一个丰富、有教育意义的环境,如自然角、图书角、艺术创作区等,让幼儿在与环境的互动中学习。四是家园共育。家庭是幼儿生活的第一个环境,家长是孩子的第一任教师。家园共育能够确保幼儿在家庭和幼儿园中得到一致的教育。五是生活实践与体验。鼓励幼儿参与到实际的生活中,如种植、烹饪、清洁等,通过亲身体验来学习新知识,培养劳动习惯。六是情感与社会性发展。通过日常生活中的互动,幼儿可以学习如何与他人建立关系,理解情感,培养同情心和合作精神。七是培养自主性。鼓励幼儿在日常生活中做出选择和决定,如选择穿什么衣服、吃什么食物等,这有助于培养他们的自主性和决策能力。八是观察与探索。幼儿通过观察日常生活中的现象,提出问题并寻找答案,培养好奇心和探索精神。九是生活常规与习惯养成。日常生活的常规活动,如定时就餐、睡眠、整理等,能够帮助幼儿建立良好的生活习惯和时间观念。十是情感教育。教师和家长通过日常生活中的互动,向幼儿传递爱、关怀和尊重,培养幼儿的情感和道德观念。十一是文化与价值观念的传递。在日常生活中,通过节日庆祝、家庭传统等活动,向幼儿传递文化和价值观念。

在学前教育中,生活即教育的理念强调通过幼儿的日常活动和生活经验来进行教育,使教育自然融入幼儿的生活之中,从而促进幼儿全面而和谐的发展。教师和家长需要共同努力,创造一个支持性和富有启发性的环境,让幼儿在生活实践中学习和成长。

从实践来看,成都市第十七幼儿园、南京市将军山幼儿园、浙江嵊州市幼儿园等在劳动教育中体现生活即教育的理念,做得比较有特色。

成都市第十七幼儿园确立"慧劳动享生活塑品格"的劳动教育理念,将劳动教育与幼儿的日常生活紧密结合,创新形成"融入生活的自然渗透式劳动"的独特路径。该幼儿园通过劳动基础课程、劳动创意课程、种植劳作课程和劳动渗透课程,让幼儿在生活中自然习得自我服务和服务集体的基本技能,同时注重家园共育,引领家长更新观念,实现家园共育①。

合肥市安庆路幼儿园教育集团桃蹊分园举办"生活即教育,劳动'悦'成长"活动。幼儿在教师陪伴下参与种植、烹饪等劳动活动,体验劳动的快乐。该园通过"小小种植地"和模拟活动场景,如农贸市场、建

---

① 成都市陶行知研究会.成都十七幼儿园:把劳动植入生活,让劳动点亮生命|劳动教育思考[EB/OL].(2024-04-29)[2020-06-18].https://www.163.com/dy/article/FFE562H30516RIG5.html.

筑工地等，让幼儿在实际操作中学习和体验劳动①。

阜宁县东风路幼儿园鼓励孩子们在家做力所能及的家务事，如洗碗、摘菜、扫地等，培养幼儿独立、自信、快乐的能力。劳动教育与家庭教育相结合，通过实际操作和亲身体验，让孩子们感受劳动的辛苦和乐趣，增强尊重劳动、热爱劳动的意识②。

鸡西市示范幼儿园教育集团通过有趣的游戏活动和劳动实践，引导幼儿做一些力所能及的事情，如整理玩具、打扫班级、擦地擦桌子等。劳动教育与节日活动相结合，如五一国际劳动节，让幼儿在劳动中体验快乐，学会劳动技能，传承"劳动最光荣"的传统美德③。

浙江嵊州市幼儿园教师将劳动融合在幼儿生活、学习的方方面面，培养幼儿的自理能力和劳动习惯。劳动教育与幼儿的日常生活紧密结合，通过日常活动让幼儿掌握基础的劳动技能，提高劳动素养④。

南京市将军山幼儿园开设"有劳才有获——'劳动'在幼儿园课程中的实践与思考"讲座，探讨劳动教育在幼儿园课程中的实施。该园通过讲座和研讨，提升教师对劳动教育重要性的认识，促进劳动教育与幼儿园课程的深度融合⑤。

这些案例体现了幼儿园劳动教育与"生活即教育"理念的紧密结合，通过各种活动和教育实践，培养幼儿的劳动技能、自理能力和热爱劳动的情感，为幼儿的全面发展奠定了基础。

7. 实践操作

（1）内容回顾：绘制本节内容回顾思维导图。

（2）头脑风暴：探讨除了案例中的教学方式，还有哪些适合幼儿的创新性的劳动教育方式或活动。

（3）项目研究：结合对市中区茅桥镇中心幼儿园劳动教育典型案例的

---

① 王安东. 合肥市安庆路幼儿园教育集团桃蹊分园：游戏点亮快乐童年［EB/OL］.（2024-05-29）［2024-05-22］.https://ah.sina.cn/edu/news/2024-05-22/detail-inawahxw3473539. d.html.

② 段静. 生活即教育 劳动促成长：阜宁县东风路幼儿园劳动节系列活动［EB/OL］.（2024-05-29）［2024-05-03］. https://www.sohu.com/a/776062177_121124520.

③ 衣忠玲. 生活即教育 劳动促成长：鸡西市示范幼儿园教育集团劳动节主题活动［EB/OL］.（2024-05-29）［2024-05-06］. https://edu.jixi.gov.cn/Article/46793. html.

④ 方嘉华. 劳动让幼儿"接地生长"［EB/OL］.（2024-05-29）［2024-06-02］.http://www.shaoxing.com.cn/p/3204084. html.

⑤ 卞桂富. 聚焦劳动教育 共话幼儿成长 ［N］. 盐阜大众报，2024-05-09（06）.

学习，请运用"生活即教育"理念，以家乡某一乡村幼儿园为例，撰写一份学前教育劳动教育实施方案，字数不少于 2 000 字。

（二）市中区关庙初级中学劳动教育典型案例①

1. 学校介绍

关于该中学的概况已在本书第三章进行了介绍，故此处不再赘述。

2. 案例背景

教育部印发的《大中小学劳动教育指导纲要（试行）》明确指出，劳动教育是新时代党对教育的新要求，是中国特色社会主义教育制度的重要内容，是全面发展教育体系的重要组成部分，是大中小学必须开展的教育活动②。在"五育并举"的新时代党的教育方针指引下，加强学生的劳动教育，努力提高学生的劳动素质，对学生的成长和国家的发展意义深远。它关系到立德树人根本任务的贯彻落实，关系到学生德智体美劳的全面发展，关系到培养学生热爱劳动、热爱劳动人民的情操品质，关系到培养学生的创新精神和实践能力，关系到中华民族勤劳、奋斗优秀文化的传承弘扬，关系到全面建设社会主义现代化国家奋斗目标的实现。

3. 主要做法

学校劳动教育采取课内外、校内外相结合的形式，严格按照课程计划开设劳动课程，每周一节，以教材为基准，引导学生认识劳动的重要性，培养学生劳动意识，传授劳动技能；各学科教育教学中有机渗透劳动教育理念和技能，各学科在讲授学科知识的同时结合教材内容和学生实际情况，增强学生履行自愿劳动、主动劳动义务，勇于承担责任的意识；课外开展好学生校内每天的卫生劳动，引导学生如何分工协作、如何提高劳动效率。

学校重点坚持每月党团志愿者在校外开展一次校园周边社区环境治理志愿服务活动，培养学生吃苦耐劳、团结协作、热心公益的社会责任感。每期开展一次大型劳动教育实践活动，如校内"包抄手"享美味劳动教育活动、短途拉练劳动教育活动、野外野炊劳动教育活动等。

学校还在附近开辟了一方劳动实践基地（见图7.2），期初由学校统一购种（应季蔬菜农作物），分发各班播种、管理、收成。各班每周自定时

---

① 案例材料由冯勇梅整理提供。

② 大中小学劳动教育指导纲要（试行）［EB/OL］.（2020-07-15）［2024-10-06］. http://www.moe.gov.cn/jyb_xwfb/gzdt_gzdt/s5987/202007/t20200715_472806.html.

间带一个组前往管理，负责浇水、除草、施肥等，各班将收获的蔬菜分发给同学们带回家和家长共同享用。学生通过田间地头的管理，在芬芳的泥土上挥洒汗水，体验劳动的快乐。

图 7.2　劳动实践基地

取得的效果：学校每期通过一系列劳动教育丰富了学生的课余生活，磨砺了学生心智，活跃了精气神，使他们学到了课堂和书本上学不到的东西，达到了劳逸结合的目的。

4. 点评解读

市中区关庙初级中学劳动教育典型案例符合劳动教育的价值规律、教育规律与个体发展规律，是一个很好的乡村学校劳动教育实践案例。

就课程设计来说，学校严格按照课程计划开设劳动课程，体现了教育规律中的循序渐进和日常化融入原则。通过每周一节的劳动课程，学生能够定期接触劳动教育，逐步培养劳动技能和意识。教材的使用确保了劳动教育内容的系统性和科学性，有助于学生系统地学习劳动知识和技能。课程设计应注重实践性和互动性，鼓励学生在实际操作中学习和体验劳动，从而更好地理解劳动的价值和意义。

就家校合作来说，学生将收获的蔬菜带回家与家长共同享用，这一做法体现了家校合作的重要性。通过家庭的参与，劳动教育的效果得到了巩固。家长的参与不仅能够增强学生劳动的积极性，还能够帮助家长理解劳动教育的重要性，形成家校共育的良好环境。家校合作是劳动教育成功的关键，需要学校和家庭共同努力，形成一致的教育理念和行动。

就社会实践来说，学校每月组织校外志愿服务活动，如校园周边社区环境治理，这一做法体现了劳动教育的社会价值规律。通过社会实践活动，学生能够将劳动技能应用于社会服务中，培养社会责任感和公民意识。社会实践活动还能够帮助学生认识社会、了解社会，提高社会适应能力。社会实践是劳动教育的重要组成部分，应注重培养学生的社会责任感和服务意识。

就校地合作来说，学校采取校内外相结合的办法，在村民的支持下，在校外农地开辟了一方劳动实践基地，为学生提供劳动实践机会，让学生接触真实的劳动教育环境，了解农事耕作的劳动特点。校地合作是劳动教育的重要途径，能够为学生提供更多实践机会，增强劳动教育的实效性。

就跨学科学习来说，各学科教学中有机渗透劳动教育理念和技能，这一做法体现了跨学科学习的教育规律。通过将劳动教育与学科知识相结合，学生能够在不同学科中体验和学习劳动的价值。跨学科学习有助于培养学生的综合能力和创新思维，提高劳动教育的深度和广度。跨学科学习能够丰富劳动教育的内容，使学生在不同学科中都能体验到劳动的意义和价值。

学校通过一系列劳动教育活动，丰富了学生的课余生活，磨砺了学生的心智，活跃了精气神，这体现了劳动教育的发展规律。通过劳动教育，学生不仅学到了知识和技能，还体验到了劳动的快乐和价值。劳动教育活动还达到了劳逸结合的目的，有助于学生的身心健康和全面发展。劳动教育的效果不仅体现在知识和技能的掌握上，而且体现在学生个性、情感、价值观的培养上。

市中区关庙初级中学劳动教育典型案例充分体现了劳动教育的教育规律、价值规律和发展规律。通过课程设计、家校合作、社会实践、校企合作和跨学科学习等多方面的措施，学校成功地开展了劳动教育，取得了良好的教育效果。这些做法值得其他学校学习和借鉴，以推动劳动教育的深入发展。

5. 知识拓展

劳动教育作为一种重要的教育形式，其实施和推广需要遵循一定的教育规律、价值规律和发展规律。

就教育规律而言，要遵循循序渐进原则，劳动教育应该从简单到复杂，从易到难，逐步提高难度和要求，使学生能够适应并逐步提升劳动技能。要遵循因材施教原则，每个学生的能力和兴趣都有所不同，劳动教育应该根据学生的个体差异，提供个性化的指导和训练。要遵循实践导向原则，劳动教育强调通过实践活动来学习，让学生在实际操作中学习劳动技能，体验劳动过程，感悟劳动价值。要遵循日常化融入原则，劳动教育应该融入学生的日常生活中，通过日常的劳动训练，培养学生的劳动习惯和劳动意识。要遵循评价反馈原则，建立有效的评价和反馈机制，对学生的劳动表现进行评价，并提供及时的反馈，帮助学生不断改进。

就价值规律而言，要注重培养学生的劳动价值观，劳动教育不仅是技能的培养，而且是正确的劳动价值观的培养，即使其认识到劳动的重要性和尊严。要注重学生的全面发展，劳动教育有助于学生的全面发展，包括身体、智力、情感、价值观等各个方面。要强调学生的社会责任感，通过劳动教育，学生能够体会到劳动对社会的贡献，培养社会责任感和集体荣誉感。要帮助学生增强自我实现感，劳动教育可以帮助学生通过劳动实现自我价值，体验成就感和满足感。要重视尊重与平等价值的培育，劳动教育强调所有劳动都是平等的，培养学生尊重所有劳动者和劳动成果的意识。

就发展规律而言，要遵循阶段性发展特征规律，劳动教育应该根据学生的年龄和发展阶段，设置不同的教育目标和内容。要遵循教育是一个持续进步过程的要求，劳动教育是一个持续的过程，需要不断地学习、实践和提高，以适应不断变化的社会需求。要培养学生适应环境的能力，劳动教育应该帮助学生适应不同的劳动环境和条件，培养灵活应对各种劳动场景的能力。要帮助学生树立终身学习的意识，劳动教育应该培养学生终身学习的观念，鼓励他们在未来的生活和工作中不断学习和提高。要培养学生的创新能力，在劳动教育中，引导学生培养创新思维，不断探索新的劳动方法和技巧，以适应未来劳动市场的变化。

根据上述劳动教育必须遵循的规律与原则，中小学劳动教育要重视设计符合学生发展阶段的劳动教育课程，将劳动教育纳入学校教育体系。与家长合作，鼓励家长在家庭中也进行劳动教育，形成家校共育的良好环境。组织学生参与社会实践活动，如社区服务、志愿活动等，让学生在真实的社会环境中学习和体验劳动。与企业合作，为学生提供实习和实训机会，让学生了解不同行业的劳动特点和要求。将劳动教育与其他学科学习相结合，如科学、技术、工程和数学（STEM）教育，培养学生的综合能力和创新思维。

通过遵循这些规律，劳动教育可以更加有效地促进学生的全面发展，培养学生的劳动技能、劳动习惯和劳动精神，为他们成为有用之才打下坚实的基础。

6. 实践操作

（1）内容回顾：绘制本节内容回顾思维导图。

（2）头脑风暴：探讨在技术快速发展的时代，中小学生的劳动教育应该如何适应新的劳动形态。

（3）项目研究：请结合对市中区关庙初级中学劳动教育典型案例的学习，结合课内外、校内外，运用劳动教育的价值规律、教育规律与个体发展规律的视角，以家乡某一乡村小学为例，撰写一份劳动教育实施方案，字数不少于 2 000 字。

（三）五通桥区牛华镇二码头小学劳动教育典型案例①

1. 学校介绍

乐山市五通桥区牛华镇，是二码头小学的所在地，它曾经是与景德镇齐名的中国四大古镇之一。从西蜀太守李冰在红崖关打出了第一口盐井开始，"人家半耕盐为市，风俗全凭井代耕。"牛华就因盐而兴镇。1943 年冬，冯玉祥来到牛华镇宣传"节约献金抗战"，古镇灶户纷纷解囊相助，冯玉祥则以字相赠，以谢牛华人民的深情。可见，牛华人具有强烈的爱国热情和民族气节。牛华人民热爱创新，"麻辣烫、豆腐脑"等美食的发明就充分说明了牛华人善于发现、善于思考、善于创新。牛华"麻辣烫、豆腐脑"等地方名食更是展现了这里的人民勤劳、智慧的品质。牛华因盐而兴镇，学校也因盐运而得名——二码头。"码头"代表着开放、繁荣、向往、追求、吸纳、包容……学校始建于新中国成立初期，位于五通桥的北大门，南连五通桥区竹根镇，北接市中区九峰乡，距离乐山大佛景区 16 千米车程。学校现占地约 12.5 亩，有 19 个教学班，学生 800 多名。教职工 68 人，专科及以上学历 68 人。其中省骨干教师 2 人，市骨干教师 2 人，市教坛新秀 1 人，区名师 2 人，区骨干教师 9 人。教师平均年龄 47 岁。学校中层以上管理人员 10 人。该校是五通桥区办学规模较大的全日制完全小学，是乐山市教科所直接联系学校之一。

---

① 案例材料由宋丽萍整理提供。

乐山市五通桥区牛华镇二码头小学，坐落于千年古镇牛华，学校在此文化背景之上构建了顶层文化：学校是一艘装备先进的大船；老师是船上的"水手"，具有"协作、执着、拼搏"的精神文化；学生是"码头娃娃"，育人目标为培养"阳光、智慧、幸福"的娃娃；课程就是每一次航程，凝聚师生，实现教育愿景。学校虽小，但一步一景、一室一物都用心打造，诠释着"码头寻味，流花渡舟"的校训。温馨，如家园；开放，如乐园。一是校园文化打造，彰显成长兴味。特色阅读区，让校园充满书香味；200平方米心理成长中心，惠及全校每一个孩子的"绿橄榄"心理健康课程，传递教育真诚的情味。二是德心校本课程彰显教育真味。校本课程的开发让学校少先队工作成为亮点，让班会课成为塑造孩子品质的载体，让劳动课程成为孩子们的挚爱。三是家校共育，彰显教育品位。从课程探索到开发，打开了学校"内融外聚"的新格局。学校秉承"文化立校、质量兴校、科研强校、课程优校"的办学理念，坚持五育并举，发展成为"四川省少先队优秀集体""四川省绿色学校""四川省乡村温馨学校""四川省乡村学校振兴联盟示范学校""乐山市心理健康特色示范学校"，连续多年获得乐山市联系学校教学质量评估一等奖，成为五通桥区域内的领头学校，培养了一批批品学兼优、综合能力强的优秀孩子。

2. 案例背景

该校根据教育部制定的《义务教育劳动课程标准》要求，坚持以习近平新时代中国特色社会主义思想为指导，全面贯彻党的教育方针，遵循教育教学规律，注重挖掘劳动在树德、增智、强体、育美等方面的育人价值[1]。基于学校德育为先、提升智育水平、加强体育美育、落实劳动教育的办学理念，结合学校"心理健康教育"主线特色，积极开展"快乐厨吧、绿色廊道"两大劳动实践，培养"阳光、智慧、幸福"的码头娃娃，提升新时代学校劳动教育工作水平。

3. 主要做法

（1）育人目标

学校育人目标包括：形成基本的劳动意识，树立正确的劳动观念；发展初步的筹划思维，形成必备的劳动技能；养成良好的劳动习惯，塑造基本的劳动品质；培育积极的劳动精神，弘扬劳模精神和工匠精神。

---

① 教育部关于印发义务教育课程方案和课程标准（2022年版）的通知[EB/OL].(2022-03-25)[2024-10-06]. https://www.gov.cn/zhengce/zhengceku/2022-04/21/content_5686535.htm.

（2）课程建设

学校围绕劳动教育，积极探索适合各学段学生的劳动项目，逐步打造出了规范的、螺旋上升且切实可行的校本劳动课程，为实现学生"做中思""思中学"的目标提供重要保障。现学校已开设的劳动项目构建成了"三元一体"的劳动教育课程体系。

一是校园日常参与劳动。学校围绕清洁整理与收纳、烹饪与营养两大方面内容，设置各年级段劳动课程任务，让孩子们在校园日常中参与劳动。

二是课堂学习创造劳动。学校开辟了以"绿色廊道种植"课程为主的农业劳动实践基地；结合科学、美术、音乐等学科，融合劳动技能养成教育。

三是社会公益升华劳动。学校积极组织公益劳动及志愿服务，支持学生走出校园，走出家庭，尝试社会公益劳动，体会劳动的价值。

图 7.3　绿色廊道种植

（3）实施途径

①独立开设劳动教育必修课。

经过多年的探索，学校一至六年级开展的"快乐厨吧"劳动课程，三至六年级开展的"绿色廊道"种植活动以及低年级生活技能劳动摘星闯关等活动，已形成较为成熟的模式，并取得了一定的成效。

这是学校因地制宜，为学生开辟的一项"家门口"的劳动实践项目。每个班级门口，就是他们的"自留地"，从翻土、选种、培育、收成，都由班级自主管理，在种植中培养劳动技能，探寻生命的奥秘。

2015 年，学校就为学生开辟了"快乐厨吧"实践基地，充分利用伙食团厨师们的专业技能，开拓第二课堂。2018 年，"基于本土'盐运文化'

的小学生乡情沉积实践研究"经乐山市教育局正式立项，从而开始了学校带领孩子们了解家乡美味、制作家乡美食、探究美食文化、寻味美食真谛的探索。如今，这已成为传统劳动项目。

②有效渗透劳动教育专业化。

劳动与语文的对话。勤俭节约、自己的事情自己做、业精于勤荒于嬉等思想浸润。如"四时田园杂兴"教学中，教师讲授"童孙未解供耕织，也傍桑阴学种瓜"，让学生体会古人劳动的乐趣，为学生埋下劳动使人快乐的种子。

劳动与数学的碰撞。劳动教育不仅是体力劳动，也是脑力劳动。小学所有的学科都离不开脑力劳动，尤其是数学，数学离不开实际操作，更离不开思考与顿悟。

劳动与科学的结合。在学校"绿色廊道"种植活动中，科学老师也是整个活动强有力的技术指导，为劳动教育助力。科学课上，老师还带领学生手脑并用，让学生的科学素养与劳动素养相辅相成，在动手创造发明中体验劳动的意义和价值。

劳动与艺术的火花。渗透劳动教育，孕育劳动之美。音乐课堂上，老师有意识地发现挖掘培养学生劳动美的素材，引导学生发现生活中的劳动现象，体会劳动的魅力。

美术课润物细无声。美术老师通过让学生进行各类工艺制作、了解传统手工、结合地域风貌挖掘本土特色，让学生潜移默化爱上劳动、感恩劳动创造的一切美好。

③多元融合劳动实践新模式。

学校德育校本课程通过植树节、劳动节、农耕文化研学活动、垃圾分类宣传、校园清洁整理与收纳、公益劳动与志愿服务，让劳动深植学生心灵；通过各种创新性劳动体验，教给学生劳动技法，激发学生劳动再创造。

在校园文化建设中强化劳动文化。为了充分发挥劳动教育在校园文化建设中的独特作用，学校通过充分利用广播、网络、教室、走廊、宣传栏等，弘扬社会主义核心价值观，营造格调高雅、富有美感、充满朝气的校园文化环境。

同时，学校校歌《码头娃的梦之舟》"采撷阳光，采撷智慧，采撷幸福，大手拉小手……"如诗的歌词，也为码头娃娃们勾勒出一幅美好的画面：阳光智慧幸福的生活，需要学校用双手去创造，这，也是校园文化对劳动教育的渗透。

学校劳动课程的实施，有整体统筹计划与管理，有课程开发、督导与实施，有资源统筹与调度，有风险防范与管控，形成各部门之间的有效链接，全员参与，群策群力，成为学校劳动课程开展的有力保障。

劳动教育是国民教育体系的重要内容，目前劳动教育也处于一个比较尴尬的状态，社会劳动教育"淡漠"、家庭劳动教育"疲软"、学校劳动教育"无位"。因此，学校意识到劳动教育要落地，必须以学校为主导，以家庭为基础，夯实根基，提升品质。几年来，学校的一大特色，便是把劳动教育紧密地与家庭教育结合在一起，这得到师生和家长的一致认同。

4. 点评解读

五通桥区牛华镇二码头小学劳动教育典型案例体现了教育学、心理学、社会学理论的综合运用。

从教育学视域看，案例中的劳动教育课程设计体现了教育学中对于学生全面发展的需求。通过"三元一体"的课程体系，学校不仅关注学生劳动技能的培养，还注重劳动观念、劳动品质和劳模精神的培育，这与教育学中提倡的全人教育相契合。案例中提到的劳动教育与语文、数学、科学、艺术等学科的融合，体现了教育学中跨学科教学的重要性。这种融合有助于学生在不同学科领域中形成对劳动的全面认识，实现知识的整合和应用。学校通过校园文化建设强化劳动文化，这与教育学中环境育人的理念相一致。校园文化作为一种隐性课程，能够潜移默化地影响学生的价值观和行为习惯。

从心理学视域看，案例中的劳动教育有助于学生形成积极的自我概念和自我效能感。通过参与劳动活动，学生能够体验到成就感和自我价值，从而增强自信心和独立性。劳动教育能够激发学生的内在动机和兴趣。案例中的"快乐厨吧"和"绿色廊道"等项目，通过提供有趣且具有挑战性的活动，激发学生的探索欲望和学习热情。劳动教育有助于培养学生积极的情感和态度。通过亲自参与劳动，学生能够体验劳动的乐趣，形成对劳动的积极情感和尊重劳动的态度。

从社会学视域看，案例中的劳动教育是学生社会化过程的重要组成部分。通过劳动教育，学生能够学习社会规范、价值观念和行为模式，为将来成为合格的社会成员打下基础。通过参与社会公益劳动，学生能够实践社会参与和承担社会责任。这有助于培养学生的社会责任感和公民意识，促进其成为积极参与社会事务的公民。劳动教育还承载着文化传承与创新的功能。案例中提到的结合地域风貌挖掘本土特色，不仅让学生了解和传承本土文化，也鼓励他们在劳动中进行创新和探索。

五通桥区牛华镇二码头小学劳动教育实践是一个综合性的教育过程，它涉及教育学、心理学、社会学等多个学科的理论。学校通过精心设计的多元化课程和活动，为学生提供了一个全面发展的平台，有效地将劳动教育融入学生的日常生活和学习中，促进了学生劳动观念、技能、品质和精神的全面发展。同时，学校还注重与家庭教育的结合，形成了家校共育的良好局面。这种全方位的劳动教育模式，不仅有助于学生个人能力的提升，还有助于培养学生的社会责任感和创新精神，为学生成为未来社会的建设者奠定了坚实的基础。同时，案例中的家长和教师的积极反馈，也证明了这种教育模式的有效性和受欢迎程度。

5. 知识拓展

劳动教育是教育体系中的重要组成部分，主要包括培养学生的劳动观念、劳动技能、劳动品质、劳模精神等方面，它与德育、智育、体育、美育共同形成了五育并举的教育模式。

从教育学视域来看，劳动观念的形成是教育过程中价值观塑造的一部分。教育学认为，教育可以培养个体的世界观、人生观和价值观。劳动教育通过实践活动，让学生体验劳动的过程，理解劳动的社会价值和个人意义，从而形成积极的劳动观念。劳动技能的培养是教育目标之一，旨在使学生掌握必要的生活技能和职业技能。教育学强调技能的实践性和应用性，认为通过实际操作和反复练习，学生能够掌握劳动技能。劳动品质的培养是道德教育的重要组成部分。教育学认为，教育可以塑造个体的道德品质，如诚信、责任感、合作精神等。劳模精神是教育中的一种榜样教育。教育学认为，树立榜样，可以激励学生学习榜样的优秀品质，从而促进个人品德的发展。

从心理学视域来看，心理学认为，个体的劳动观念与其自我概念、自我效能感密切相关。通过劳动教育，学生可以增强自我效能感，认识到自己通过劳动能够实现目标，从而建立起积极的自我概念。心理学中的技能习得理论指出，劳动技能的掌握需要经过认知、模仿、练习和自动化等阶段。劳动教育应提供多样化的实践机会，帮助学生逐步形成稳定的劳动技能。心理学中的品格教育理论强调，个体的品格是在社会互动中逐渐形成的。劳动教育提供了一个社会互动的平台，学生在劳动过程中可以学习如何与他人合作，如何承担责任。心理学中的社会学习理论指出，个体通过观察和模仿他人的行为来学习。劳模可以作为学生模仿的对象，激发他们的内在动机，促使他们追求卓越。

从社会学视域来看，社会学强调劳动在社会结构和文化中的地位。劳动教育可以帮助学生理解劳动在社会中的作用，认识到劳动不仅是个人生存和发展的基础，也是社会进步和文明发展的动力。社会学关注劳动技能与社会分工的关系。劳动教育应培养学生适应未来社会需求的多样化技能，以适应不断变化的劳动市场和社会结构。社会学关注个体品质与社会规范的关系。劳动教育可以帮助学生理解社会规范和道德标准，培养他们成为有责任感和合作精神的社会成员。社会学强调劳模精神与社会价值观的一致性。劳模精神的培养有助于形成积极向上的社会风气，促进社会和谐与进步。

综上所述，劳动教育与五育并举的融合、劳动教育与学科知识的融合，是一个涉及多学科、多维度的复杂过程。它需要教育者从不同学科的角度出发，综合运用教育学、心理学、社会学等学科的理论，以实现学生全面发展的教育目标。

6. 实践操作

（1）内容回顾：绘制本节内容回顾思维导图。

（2）头脑风暴：探讨如何帮助学生通过劳动教育认识不同的职业路径。

（3）项目研究：请运用教育学、心理学、社会学等多个学科的理论视角，撰写一份关于乡村中小学劳动教育与职业启蒙的研究报告，字数不少于1 000字。

（四）乐山市金口河区金河镇吉星小学劳动教育典型案例①

1. 学校介绍

金河镇吉星小学始建于1952年，因地处峨边县金口河区建设公社，建校初期学校取名为建设小学，小学实行五年制，初中实行两年制。1984年学校改名为金口河区吉星乡中心校，下属联合、同心、民政、柏香四个村

---

① 案例材料由谢文毅整理提供。

小，为九年一贯制学校，地处乐山市金口河区吉星乡令星村三组，满足从幼儿园到九年级的适龄儿童入学。2007年因生源减少合并了所有村小，成为吉星乡唯一的公办学校，更名为乐山市金口河区吉星乡小学。2020年2月，因全区乡镇行政区划和村级建制调整，吉星乡撤并到金河镇，经区委编委批准，学校更名为乐山市金口河区金河镇吉星小学，驻地是金口河区金河镇吉星村三组。

单位类型为事业单位，所属行业为公共事业管理。职能范围是学前教育、小学。学校占地面积为5 666.67平方米，建筑面积为4 945平方米，有教学楼1栋，教学辅助楼1栋，学生宿舍楼1栋，教师宿舍楼1栋，幼儿园1所。学校共有教职工33人，其中幼儿教师5名、保安门卫2名，伙食团工作人员3名，宿管员2名，小学教师19名，浙理研究生支教团支教教师2名。学校共有学生148人，其中小学113人，幼儿园35人，全校少数民族学生占比75%。全校共有寄宿学生53名。

在校党支部的全面领导下，学校管理、教育教学秩序、校容校貌、教师队伍建设、校园文化建设等发生了根本性的良好变化。各项教育教学工作有序有效开展，学校办学条件得到了较大改善，全体教职员工团结协作，爱岗敬业，质量意识和安全意识责任意识逐渐增强，学生良好行为习惯、卫生习惯和学习习惯有了很大转变，向阳、向美、向和、向学、向上的良好校风逐渐形成，每位师生都在努力成为一束光，教育教学效果逐渐变好，学校没有重大安全事件发生，群众对学校教育的满意程度明显提升。

与此同时，学校结合实际情况，开展适合本校发展的特色课程。劳动课与劳动实践相结合，利用乡村学校优势，让学生实地进行劳动，班级在自己的种植园中种植农作物，然后利用劳动的成果进行劳动实践活动，让学生动手进行烹饪和开展丰收节分享收获活动。学校的卫生分到班级由少先队组长检查评分，每周一评出优秀班级。每个班级的劳动课由劳动教师根据本周劳动安排拟好劳动课教案，按教案指导学生进行实际劳动操作，使得每个班级种植园呈现出欣欣向荣的景象。这体现了学校五育并举的教育思想，使得每个学生的德智体美劳得到全面培养，进而做一名新时代合格的社会主义建设者和接班人。

2. 案例背景

2020年，中共中央、国务院发布的《关于全面加强新时代大中小学劳动教育的意见》提出，劳动教育是中国特色社会主义教育制度的重要内容，直接决定社会主义建设者和接班人的劳动精神面貌、劳动价值取向和劳动技能水平①。但是令人担忧的是，近年来一些青少年出现了劳动观念淡化、不劳而获思想突出、不爱劳动、不会劳动等问题，这直接影响到党的教育方针的有效贯彻，影响到社会主义现代化国家的建设。劳动是美的，正如田园诗人陶渊明写的"种豆南山下，草盛豆苗稀。晨兴理荒秽，带月荷锄归"②，给我们描绘了积极向上、不怕失败的田园劳动场景。马克思在其著作《1844年经济学哲学手稿》中也提出了劳动与美的关系，并指出劳动不仅创造了物质财富，也创造了美③。劳动的美学价值不但体现在劳动的成果上，而且体现在劳动的过程中。只有积极、热情地参加实际劳动的人，才能真正体验到劳动的美感和劳动的欢乐。

基于此，学校以劳动教育主题活动为主线，加强劳动技术课程建设，整合学生实践劳动资源，利用课堂及课余时间对学生开展丰富多彩的劳动教育，积极探索构建新时代劳动教育体系。

3. 主要做法

（1）确定活动目标

学校通过组织活动让学生认识劳动的重要性，体验劳动的快乐，培养爱劳动的习惯；教育学生尊重劳动人民，珍惜劳动成果。

（2）做好实施准备

一是设计劳动清单。根据学生特点设计劳动清单，给学生明确应当完成的劳动任务。

二是发起劳动倡议。班主任召开班会，向同学们发起"种植谁最棒"的倡议，鼓励学生积极参与种植。

（3）活动过程

活动一：学生实地劳动

各年级学生利用劳动课，将本班种植园作为活动场所。在种植园进行整理土地、除草、翻土、播种、浇水等活动（见图7.4）。

---

① 关于全面加强新时代大中小学劳动教育的意见［EB/OL］.（2020-03-20）［2024-10-06］.
http://www.moe.gov.cn/jyb_xxgk/moe_1777/moe_1778/202003/t20200326_435127.html.

② 盛庆斌. 汉魏六朝诗鉴赏［M］. 呼和浩特：内蒙古人民出版社，2008：62.

③ 马克思，恩格斯. 马克思恩格斯文集：第一卷［M］. 中共中央马克思恩格斯列宁斯大林著作编译局，译. 北京：人民出版社，2009：158.

图 7.4　种植园劳动

活动二：烹饪做菜

各个小组都井然有序地做着洗菜、备菜任务。食材和厨具准备就绪，就准备起锅烧油下菜炒菜。孩子们在各组老师的叮嘱下，开始烹饪自己的菜系：油炸南瓜饼、飘香卤肉、水果拼盘、油炸洋芋、手搓汤圆和香煎土豆饼。小组人员也一丝不苟地做好分内事：厨师、助手、调味、端盘等分工明确。经过洗菜备菜和烹饪环节后，一道道美味的食物终于出炉。最后到了成果分享环节，孩子们的脸上虽然已经挂上辛勤劳动的汗水和冬日照耀的红晕，但依旧遮挡不住期待的眼神和充满成就的喜悦。

（4）评价反思

在实践操作中丰富想象力。在劳动课实践操作过程中，学校充分利用学生已有生活经验和对劳动课动手操作过程的兴趣，来调动学生思考问题的积极性，拓宽学生的思路，让学生张开想象的翅膀，展开丰富的想象，发展创新意识，在实践操作中强化合作意识。

在劳动实践操作中，学校以小组活动为基本形式，建立合理的竞争机制，激励全体学生之间互相合作。小组之间开展竞争，使每一名学生的个性得以发展，特长得以锻炼，素质得以提高，最终走向成功。学校始终追求以学生人人进步为最终目标，以合作学习小组为运行载体，以全员参与为操作手段，以小组团体成绩评价为导向，激发竞争活力，强化合作意识。在劳动实践教学中，学校将学生按班级分为几组，最后，评一评哪组做得最好，在学生动手做的过程中，强调学生个体心理品质的训练、健康心理素质的养成、互助协作的团队精神的形成，使学生不以自我为中心，而从集体的利益出发，让他们明白成功的作品既属于自己，也属于集体。

在实践操作中体验成功的快乐。每个学生总是希望自己成功的，总想要得到老师的赞赏，因此让学生在劳动实践操作中体验成功的快乐是非常重要的。教师在劳动教学过程中尽力满足学生的成就需要，利用班级评比、流动红旗、班级之星、校园之星等方式帮助学生树立自信心，调动学生参与积极性，依靠学生自身的努力获得成功和从知识的获益中得到满足，让他们体验成功的快乐，在劳动教学过程中总是能保持浓厚的学习兴趣，激发学生内在的学习需求，促使每一个学生学会学习，从而愿学、乐学、会学、善学。

在劳动教育引领下，学校取得了一系列成绩：四川省绿色学校、金口河区文明单位、金口河区民族团结示范校、金口河区健康示范学校、少先队被评为乐山市 2023 年优秀少先队集体等。

4. 点评解读

金口河区金河镇吉星小学劳动教育典型案例是一个很好的劳动教育实践，它充分展示了劳动教育在促进学生全面发展中的重要作用。通过这样的活动，学生不仅能够学到知识和技能，还能够在情感、态度和价值观上得到提升，为他们成长为有责任感、有创造力和有审美情感的全面发展的个体打下了坚实的基础。

就德育价值来说，一是有助于学生认识劳动的重要性。比如通过案例中的"种植谁最棒"倡议，学生被鼓励去体验和认识劳动的价值，让学生理解劳动在社会发展和个人生活中的作用。二是有助于学生体验劳动的快乐。案例中的实地劳动和烹饪活动提供了一个平台，让学生在完成劳动任务的过程中体验到快乐。学生通过亲身参与，感受到劳动带来的成就感和满足感。三是有助于培养学生爱劳动的习惯。案例中的活动设计，如劳动清单和班会倡议，通过持续的劳动实践，有助于学生养成定期参与劳动的习惯。四是有助于引导学生尊重劳动人民和珍惜劳动成果。学生在参与劳动的过程中，通过自己的劳动成果，能够体会到劳动者的辛勤和付出，学会珍惜每一份劳动成果，尊重劳动者。

就智育价值来说，劳动清单的设计要求学生考虑劳动任务的可行性、安全性和教育意义，这一过程锻炼了学生的逻辑思维和规划能力。班主任的倡议不仅是对学生的动员，也是对他们社会责任感的培养，因为倡议的发起过程可以让学生学习如何表达和沟通自己的想法。烹饪活动涉及食材选择、营养搭配、烹饪技巧等多个方面的知识，学生在烹饪过程中需要运用数学、物理、化学等科学知识，如计量、热量转换等。这些活动不仅锻炼了学生的思维能力，还提高了他们的生活技能和科学素养。

就体育价值来说，如整理土地、除草、翻土等实地劳动，都是对体力和耐力的考验，有助于提高学生的身体素质，增强体力。烹饪过程中的洗菜、备菜、炒菜等动作需要一定的体力和协调性，不仅锻炼了学生的体力，还提高了他们的身体协调性和灵活性。

就美育价值来说，烹饪本身就是一种创造性的活动，学生通过发挥自己的想象力和创造力，创造出色香味俱佳的美食，体验创造美的乐趣。烹饪能够激发他们对美的追求和欣赏，而案例中的成果分享环节，分享劳动成果不仅是一种社交活动，也是对劳动成果的一种美的展示和享受。烹饪可以让学生体验到劳动成果带来的美感和满足感，学会欣赏他人的劳动成果，培养了他们的审美情感和社交能力。

通过上述分析，学校可以看到，学生通过实地劳动和烹饪活动，不仅学习了劳动技能，而且体验了劳动带来的快乐和成就感。这些活动的设计充分考虑了学生的实际操作能力，同时也注重了情感、态度和价值观的培养。可以说，劳动教育在促进学生全面发展中具有重要作用。通过劳动教育，学生不仅能够学到知识和技能，还能够在情感、态度和价值观上得到提升。案例中的劳动教育实践，充分展示了劳动教育在德育、智育、体育和美育方面的价值，为学生成长为有责任感、有创造力和有审美情感的全面发展的个体打下了坚实的基础。

5. 知识拓展

农耕劳动是一种传统的生产活动，它不仅在物质生产上有着重要作用，同时在教育领域也具有多方面的价值。

就德育价值而言，农耕劳动要求学生对作物的生长周期负责，包括播种、施肥、除草和收获等。这种责任感的培养有助于学生在日常生活中形成负责任的态度。农耕活动往往需要多人合作，如共同耕作、分配任务等。通过这些活动，学生可以学习如何与他人协作，提高团队合作能力。亲身体验农耕的辛苦可以让学生更加懂得尊重劳动和劳动者，认识到每一份工作的价值。农耕劳动让学生直接接触自然，了解作物生长的规律，培养对生态环境的保护意识。

就智育价值而言，农耕涉及植物生长、土壤结构、气候影响等自然科学知识，有助于学生在实践中学习这些知识。通过将课堂上学到的理论知识应用到实际的农耕活动中，学生能够更深刻地理解这些知识。农耕过程中可能会遇到病虫害、干旱等问题，学生需要思考并寻找解决方案，这有助于培养他们的批判性思维和解决问题的能力。在农耕实践中，学生可能会尝试新的种植技术或方法，如有机农业、水培等，这有助于培养他们的创新思维。

就体育价值而言，农耕劳动是一种体力活动，可以增强学生的体力，提高他们的身体素质。定期参与农耕活动可以帮助学生养成运动的习惯，这对他们的长期健康有益。农耕活动中的动作，如弯腰、伸展、搬运等，需要良好的身体协调性和灵活性。

就美育价值而言，农耕劳动让学生有机会亲近自然，欣赏农作物的生长过程和季节变化带来的自然美景。通过观察农作物的生长和季节变化，学生可以培养对美的感知和欣赏能力。农耕活动可以激发学生的创作灵感，他们可能会通过绘画、写作、摄影等形式表达对自然和农耕的感悟。农耕劳动的成果，如丰收的果实，可以给学生带来成就感和满足感，体验劳动之美。

农耕劳动在中小学生教育中具有丰富的价值，它不仅能够促进学生在德、智、体、美各方面的全面发展，还能够帮助学生建立起与自然和谐共处的生活方式，培养他们成为有责任感、有创造力和有审美情感的全面发展的个体。

6. 实践操作

（1）内容回顾：绘制本节内容回顾思维导图。

（2）头脑风暴：探讨有哪些创新的农耕教育方法，例如通过游戏、故事、科技工具等来激发学生的学习兴趣。

（3）项目研究：请结合对金口河区金河镇吉星小学劳动教育典型案例的学习，以农事劳动为例，编写一份小学三年级学生劳动教育特色活动方案，字数不少于 2 000 字。

（五）乐山高新区第一小学劳动教育典型案例①

1. 学校介绍

乐山高新区第一小学致力于实施小学义务教育，促进基础教育发展，完成小学学历教育及相关社会服务工作。学校拥有现代化的教育设施，包括教学大楼、运动场、微机教室、语音教室、多媒体阶梯教室等，为师生提供了优越的学习生活环境。该小学在不断提升教学质量的同时，注重学生全面发展，推动素质教育，强化师资队伍建设，实行教师聘任制，拥有一支学历合格、经验丰富的教师队伍。学校以前瞻的教育理念和创新精神，积极落实国家教育政策，努力创建和谐平安的校园环境，为学生的健康成长和全面发展提供了良好的条件；积极响应国家政策，如"双减"政策，致力于减轻学生课业负担，提高课堂教学质量，促进学生活泼、健康发展。学校还重视安全工作和疫情防控，确保校园的稳定和学生的身心健康。

2. 案例背景

为全面贯彻落实 2020 年《中共中央 国务院关于全面加强新时代大中小学劳动教育的意见》（中发〔2020〕7 号）文件精神，更好地落实"双减"政策，乐山高新区第一小学根据"培养体格健康，人格健全的社会公民"的办学目标，以劳动课程建设为主线，开发劳动课程资源，创新劳动教育方式方法，建设劳动教育平台载体，加强劳动教育工作保障，促进学生德智体美劳全面发展，不断提升学校"五育并举"工作水平。

3. 主要做法

（1）育人目标

乐山高新区第一小学坚持立德树人，坚持培育和践行社会主义核心价值观，坚持落实"五育并举"的新时代党的教育方针，切实把劳动教育贯穿低段、中段、高段各个学段，贯穿德育、智育、体育、美育各个领域，贯通家庭、学校、社会各个方面，围绕以劳树德、以劳增智、以劳强体、以劳益美、以劳创新目标，发挥劳动教育的综合育人功能，着力提升学生劳动素质，促进学生全面发展、健康成长。

低段年级启蒙目标：强调劳动意识的启蒙，主要通过让学生参与一些基本的日常生活自理活动（如学习如何整理自己的书包、打扫教室、参与

_____

① 案例材料由魏晓琼整理提供。

简单的园艺工作等），来感知劳动的乐趣和意义；增进学生对自然的了解与认识，逐步形成关爱自然、保护环境的思想意识和能力。

中段年级实践目标：注重培养学生的自我服务能力，让学生学会自我服务性劳动，认识劳动的重要性。比如独立完成家务，如何使用一些简单的工具，进行简单的手工制作，或者参与一些社区服务活动等，学习基本的生活技能和劳动技术。

高段年级价值目标：要求学生除了掌握各项劳动技能外，还要参与校内外的公益劳动（如参与志愿活动、社会实践、职业体验等），学会与他人合作，并体验劳动的光荣和社会价值，让学生能够在实际的劳动中学习到团队合作、责任意识和社会责任感。

（2）课程建设

学校切实承担起劳动教育的主体责任，明确实施机构和人员，开齐开足劳动教育课程，每周不少于一节劳动课程，不得挤占、挪用劳动实践时间。按照新课标，课程内容包括"日常生活劳动、生产劳动和服务性劳动"，让学生系统学习掌握必要的劳动技能。日常生活劳动包括清洁与卫生、整理与收纳、烹饪与营养、家用器具使用与维护。生产劳动包括农业生产劳动、传统工艺制作、新技术体验与应用。服务性劳动包括现代服务业劳动、公益劳动与志愿服务。

学校的课程设置，符合学生的年龄特点，低年级劳动课以校园劳动、手上劳动为主，比如在劳动课上做糖画、做点心、清扫校园等；中高年级劳动课主要以体力劳动为主，去劳动实践基地上课，手脑并用、安全适度，强化实践体验，让学生亲历劳动过程，提升育人实效性。

课程整合家庭、学校、社会各方面力量。家庭劳动教育日常化，学校劳动教育规范化，社会劳动教育多样化，形成协同育人格局。根据学校实际，结合学校所处地域的独特条件，充分挖掘可利用资源，采取多种方式开展劳动教育。学校与家委会联合，带学生去校外劳动实践基地上课（见图7.5）。

图 7.5 校内劳动实践基地——"谷园"师生在校内劳动实践基地

（3）实施途径

独立开设劳动教育必修课。每个学期，学校教导处结合实际制定劳动课程，拟定各学段劳动课程方案，明确教学人员职责。每学期分学段进行班级劳动课程开展情况评比，对学生开展劳动技能考核。

在学科专业中有机渗透劳动教育。在教学中，劳动课与各学科融合，比如美术课上教学生画糖画、学剪纸、编织；科学课上教学生生豆芽、做菜等。开学第一节劳动课，安排在劳动实践基地上课，让学生明白"粒粒皆辛苦"的道理。

在课外、校外活动中安排劳动实践。学校在培养学生劳动技能和品质的同时，和家庭教育结合起来。让家长鼓励孩子在家自觉参与、自己动手，随时随地、坚持不懈地进行劳动，掌握洗衣做饭等必要的家务劳动技能，每年学会一至两项生活技能。家庭树立崇尚劳动的良好家风，家长通过日常生活的言传身教、潜移默化，让孩子养成从小爱劳动的好习惯。鼓励孩子利用节假日参加各种社会劳动、参加志愿服务，开展公益劳动等。邀请家委会到校给学生教学劳动技能，并把学生带到校外劳动基地参与实践。

在校园文化建设中强化劳动文化。学校在校园醒目位置制作宣传栏，张贴标语、宣传画等，让学生明白劳动的价值和重要性。加强劳动技能开展情况的宣传，对劳动成果进行展示，并定期开展劳动竞赛等。

（4）支持保障

一是建设劳动教育实践基地。校内教学楼后面有一块狭长的闲置的区域，老师和同学们对其进行平整、松土，设立栅栏、制作班牌，给每个班分了一块"自留地"，并购置了劳动教育器材，建成了学生每天中午都想去的劳动实践基地——"谷园"。另外，在上级教育主管部门的指导下，在乐山高发展农业综合开发有限责任公司的支持下，学校在杜家场村开垦了一块十多亩的校外劳动教育实践基地。

二是制度建设。学校制定完善了各项劳动教育制度，如《劳动课程实施方案》《劳动实践基地管理方案》《学生外出实践学习方案》《班级劳动教育开展评比方案》《学生劳动教育质量评价考核方案》等。

三是师资队伍建设。学校成立了以校长为组长亲手抓、副校长具体抓、德育主任配合抓以及科任教师兼职劳动教师的师资队伍，发挥教师特长，开设特色劳动教育课程，强化师生劳动风险意识，保障劳动课程顺利地开展与实施。

（5）亮点特色

自劳动课程开展以来，全校学生学会了很多劳动技能，自理能力得到极大提高。低年级学生学会了清洁与卫生、整理与收纳，主动做力所能及的事情；中高年级学生学会了简单的烹饪，学会了简单的农业生产劳动、传统工艺制作，并主动参与公益劳动与志愿服务。学生们还将他们的劳动成果带给老师、家长、同学分享，邀请大家共同感受丰收的喜悦。

4. 点评解读

乐山高新区第一小学劳动教育典型案例体现了劳动教育的全面性和系统性，将劳动教育贯穿于学校教育的全过程，覆盖了不同年级的学生，形成了一个多层次、多维度的教育体系。

案例中提到的劳动教育不仅涵盖了日常生活劳动、生产劳动和服务性劳动，还包括对学生的德育、智育、体育和美育的融合，体现了劳动教育的全面性。通过具体的劳动实践，如在校内的"谷园"实践基地和校外的农业综合开发实践基地参加劳动，学生能够亲身体验劳动过程，让学生在实际操作中学习劳动技能，体验劳动过程，从而深刻理解劳动的价值和意义，实现了知行合一，这体现了劳动教育的实践性。劳动教育的目标和课程设置根据不同年级学生的特点进行了划分，低年级注重劳动意识的启蒙，中年级学习自我服务性劳动，高年级则参与更复杂的劳动，符合学生的成长规律，这体现了劳动教育的阶段性。案例中提到了家庭、学校和社会三方面的协同，形成了一个全方位的劳动教育网络，家庭的日常化劳动教育、学校的规范化管理和社会的多样化劳动实践，共同促进了学生劳动素养的提升，体现了劳动教育的协同性。劳动教育内容与时俱进，包括新技术体验与应用，以及现代服务业劳动等，通过引入新技术体验与应用，让学生在劳动教育中体验现代科技条件下劳动的新形态和新方式，体现了劳动教育的时代性。劳动教育与美术、科学等学科的融合，如美术课上的糖画制作，科学课上的种植和烹饪，实现了五育并举，体现了劳动教育的融合性。学校通过不同年级的劳动教育目标和课程设置，以及家庭劳动教育的日常化，让学生根据个人偏好和需求选择劳动内容，满足了不同学生的发展需求，体现了对学生个性化需求的关注。学校制定了一系列的劳动教育制度和实施方案，确保了劳动教育的系统性和连贯性。学校在劳动教育的实施中不断创新，如通过建立"谷园"这样的校内实践基地，以及与企业合作开垦校外实践基地，这些做法都显示出学校在劳动教育方面的积极探索和创新，体现了劳动教育的创新性。劳动教育的价值观在案例中得到了强化，通过劳动教育，学校旨在培养学生形成正确的劳动观，尊重劳动和劳动者，培养了学生的社会主义核心价值观，这体现了劳动教育在价值观培养上的重要性。

　　总体来说，乐山高新区第一小学劳动教育典型案例展示了一个综合性的劳动教育模式，展现了劳动教育的多重理论和实践价值，它不仅关注学生的技能培养，还注重价值观的塑造，以及与学生个人发展阶段的匹配。家庭、学校和社会的协同合作，以及创新的实践方式，为学生提供了全面而深入的劳动教育体验，有助于学生形成正确的世界观、人生观和价值观，为学生的全面发展奠定了坚实的基础。

　　5. 知识拓展

　　劳动教育是"五育并举"教育方针的重要内容，在中小学教育中占据着举足轻重的地位，旨在通过劳动实践培养学生的劳动观念、劳动技能和劳动习惯，促进学生全面发展。这一教育理念不仅关注劳动技能的传授，而且重视塑造学生的劳动观念、态度和习惯。

　　劳动教育的实施强调了全面性、实践性、阶段性、协同性、时代性、融合性、个性化、系统性和创新性。劳动教育的全面性要求我们超越单纯的技能训练，更应关注劳动背后的价值观念和生活态度的培育。通过劳动教育，学生不仅可以学会具体的劳动技能，还可以学会尊重劳动、尊重劳动者，理解劳动对于社会发展的根本作用，从而在心灵深处树立正确的世界观、人生观和价值观。劳动教育的实践性要求我们重视学生的直接体验，通过实际操作让学生感受劳动的艰辛与乐趣，体会劳动成果的来之不易。这种亲身体验是培养学生劳动观念和习惯的有效途径，有助于学生形成踏实肯干、勤奋进取的劳动态度。同时，劳动教育的阶段性强调了根据学生成长规律和认知特点，分阶段、有侧重地开展劳动教育，使劳动教育更加符合学生的实际需要和接受能力。劳动教育的协同性揭示了家庭、学校和社会在劳动教育中的共同责任。家庭是劳动教育的第一课堂，家长的劳动观念和行为对孩子有着潜移默化的影响；学校是劳动教育的主要场所，应通过课程设置、实践活动等形式，系统地开展劳动教育；社会则应提供多样化的劳动教育资源和平台，为学生的劳动实践创造条件。只有三方形成合力，才能使劳动教育取得最佳效果。劳动教育的时代性要求我们紧跟时代发展的步伐，不断更新劳动教育的内容和方法。在知识经济和信息化社会背景下，劳动形态和劳动方式发生了深刻变化，劳动教育也应适应这一变化，融入新知识、新技术、新工艺，培养学生的创新意识和适应能力。同时，劳动教育的融合性强调了劳动教育与德育、智育、体育、美育等其他教育的有机结合，通过跨学科的综合教育，实现劳动教育的全面育人目标。劳动教育的个性化和系统性则要求我们在尊重学生个体差异的基础上，构建科学、系统的劳动教育体系。这一体系应包括课程设计、教学实施、评价反馈等多个环节，形成一个完整的劳动教育闭环。同时，劳动教育的创新性要求我们不断探索新的教育内容和方法，如项目式学习、服务学习、创客教育等，以适应社会发展和教育改革的要求。劳动教育的价值观是劳动教育的灵魂，它要求我们在劳动教育中培养学生正确的劳动价值观，使学生认识到劳动不仅是谋生的手段，还是实现自我价值、服务社会的途径。通过劳动教育，学生可以学会珍惜劳动成果，体会劳动带来的成就感和幸福感，形成积极向上的人生态度。

总之，劳动教育具有多维度和深层次的特点，是一项系统而复杂的工程，它需要我们在理论和实践两个层面进行深入探索和创新实践。通过劳动教育，我们可以培养出具有社会责任感、创新精神和实践能力的新时代好青年，为实现中华民族伟大复兴的中国梦贡献力量。

6. 实践操作

（1）内容回顾：绘制本节内容回顾思维导图。

（2）头脑风暴：探讨如何利用校园环境进行可持续的劳动教育活动。

（3）项目研究：请结合对乐山高新区第一小学劳动教育典型案例的学习，以农事劳动为例，编写一份小学三年级学生劳动教育特色活动方案。

二、地方综合实践基地

（一）井研县青少年校外文体活动中心劳动教育典型案例①

1. 中心介绍

2000 年 4 月，井研县教育局为整体推进素质教育，搭建中小学生综合实践平台，结合本县实际，将因学校撤并而闲置的原农村高级中学——周坡高级职业中学旧址，改扩建成为全县中小学生校外综合实践教育活动场所——井研县中小学生素质教育基地。2016 年基地职责划入井研县青少年校外文体活动中心实现资源整合，更名为井研县青少年校外文体活动中心（井研县青少年宫）。校园占地面积约 21 000 平方米，建筑面积约 5 500 平方米，现拥有一支 35 人的专业教师队伍，现在，基地春、秋季学期分别接待全县五年级和八年级学生轮流参训，每年接待参训学生 6 000 人次左右。

2. 案例背景

随着教育改革的不断深入，素质教育成为教育发展的重要方向。在这一背景下，县教育局积极响应国家对青少年全面发展的号召，致力于搭建一个能够促进学生综合素质提升的综合实践平台。为此，教育局充分利用了因学校撤并而闲置的原农村高级中学——周坡高级职业中学的旧址，通过改扩建，将其转变为一个多功能的校外综合实践教育活动场所。自 2000 年 4 月开营至今，已成功举办培训活动 500 多期，培训中小学生 16 万余人次。基地交通便利、设施齐全、管理规范、综合性强、学生喜欢，能开展五大门类 30 多项活动，是区域影响力较大的中小学生校外综合实践教育基地，被命名为"青少年国防教育基地""四川省青少年校外活动示范基地""四川省青少年社会实践教育基地""四川省防震减灾科普示范学校""四川省法治教育示范基地""乐山市乐游嘉学研学实践活动基地""家庭家教家风实践基地"。基地现有实践活动室 6 个，可同时容纳 800 人左右的艺术表演大厅一个，正在规划建设科技体验场馆 3 个，户外拓展场地 5 个，劳动教育基地 1 个。基地组织编写了军事拓展、劳动实践、民俗文化、生存体验、研学实践及专题教育校本教材一套，丰富的劳动实践课程体现了基地办学特色。

---

① 案例材料由凌建军、赖剑利整理提供。

3. 主要做法

基地开设的课程主要有军事拓展课、生存体验课、劳动教育课、民俗文化艺术课、专题教育课、研学实践课。这些课程都以活动课程呈现。

军事拓展课，包括队列训练、内务整理、国旗班训练、升旗仪式、行军拉练、唱军歌、观看爱国主义影片、会操汇报表演、团队拓展等活动。

生存体验课，包括野外急救、三防演练、地震逃生演练、紧急疏散演练、消防演练、心肺复苏与外伤包扎、交通安全演练。

劳动教育课，包括农耕体验、自制餐等活动，通过农具、农作物辨识、耕种技术学习，学生亲自播种、施肥、灌溉、除草、收割、采摘，体验农业生产劳动；学生通过了解饮食文化、处理食材，掌握烹饪方法和步骤。

民俗文化艺术课，包括面塑、剪纸、国画、丝网花制作、木工机床、建筑工程设计与搭建、粘贴画、刮画、云霄飞车设计与组装、联欢晚会、百科知识竞赛等。

专题教育课，包括国情县情乡情教育、法治讲座、模拟法庭、感恩礼仪讲座、国学讲座、科普讲座、革命传统教育、心理健康教育等。

研学实践课，组织学生参观成都战役·首战遗址景区——烈士纪念园；参观熊克武故居、井研民居民俗文化博物馆——雷畅故居、百里产业环、研溪湿地、大佛湖，培养学生的家国情怀。

下面以劳动教育课为例，通过内务整理活动，培养学生的劳动品质与劳动精神。

（1）设定活动目标

活动目标为提高学生的生活自理能力和内务整理水平，培养学生良好的生活习惯和自律意识。

（2）实施过程

每周组织 280 余名学生参加内务整理培训，通过 PPT、视频教学和教官示范等方式详细讲解内务整理的标准和要求，如床铺整理、物品摆放等。

将学生分成 24 个小组，每组负责一个寝室 30 平方米区域的内务整理任务。学生们按照要求认真进行整理，互相学习、互相帮助。在整理过程中每个寝室共需要整理 12 套床上用品、50 余套衣物，摆放 30 余双鞋子和 24 套洗漱用品。每个寝室安排 1~2 名老师进行现场指导和检查，及时指出问题并督促整改。整理过程出现的问题在教师指导下及时得到解决。开展内务检查评比，从劳动技能、劳动态度、劳动精神、劳动创新等不同角度进行评价，评出 2~4 个优秀寝室。

（3）劳动成效

宿舍环境焕然一新，变得整洁有序。经过整理，宿舍的整洁度大幅度提高，合格率达 100%、优秀率达 50% 以上。

学生们掌握了内务整理的方法和技巧，生活自理能力明显提高。有 90% 的学生表示自己的内务整理能力有了显著提升。

形成了良好的生活氛围，促进了学生之间的交流与合作。

（4）活动反馈

学生们普遍表示通过内务整理活动，认识到了内务整理的重要性，也体会到了劳动的乐趣。有 90% 以上的学生表示非常喜欢这样的活动。

一些学生表示在活动中学会了如何合理安排物品，提高了自己的规划能力。有 90% 以上的学生认为自己的规划能力得到了明显提升。

家长们也对活动效果表示满意，认为孩子回到家以后生活习惯有了明显改善。有 90% 以上的家长表示孩子的生活习惯有了很大改变。

（5）总结反思

活动中心的内务整理课程不仅提升了学生的生活技能，还培养了他们的综合素质。同时活动也得到了带队教师、学生家长、参与学生的广泛认可和支持，为今后类似活动的开展提供了有益的经验。活动中心已构建了完善的评价体系，从劳动技能、劳动态度、劳动精神、劳动创新等不同角度进行评价，家校携手共同让学生养成良好的劳动习惯，让学生懂得关爱他人，关爱社会，让参训学生的综合素养得到了明显提升。

4. 点评解读

在当前教育改革的大背景下，素质教育被提升到了前所未有的高度。为了全面落实素质教育，培养学生的创新精神和实践能力，案例中的井研县教育局采取了创新性的措施。他们没有选择新建设施，而是将一所因学校撤并而闲置的原农村高级中学——周坡高级职业中学的旧址，改扩建成为全县中小学生的校外综合实践教育活动场所。这一举措不仅有效利用了现有资源，而且为学生提供了一个全新的学习和体验平台。从理论上看，井研县青少年校外文体活动中心，凸显出极具特色的劳动教育整县模式。

井研县通过将废弃的教育资源转变为实践教育基地，展示了资源的创新利用和整合能力。基地的建立为学生提供了丰富的实践活动，包括艺术表演、科技体验、户外拓展等，有助于提升学生的实践操作能力和团队协作精神。农耕体验和自制餐等活动，强化了劳动教育，让学生在亲身体验中理解劳动的价值和意义。民俗文化艺术活动的设置，不仅让学生了解和学习传统文化，而且鼓励他们在传统基础上进行创新。生存体验课程如野外急救、消防演练等，提高了学生应对紧急情况的能力。组织学生参加军事拓展活动和参观历史遗址，培养学生的爱国情怀和社会责任感。专题教育课程涵盖了法治、心理健康等方面，有助于学生形成正确的价值观和健康的心理状态。组织学生参观具有教育意义的地点，如成都战役首战遗址景区等，提高了学生的实践认知，培养了学生的家国情怀。该基地的建立为全县中小学生提供了平等参与校外实践活动的机会，有助于缩小不同学校、城乡之间的教育差距。基地的建设和运营促进了学校与社区的合作，增强了社区对教育的支持和参与。

从整县模式视角来看，井研县青少年校外文体活动中心案例中的劳动教育基地通过开设多样化的课程，实现了教育资源的整合。军事拓展课、生存体验课、劳动教育课等课程的开设，不仅涵盖了劳动技能的培养，还包括爱国主义教育、生存技能、文化艺术等多个方面。这种整合有利于学生的全面发展，同时也提高了教育资源的使用效率。案例中的内务整理活动设定了明确的活动目标和实施过程，通过 PPT、视频教学和教官示范等方式，确保了内务整理的标准和要求的统一性。此外，通过内务检查评比，从劳动技能、劳动态度、劳动精神、劳动创新等不同角度进行评价，体现了评价标准的统一性。由县教育局利用闲置的教育场所进行改造，开设如此多样化的劳动教育课程，为劳动教育的开展提供了保障，有利于形成全社会共同参与劳动教育的良好氛围。案例中的劳动教育课程体现了特色发展的理念。例如，民俗文化艺术课的开设，让学生有机会接触和学习传统文化艺术，这不仅丰富了劳动教育的内涵，也有助于传承和弘扬传统文化。同时，通过研学实践课，组织学生参观具有地方特色的文化遗址和景区，有助于培养学生的家国情怀，这些做法都可以作为其他学校的示范引领。案例中的劳动教育课程体现了创新和多样性。例如，民俗文化艺术课的开设，不仅让学生学习传统的面塑、剪纸等技艺，还包括现代的木工机床、建筑工程设计与搭建等，体现了劳动教育内容的创新和多样性。

当然，整县模式仍然面临着一些有待改进的地方，比如案例中的劳动教育课程涉及多个方面，从课程设计到实施，都需要投入大量的人力、物力和财力。例如，内务整理活动的实施过程需要组织 280 余名学生参加培训，分成 24 个小组进行，这在一定程度上增加了实施的难度和成本。案例中的劳动教育课程虽然有统一的标准和评价，但也体现了一定的灵活性。例如，内务整理活动中，学生被分成小组，每个小组负责一个寝室的内务整理任务，这为学生提供了一定的自主空间，可以根据实际情况灵活调整。案例中的劳动教育课程虽然具有一定的地域特色，如研学实践课中的参观活动，但是否能够满足不同地域学生的个性化需求，还需要进一步探讨。劳动教育的实施需要考虑到不同地域的文化背景、经济条件等因素，以满足学生的个性化需求。

综上所述，井研县青少年校外文体活动中心劳动教育典型案例的劳动教育课程在资源整合、统一标准与评价、特色发展与示范引领等方面都有很好的体现，同时也在一定程度上体现了灵活性和创新性。但其在实施难度与成本、地域差异与个性化需求等方面，还需要进一步优化和改进。整县模式的劳动教育需要在确保统一性的同时，考虑到灵活性和个性化，以满足不同学校和学生的需求。井研县通过不断地探索和实践，可以为中小学生提供更加优质、公平、有特色的劳动教育。总之，井研县青少年校外文体活动中心劳动教育典型案例不仅体现了教育创新和资源再利用的重要性，而且通过多样化的实践教育活动，为学生的全面发展提供了坚实的基础，具有深远的教育意义和社会价值。

5. 知识拓展

中小学劳动教育的整县模式，作为一种从县域整体角度出发的教育模式，具有其独特的优点和不足。

就我国中小学劳动教育的整县模式来说，辽宁省与贵州省走在了劳动教育改革的前列。辽宁省通过建立一套系统化的保障机制，统筹推进劳动教育项目化、系统化、科学化实施，科学设计完善一套精细化的课程体系，建立面向不同学段学生的多个劳动任务群，通过整合资源，打造一批多元化的实践基地，依托省内厂矿企业、种养殖场等单位，满足多样化劳动实践需求，引育并举培养一支专业化的师资队伍，挖掘潜在社会资源，聘请兼职教师，加大专业化培育力度。贵州省聚焦"五个体系"建设，强化系统设计，上下贯通搭好四梁八柱，为劳动教育提供政策支持和系统设计。

劳动教育的整县模式能够更好地整合县域内的教育资源，包括师资、场地、资金等，实现资源的最大化利用，可以避免资源的重复投入和浪费，提高资源使用效率，实现资源共享和优化配置。整县模式通过统一的组织和规范评价，可以确保劳动教育的质量，可以确保教育质量的一致性，减少因学校差异带来的教育不公，同时为学生提供一个公平的展示平台，鼓励他们积极参与劳动教育，避免因学校不同而导致的教育质量参差不齐。地方政府的支持是整县模式成功实施的关键，能够得到政府在资金投入、政策宣传、社会动员等方面的大力支持与政策倾斜，有利于形成政策推动力，形成全社会共同参与劳动教育的良好氛围，为劳动教育提供必要的保障，促进劳动教育的深入开展。整县模式可以挖掘和利用地方特色资源，形成具有地方特色的劳动教育模式。示范学校的引领，可以带动其他学校学习和借鉴，形成区域内劳动教育的良性竞争和发展。

劳动教育的整县模式也面临着实施难度与成本、灵活性不足、地域差异与个性化需求不足等问题。比如整县模式的实施需要协调县域内所有学校，这在实际操作中可能会遇到诸多困难，如学校之间的利益协调、资源分配等，需要投入大量的人力、物力和财力，对于一些财政紧张的地区来说，可能会造成一定的经济压力。统一的管理和评价体系可能会限制学校根据自己学生的特点和需求，灵活调整劳动教育的内容和方式。灵活性不足可能会影响劳动教育的针对性和有效性，降低学生的学习兴趣和参与度。县域内不同学校可能存在地理位置、学生构成、教育资源等方面的差异，整县模式可能难以满足所有学校的个性化需求，地域差异还可能导致劳动教育资源分配的不均衡，影响劳动教育的公平性。在整县模式下，学校可能会过分依赖统一的劳动教育模式，缺乏创新的动力和空间。创新和多样性的缺乏可能会影响劳动教育的活力和吸引力，降低教育的质量和效果。

整县模式作为一种劳动教育模式，有其明显的优势，如资源整合、统一标准、政策支持等，这些优势有助于提高劳动教育的质量和效果。然而，整县模式也存在一些不足，如实施难度大、灵活性不足、地域差异和个性化需求难以满足等。为了更好地发挥整县模式的优势，同时克服其不足，需要在实施过程中进行不断的探索和优化。

具体来说，可以通过以下方式进行优化：加强顶层设计，明确整县模式的实施目标和路径；建立灵活的管理机制，允许学校根据实际情况进行适当的调整；加强师资培训，增强教师的专业能力和创新意识；建立多元化的评价体系，鼓励学校和学生进行创新和探索；加强与家庭、社会等的合作，形成全社会共同参与劳动教育的良好氛围。井研县通过采取这些措施，可以更好地发挥整县模式的优势，克服其不足，为中小学生提供更加优质、公平、有特色的劳动教育。

6. 实践操作

（1）内容回顾：绘制本节内容回顾思维导图。

（2）头脑风暴：探讨如何实现校际的劳动教育资源共享与利用。

（3）项目研究：请结合对井研县青少年校外文体活动中心劳动教育典型案例的学习，运用文献法、观察法、调查法、访谈法等方法，对自己家乡中小学劳动教育模式进行调查研究与分析，编写一份调查报告，字数不少于 2 000 字。

三、区域特色产业实践

（一）峨眉山市双福镇小学校"茶文化实践体验"课程①

1. 学校概况

峨眉山市双福镇小学校，位于峨眉山市双福镇顺河街 40 号，创办于 1918 年。学校现有 15 个小学教学班，2 个幼儿园教学班，在校小学生 700 余名。有计算机教室、科学实验室、音乐室、录播室等功能室。现有在岗教职工 66 人，专任教师 49 人。学校紧紧围绕"立德树人五育并举"办学方针，以"筑牢红色基因茶润双福少年"为创建品牌，以"课堂教学改革"为突破口，提升教师业务素质，狠抓师德师风建设，形成一支师德高尚、业务过硬的教师队伍。逐步实现办学条件标准化、教育装备现代化、学校管理科学化、队伍建设优良化、教学质量一流化的总体目标。

多年来，双福小学教育教学成绩显著，学校先后荣获四川省"绿色学校"、乐山市"乡村少年宫示范点"、乐山市"援彝支教"先进单位、峨眉山市最佳文明单位，卫生先进单位等四十余项荣誉，多次被评为峨眉山市德育工作先进学校、素质教育先进学校、先进基层党组织，教学质量连续多年获峨眉山市教育局表彰。

2. 学校特色

根据"中小学思想道德建设纲要"《峨眉山市为教育工委关于创建

---

① 案例材料由梁文彬整理提供。

"一校一品"党建品牌工作实施方案》〔2022〕11号）文件精神，学校党支部结合学校实际经过认真研究，积极讨论，将"筑牢红色基因，茶润双福少年"作为学校党建品牌。

双福镇小学紧邻峨眉山市烈士纪念馆这一红色教育基地，开展红色精神传承教育有着得天独厚的区域优势。学校常态化组织师生开展学习参观、祭奠革命先烈，让师生耳濡目染先烈故事，让红色精神在师生心中扎根，夯实学生社会主义核心价值观。

双福是茶叶之乡，学校紧邻大西南茶叶市场，近90%学生家庭与茶业有关系。学校将"茶文化"引进校园，开展"茶文化实践体验活动"具有天时地利人和的优势，不仅引导学生在体验教育实践的过程中全面发展，提升学生的人文素养，引领学生学会生活，身心健康成长，而且丰富校园文化建设，深化办学特色。学生在观摩、接触茶文化，在读、画、赏、摘、炒、品等实践活动中认知、感悟茶文化，把平时对茶的认知、家乡茶文化进行系统的归整，学会做一个"懂茶"的人、会生活的人。同时学校通过茶文化的体验教育活动将劳动实践落实到课堂，实践于生活，真正实现五育并举。同时，以润物细无声的方式加强学生对中华优秀传统文化的热爱与自信，为传承和发扬中华优秀传统文化奠定基础，为乡村振兴提供动力。

3. 典型案例：国饮千年润泽少年

学校"乡村振兴视域下的茶文化体验教育实践活动"于2021年7月通过专家组审批立项，2021年12月23日正式开题启动至今，研究工作得到各级领导关心，得到乐山市、峨眉山市各位专家专业指导，赢得全校师生积极参与和社会各界鼎力支持，学校的研究工作不断取得突破，师生不断收获惊喜。

（1）背景介绍

一是国家的需要。习近平总书记指出"文化兴国运兴，文化强民族强"[1]。文化自信是更基础、更广泛、更深厚的自信，是一个国家一个民族发展中最基本、最深沉、最持久的力量[2]。茶文化，便是中国传统文化中当之无愧的瑰宝，其内容与诗歌、书法、绘画、医药、音乐、舞蹈、生活礼仪等中国文化内容广泛融合。几千年来，中国不但积累了大量的有关茶

---

[1]　习近平. 习近平谈治国理政：第三卷 [M]. 北京：外文出版社，2020：32.
[2]　习近平. 习近平谈治国理政：第四卷 [M]. 北京：外文出版社，2023：103.

的物质文化，而且积累了丰富的茶的精神文化。

二是乡村振兴的需要。双福镇小学地处我国大西南最大茶叶市场，全年茶交易额超100亿元。茶叶经济是双福镇的支柱经济产业，更是双福镇老百姓的主要经济来源之一。近几年来，双福镇茶业发展遭遇瓶颈，而茶文化和经济的有机结合，能极大地带动茶叶经济产业的蓬勃发展，助力双福茶经济发展进入新的篇章。

三是学生及家庭的需要。据调查，学校近90%学生家庭都多多少少与茶业有关系。双福孩子及家庭与茶联系紧密：种茶、制茶、卖茶、喝茶，茶已融入双福人的生产、生活。学生们对茶的知识很感兴趣，也因为家庭原因对茶知识有一定的粗浅认知，但在茶文化这一方面很欠缺。

四是学校的需要。学校教育要服务于国家民族、服务于地方、服务于家庭、服务于学生。作为双福最大的公立学校，双福镇小学全体同仁一致认识到：学校有责任、有义务全力支持双福地域、双福孩子及家庭的发展，开展植根乡土的教育、有根的教育、发展的教育。所以，学校选择了茶文化这一地方文化作为学校校本课程进行研究、学习、推广。

（2）实施路径

一是课程组织，加强领导，统筹力量。学校成立了以学校党支部书记、校长为组长，副书记和副校长为副组长，各部门负责人及学科骨干教师为成员的课题研究工作组，明确分工，明晰职责，不断推进课程研究工作；同时邀请市教研室4名相关专业人员组成专家团队指导研究，确保研究正确方向及成果物化。领导小组和专家团队适时开会研究解决困难、问题，不断推动课程研究进程。

二是课程学习，加强学习，厚积薄发。为了开设好这门课程，2021年初，学校成立了涵盖学校领导、专家、中层力量、各学科骨干教师的研究小组。研究小组采购校本课程开发、茶文化专业书籍分发学习，多方调研、学习、讨论，邀请专家指导，派三名教师接受茶艺专业培训。

三是课程探索，遵循规律，稳步推进。经专家、学校、教师多方论证，学校初步形成了班级试点、年级推广，校外实践、校内融合，专项课程、学科融合的课题研究思路，确定了2022年三年级开展采茶实践、四年级开展制茶参观、六年级开展茶市场调研校外活动，初步了解家乡的茶，体悟家乡的茶文化。外出实践前，由课题组老师根据实践活动内容对学生进行相关茶文化知识及活动要求培训。

四是课程提升，分析研究，不断丰富。2023 年，课题组教师在前期体验实践活动的基础上，从教育的角度研究茶文化，结合部颁课程标准，对学校茶文化体验实践试点研究进行总结、分析，不断完善茶文化体验教育途径、平台、活动方式及其具体实施策略，最终形成课程实施方案。

（3）主要做法

①校外实践活动。春季，学校组织一、二年级学生开展"嘉峨寻茶 茶润少年"春季研学实践活动。学生们走进嘉峨茶谷茶园，了解茶树的种类、生长特点及生长环境。三年级学生开展采茶实践活动。老师先在班级对学生开展茶叶采摘方法、茶叶的存放以及采茶的注意事项等方面进行培训，随后组织三年级学生开展采茶实践活动。四年级学生进行现代化茶业园参观实践活动。老师先分别对四年级三个班的少先队员们进行了制茶相关课堂知识讲授，让学生了解参观的目的、意义，随后，师生到峨眉山市现代化茶业园。学生们参观茶叶的挑选、萎凋、揉捻、发酵、干燥、成品包装等茶叶全流程现代化生产，深入地了解现代制茶工艺，感悟制茶技艺的传承与进步。六年级学生开展茶叶作物调查实践活动。开展调查活动前，老师分别对六年级 3 个班的学生们进行了茶叶作物调查的目的、内容、方法、技巧、分工及要求等方面的知识培训。同学分组分区走访，认真调查，商户老板热情接待，耐心回答，教授同学怎样品茶、辨茶。培训结束后，学生写出了高质量的调查报告。

②茶艺专项课程。在五年级每周开设一节茶艺专业校本课程试点教学。老师通过茶艺课程中茶知识、茶礼仪等内容的讲授，提高学生的综合素质，促进了学生对中华优秀传统文化的吸收，弘扬中华传统美德。

③课程融合。学校课题组老师结合学校部颁课程，尝试将茶文化融入学科课程。结合学生学习内容，贴近学生生活，结合学科特点，设计丰富、有特色的教学课例，在 2023 年下期集中展示了 17 节茶文化校本课程融合研究探索课例。学校通过茶文化融合课程的研究，有效提升了学校茶文化实践研究的深度与广度，促进了学校学科融合，提高了学生的综合素质，弘扬了中华优秀传统文化。

（4）取得的效果

一是建成茶文化体验实践课程实施平台。学校搭建了学校、家庭、社会、主管部门四大课程支持平台，校企合作建成了种茶、采茶、制茶、售茶实践基地各一个，打造了一间茶艺学习教室。

二是形成了茶文化体验实践工作机制。学校逐渐探索出了"氛围营造、技能学习、技能竞赛、体验创新"四大方法，研发了"整合资源、融合课程、建立保障"三大机制。

三是摸索出茶文化体验实践课程实施路径。通过试点研究论证，学校最终将课程设置为"低、中、高"三个学段，探索出了茶文化"校外实践""课程融合""茶艺课程"三条路径。

四是学生们对双福地域茶文化有了充分了解。学生们了解了双福地域茶的基本品种，体验了采茶的乐趣与艰辛，了解了茶的相关知识；通过诗歌、游记、手抄报、绘画、调查报告等形式展示了自己课程活动中的丰富收获及深刻的感受。学校编创了《茶韵千年》舞台剧，该舞台剧获得峨眉山市戏剧艺术展演一等奖、乐山市三等奖。

五是老师们在课程研究中不断成长，边学习边实施课程，边研究总结，写出了七篇高质量课程研究论文，写下了九首诗歌，对茶文化有了更深入的认知，自身内涵底蕴不断提升。在师生的参与下，学校完成了茶文化长廊的建设。

六是文化辐射，强化影响。学校舞台剧《茶韵千年》受邀参加了绥山镇主办的"民宿发展大会"表演，参加统战部"端午联欢"表演活动，获得参会市领导和观众的高度赞誉。2023年"六一"节，双福30余家茶企业负责人及家长逾百人受邀参与了学校茶文化体验课程教学总结会，受到多家媒体热情报道。

学校将秉持大教育观理念，开门办学，走出去，请进来，以茶育人，为师生搭建学习实践的平台，为孩子们营造一个良好的人文环境，让孩子在学茶中知茶知礼，树立健康正确的价值观；让孩子们在浓厚茶文化氛围的耳濡目染中，心灵更加澄澈、内涵更加充实！让茶文化在孩子们的心底落地生根；助力学生及家庭的长远发展，助力本地茶业的内涵发展，让孩子们因茶而自信，让茶文化润泽双福少年，让双福万亩茶香香飘万里！

4. 点评解读

峨眉山市双福镇小学的茶文化教育实践是劳动教育与实践育人理论相结合的成功案例，通过多元化的课程和实践活动，有效地促进了学生的全面发展。

通过茶文化实践活动，学生不仅学习到了茶的种植、采摘、制作等知识，还体会到了劳动的辛苦与乐趣，认识到劳动的价值和重要性，理解劳动不仅是谋生的手段，更是传承文化、实现自我价值的重要途径，从而树立起尊重劳动、热爱劳动的正确观念。学生在采茶、制茶等实践活动中，学习了实用的劳动技能。这些技能不仅有助于学生对茶文化有更深刻的理解，也为他们将来可能从事的相关职业打下了基础。定期系统的茶文化课程和实践活动，帮助学生逐渐养成了积极参与劳动的习惯，有助于学生养成勤奋劳动、珍惜劳动成果的良好习惯，这种习惯有助于他们形成积极的生活和工作态度。茶文化教育让学生了解到茶农的辛勤付出和茶产业对地方经济的重要性，体会到劳动与社会的关系，加深对社会责任的认识，从而培养了他们对社会的责任感和对他人劳动的尊重。茶艺专项课程和课程融合鼓励学生在学习传统茶文化的同时，探索新的茶艺表现形式，激发了学生的创新思维和创造力。通过参与茶文化相关的实践活动，学生的观察能力、动手能力、解决问题的能力等都得到了提升。茶文化是中国传统文化的重要组成部分，通过茶文化教育，学生能够学习和传承中华民族的传统美德，如礼仪、谦逊、和谐等。茶文化中的茶道、茶艺等活动不仅是一种文化体验，也是一种身心放松的方式，有助于学生缓解压力，促进身心健康。茶文化教育涵盖了劳动技能、文化传承、社会责任感等多个方面，体现了综合素质教育的理念。茶文化教育将茶文化与学科课程相融合，创新了教学方式，拓宽了学生的学习视野，增强了学习的趣味性和实践性。学校不仅传承了茶文化，还鼓励学生在此基础上进行创新，体现了文化传承与创新的结合。学校与社区、企业的合作，为学生提供了实践机会，同时也推动了学校教育与社区发展的互动。

学校建立了茶文化体验实践课程平台，为学生提供了丰富的实践学习资源，形成了茶文化体验实践工作机制，包括氛围营造、技能学习、技能竞赛、体验创新等，保障了课程的顺利实施。学校根据不同学段学生的特点，探索出了适合的茶文化体验实践课程的实施路径。学生通过诗歌、游记、手抄报、绘画、调查报告等形式展示了自己对茶文化的理解和体验。教师在课程研究和实践中不断成长，提升了自身的专业素养和教学能力。学校的茶文化教育活动不仅影响了学生，也对社区产生了积极的文化辐射效应，提升了学校的社会影响力。

综上所述，峨眉山市双福镇小学的茶文化教育实践是一个综合性的教育项目，它不仅涵盖了劳动教育的多个方面，还融入了文化传承、创新精神、身心健康等元素，充分体现了实践育人的理念，为学生的全面发展提供了良好的平台和机会。

5. 知识拓展

劳动教育作为教育体系中的重要组成部分，对于学生的全面发展具有重要的育人价值和功能作用。

从育人价值来看，劳动教育通过实际的劳动活动，让学生体会到劳动成果的来之不易，从而培养他们对劳动的尊重和责任感。劳动教育强调动手实践，使学生能够将所学知识应用于实际情境中，增强实际操作能力和问题解决能力。在集体劳动中，学生需要相互协作，共同完成任务，这有助于培养他们的团队合作精神和集体荣誉感。劳动过程中，学生需要自我管理，合理安排劳动时间和劳动内容，这有助于培养他们的自我管理能力和时间管理能力。体力劳动有助于学生锻炼身体，增强体质，同时也能够让学生在劳动中体验到成就感，促进心理健康。

劳动教育，能够帮助学生树立正确的劳动观念，认识到劳动不仅是谋生手段，还是实现自我价值和社会价值的重要途径。教授学生基本的劳动技能，如家务劳动、农业生产、工业操作等，为学生将来的职业生涯打下基础。让学生参与劳动，体验劳动过程和成果，培养他们对劳动的热爱和对劳动成果的珍惜。帮助学生理解社会分工，认识到每个社会成员的劳动对社会的贡献，促进学生的社会化过程。鼓励学生在劳动中探索新方法，解决问题，激发他们的创新思维和创造力。

党和国家高度重视劳动教育，并把劳动教育作为五育之一，提出五育并举要求，培养德智体美劳全面发展的时代新人，并出台了一系列重要政策文件，全面加强劳动教育。比如 2020 年中共中央、国务院发布的《关于全面加强新时代大中小学劳动教育的意见》，强调劳动教育在新时代教育中的重要地位，提出要构建德智体美劳全面发展的教育体系，明确劳动教育的目标、内容、途径和保障措施，要求各级学校将劳动教育纳入人才培养全过程[①]。2020 年教育部印发的《大中小学劳动教育指导纲要（试行）》，提出了劳动教育的具体目标、内容和实施策略，为各级各类学校开展劳动教育提供了明确的指导，明确劳动教育的目标是培养学生的劳动观念、劳动技能和劳动习惯，内容包括日常生活劳动、生产劳动和服务性

---

① 关于全面加强新时代大中小学劳动教育的意见[EB/OL].（2020-03-20）[2024-10-06]. http://www.moe.gov.cn/jyb_xxgk/moe_1777/moe_1778/202003/t20200326_435127.html.

劳动，提出了劳动教育的实施策略和评价方法①。2019年《中共中央 国务院关于深化教育教学改革全面提高义务教育质量的意见》提出，在全面提高义务教育质量的背景下，提出加强劳动教育，培养学生的社会责任感、创新精神和实践能力，要求学校开展多种形式的劳动教育活动②。2019年，中共中央、国务院印发的《新时代公民道德建设实施纲要》，在公民道德建设的框架下，提出劳动教育对于培养学生的道德品质和社会责任感具有重要作用，强调通过劳动教育传承中华民族勤劳奋斗的传统美德，培养学生的道德品质和社会责任感③。

通过这些政策文件，学校可以看到国家对劳动教育的高度重视和全面规划，旨在通过劳动教育促进学生的全面发展，培养具有社会责任感、创新精神和实践能力的社会主义建设者和接班人。

6. 实践操作

（1）内容回顾：绘制本节内容回顾思维导图。

（2）头脑风暴：探讨可以利用哪些地域文化作为劳动教育的切入点。

（3）项目研究：学习借鉴峨眉山市双福镇小学校"茶文化实践体验"课程案例，请同学们运用地方地域文化活动素材，撰写一份小学生的劳动教育实施方案，字数不少于1 000字。

（二）峨眉山市桂花桥镇小学校劳动教育典型案例④

1. 案例背景

随着城市化建设的推进，学校生源急剧减少，留守、单亲等家庭学生日益增加，乡村教育困难更加凸显。同时因家庭溺爱和劳动教育的失向、失真，学生劳动素养缺失，吃苦耐劳、创新能力尤不足。在迷茫之际，中共中央、国务院、教育部相继出台了一系列加强劳动教育的重要政策文件，明确指出学校要建立全面发展的教育体系，努力实现劳动树德、增智、强体、育美的综合育人价值功能，培养德智体美劳全面发展的社会主义接班人和建设者。为重塑学生劳动素养，深化学校办学特色，桂花桥镇

---

① 大中小学劳动教育指导纲要（试行）［EB/OL］.（2020-07-07）［2024-10-06］. https://www.gov.cn/zhengce/zhengceku/2020-07/15/content_5526949. htm.

② 关于深化教育教学改革全面提高义务教育质量的意见［EB/OL］.（2019-07-08）［2024-10-06］. https://www.gov.cn/zhengce/2019-07/08/content_5407361. htm.

③ 新时代公民道德建设实施纲要［EB/OL］.（2019-10-27）［2024-10-06］. https://www.gov.cn/zhengce/2019-10/27/content_5445556. htm.

④ 案例材料由何玉容整理提供。

小学校以劳动教育为抓手，围绕乡村振兴的传统工艺、特色产业及学校文化等方面因地制宜，有机整合，精心规划，积极挖掘劳动教育新范式，点亮乡村教育发展道路。

2. 案例描述

（1）素养导向，劳动教育目标一体化。

立足劳动观念、劳动能力、劳动习惯和品质、劳动精神四个核心劳动素养，以培育振兴乡村所需要的"田秀才""土专家""农创客"人才为本，从日常生活、生产劳动、服务劳动和安全救助制定结构关联、螺旋上升的劳动教育总目标和学段目标，培养学生正确的价值观、必备品格和关键能力。

（2）教材编写，劳动教育项目结构化。

目标引领，开发常态危害防疫救助、突发灾难防疫救助、清洁与卫生、整理与收纳、烹饪与营养、家用电器使用与维护农业生产劳动、工业生产劳动、现代服务业劳动、公益劳动和志愿服务 10 个基本单元任务群，结合节气农事、节假日劳动及安全救助组建劳动项目，编写了 1~6 年级《劳动美》上下册校本教材。每个劳动项目按"聚焦生活—技能学习—技能淬炼—展示评价—劳动延伸—阅读链接"体例编排，解决劳动教育学什么、教什么以及怎么教的问题。

（3）劳动场域，劳动教育实践情景化

劳动场域是教材落实的基础，学校着力打造了"童耕种植园""木犀创意木工坊""菊花种植园""丹桂盆景园"四个劳动实践基地，张贴与劳动有关的名言、名匠、工具、工艺、作品及以桂花为标志的种植园班牌、植物介绍牌，添置了农事、木工、编织、美食等劳动器材，实现环境育人。

（4）1+X 课程，劳动教育学科融合化

以劳动课课程为主体，活动课程、特色体验课程为支架，国家其他学科课程和地方课程共渗透的 1+X 的劳动教育课程体系，多层次、多角度促进五育融合，提升学生劳动素养，推动学生全面发展（见图 7.6）。

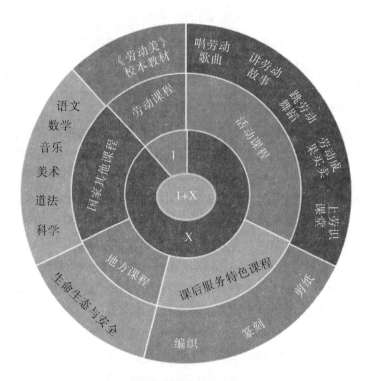

图 7.6　桂花桥镇小学校劳动教育学科融合图

（5）劳动实践，劳动教育体验本土化

围绕桂花、竹子、大米、蚕、菜籽等本土动植物，从产生、发展、渗透等方面挖掘不同类型的劳动生活场域，开展"探寻中华文化最早传播媒介——竹简项目劳动""探秘桂花，培育桂花魂——桂花项目劳动""一粒米的故事——种水稻""菜籽的生命历程——油菜种植"等项目劳动等，突出学农、务农、爱农主题（见图7.7）。

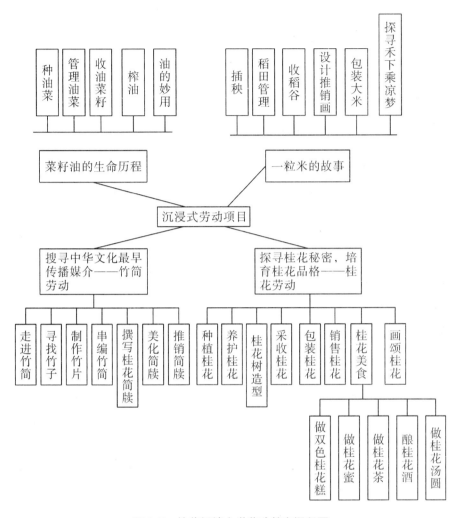

图 7.7　桂花桥镇小学劳动教育课程图

（6）多元评价，劳动教育价值增值化

以激励、导向、发展为原则，形成多元、多维、多样的可对比、可量化、可操作的二级三学段四场景评价系统，以劳动绘本、劳动清单、劳动日志、劳动成果、劳动竞赛等开展学生表现性和阶段综合性评价。

（7）三位一体，劳动教育开展协同化

劳动教育是一项整体性、社会性的系统工程。成立劳动教研组定期开展劳动教学研究，提升教师劳动专业技能；创设劳识、研学课堂，聘请校外种植、园艺、木工、维修等劳动达人传授劳动知识与技能，介绍智慧农业、文化遗产等；拟定劳动任务清单，带动家长参与，从而形成"家庭—学校—社区"三位一体的劳动教育环境。

3. 主要成效

（1）立体多维激活力

该校立体多维的劳动教育，丰富了学生的校园生活，深化了学校的办学特色，稳固了学校办学质量，赢得了群众的好口碑，办学规模萎缩减缓。

（2）精耕细作结硕果

《农村小学生劳动素养策略》在《四川教育》2020年7~8期发表，"农村小学生劳动素养重塑实践研究"阶段成果，在2020年、2021年省级课题阶段成果先后获得省级在研课题二等奖和三等奖，微课题"农村小学生劳动素养重塑途径、方法、策略""农村小学生劳动实践基地建设实践研究"获得乐山市二、三等奖，《农村小学劳动教育现状与归因调查报告》《农村小学生劳动素养重塑内涵、结构与价值》《农村小学生劳动实践基地实践研究报告》等30多篇劳动论文在乐山市、峨眉山市论文评选中获奖。劳动成果交易会、劳动素养绿色测评、插秧等20多篇宣传新闻及宣传视频在中国网、天下峨眉等网络平台进行宣传。《桂花飘香，劳育有样——峨眉山市桂花桥镇小学劳动教育案例》《做照亮乡村学子那缕光》2023年3月在《乐山教育》刊载，《学做双色桂花糕》获得乐山劳动教学优质课一等奖，《劳动教育新范式，乡村教育"逆袭路"》劳动教育典型案例获得乐山市二等奖，何玉容老师在峨眉山市劳动研训会上做两次专题讲座，杨秀玲师承担的峨眉山市劳动教学研讨课"桂花绿茶的制作与包装"获得好评。学校省级课题"农村小学生劳动素养重塑实践研究"顺利结题。

（3）扎实开展促成长

该校劳动教育成为学生学习生活的重要组成部分，学生想劳动、乐劳动、爱劳动。劳动教育提升了学生劳动素养，磨炼了学生意志品质，激发了学生的创造力，促进了学生身心健康的个性全面发展。如今，劳动教育已经成为乡村学子成长的那束光和乡村教育发展的那盏灯。

4. 点评解读

首先，桂花桥镇小学校劳动教育案例是将区域特色产业实践在劳动教育中创新应用。通过介绍和实践区域特色产业，如围绕桂花、竹子、大米、蚕、菜籽等本土动植物，从产生、发展、渗透等方面挖掘不同类型的劳动生活场域等，学生能更好地理解和欣赏本土文化，起到传承和弘扬地方文化的作用；同时为学生提供接触各种职业的机会，帮助他们认识自身兴趣和潜力，早期进行职业规划。

其次，构建了以劳动课课程为主体，活动课程、特色体验课程为支架，国家其他学科课程和地方课程共渗透的1+X的劳动教育课程体系。劳动教育学科融合化是现代教育体系中一个创新而重要的方向，它强调将传统学科教学与实践劳动相结合，以培养学生的综合素质和实际操作能力。跨学科的劳动教育，不仅传授知识，还重视学生情感、态度和价值观的培养，促进个人全面发展。融合理科、文科乃至艺术等多个学科的内容，使得劳动教育更加全面，帮助学生在不同领域间建立知识联系。

综上所述，桂花桥镇小学校将区域特色产业实践在劳动教育中创新应用形成了科学化的劳动素养养成课程体系，它不仅增强了学生的实践能力，还加深了他们对本地文化的认同和尊重。通过不断优化和调整，这种教育模式有望为学生提供更丰富、更有意义的学习体验。

5. 知识拓展

区域特色产业实践在劳动教育中的应用是一项极具价值的创新，它不仅有助于学生了解和尊重本地文化，还能提高他们的职业技能和实践能力，具有重要的教育意义。文化传承方面，通过介绍和实践区域特色产业，如手工艺品制作、传统农业技术等，学生能更好地理解和欣赏本土文化，起到传承和弘扬地方文化的作用。同时，为学生提供接触各种职业的机会，帮助他们认识自身兴趣和潜力，早期进行职业规划。

在课程设计上，应结合区域特色产业的特点，设计包括理论学习、实地考察、动手操作等多方面的综合课程。实施过程中应注意学生互动性：通过实践活动如实地调研、操作体验，提高学生参与度，使学习过程更加生动有趣。注重反思与成长：学生应被鼓励在实践中进行自我反思，以提升其问题解决能力和批判性思维。

学校可以与社区合作，利用社区资源和专家为学生提供更真实的学习环境。与当地企业合作，不仅能为学生提供实习机会，还能帮助学生理解产业运作和市场需求。

但是区域特色产业实践在劳动教育中的应用也存在一些挑战与困难。如资源分配问题，区域特色产业实践可能需要额外的资源和资金，如工具、原材料以及场地费用等。还有课程整合方面的难度，将区域特色产业完美融入现有课程体系可能存在一定难度，需要精心设计课程和活动。

随着技术和市场的变化，区域产业也在发展变化，教学内容和方法应随之更新，保持教育的前瞻性和相关性。可以通过举办展览、比赛等活动，将学生的学习成果展示给更广泛的社区和公众，提高项目的影响力。

6. 实践操作

（1）内容回顾：绘制本节内容回顾思维导图。

（2）头脑风暴：探讨如何评价利用技术工具支持劳动教育的学科融合。

（3）项目研究：学习借鉴峨眉山市桂花桥镇小学校劳动教育课程案例，请同学们运用地方区域产业素材，撰写一份小学生的劳动教育实施方案，字数不少于 1 000 字。

参考文献

[1] 王阳明. 传习录 [M]. 北京：中国友谊出版公司，2021.

[2]《新编学校管理制度全集》编委会. 新编学校管理制度全集中 [M]. 北京：光明日报出版社，2022.

[3] 习近平. 习近平著作选读：第一卷 [M]. 北京：人民出版社，2023.

[4] 蔡元培. 我们的政治主张 [M]. 北京：光明日报出版社，2013.

[5] 丁玉龙. 数字经济、信息通信技术与绿色发展 [M]. 芜湖：安徽师范大学出版社，2022.

[6] 范媛吉，刘松，崔坤在. 新时代师德师风建设 [M]. 长沙：湖南大学出版社，2021.

[7] 马克思，恩格斯. 马克思恩格斯文集：第1卷 [M]. 中共中央马克思恩格斯列宁斯大林著作编译局，译. 北京：人民出版社，2009.

[8] 盛庆斌. 汉魏六朝诗鉴赏 [M]. 呼和浩特：内蒙古人民出版社，2008.

[9] 万江红，张翠娥. 农村社会工作 [M]. 2版. 上海：复旦大学出版社，2022.

[10] 王璐瑶. 国土空间功能双评价及分区优化研究 [M]. 北京：中国经济出版社，2022.

[11] 魏浩. 国家经济安全概论 [M]. 北京：机械工业出版社，2022.

[12] 习近平. 习近平谈治国理政：第三卷 [M]. 北京：外文出版社，2020.

[13] 习近平. 习近平谈治国理政：第四卷 [M]. 北京：外文出版社，2023.

[14] 习近平. 习近平著作选读：第一卷 [M]. 北京：人民出版社，2023.

［15］中共中央党史和文献研究院，中央学习贯彻习近平新时代中国特色社会主义思想主题教育领导小组办公室. 2023 习近平新时代中国特色社会主义思想专题摘编［M］. 北京：中央文献出版社，2023.

［16］仲新朋. 中华典故［M］. 长春：吉林文史出版社，2019.

［17］朱立元. 把握美育内涵塑造美好心灵（美育）［N］. 人民日报，2018-10-19（24）.

［18］卢海粟. 中华美育精神的内蕴与价值［N］. 中国艺术报，2022-06-20（5）.

［19］马一凡. 马克思主义如何理解"劳动"［N］. 学习时报，2023-07-24（2）.

［20］卞桂富. 聚焦劳动教育共话幼儿成长［N］. 盐阜大众报，2024-05-09（6）.

［21］鲁克俭. 劳动何以成为人的第一需要［N］. 光明日报，2024-06-03（15）.

［22］沙湾区教育局."三个率先"提速沙湾教育现代化［N］. 三江都市报，2019-09-10（2）.

［23］成都市陶行知研究会. 成都十七幼儿园：把劳动植入生活，让劳动点亮生命｜劳动教育思考［EB/OL］.（2020-06-18）［2024-05-30］. https://www.163.com/dy/article/FFE562H30516RIG5.html.

［24］段静. 生活即教育劳动促成长：阜宁县东风路幼儿园劳动节系列活动［EB/OL］.（2024-05-30）［2024-05-30］. https://www.sohu.com/a/776062177_121124520.

［25］方嘉华. 劳动让幼儿"接地生长"［EB/OL］.（2024-05-29）［2024-06-02］. http://www.shaoxing.com.cn/p/3204084.html.

［26］全民国防教育大纲［EB/OL］.（2014-09-18）［2024-04-26］. https://news.fznews.com.cn/zt/2014/gfjyr/zcfg/2014-9-18/2014918gaXlaZfs77103649.shtml.

［27］四川省教育厅. 四川省义务教育优质发展共同体领航学校遴选管理办法（试行）［EB/OL］.（2021-12-27）［2024-10-06］. https://www.cdsledu.net/news/detail?news_id=140585.

［28］王安东. 合肥市安庆路幼儿园教育集团桃蹊分园：游戏点亮快乐

童年［EB/OL］.（2024-05-29）［2024-10-06］.https://ah.sina.cn/edu/news/2024-05-22/detail-inawahxw3473539.d.html.

［29］衣忠玲.生活即教育劳动促成长：鸡西市示范幼儿园教育集团劳动节主题活动［EB/OL］.（2024-05-29）［2024-10-06］.https://edu.jixi.gov.cn/Article/46793.html.

［30］中共中央 国务院关于深化教育改革全面推进素质教育的决定［EB/OL］.（1999-06-13）［2024-10-06］.https://www.cse.edu.cn/index/detail.html? category=129&id=2281.

［31］关于组织开展宪法学习宣传教育活动的通知［EB/OL］.（2018-04-26）［2024-10-06］.https://cnews.chinadaily.com.cn/2018-04/26/content_36096499.htm.

［32］中华人民共和国国防法［EB/OL］.（2020-12-27）［2024-04-26］.http://www.mod.gov.cn/gfbw/fgwx/flfg/4876050.html.

［33］中共中央 国务院印发《"健康中国2030"规划纲要》［EB/OL］.（2016-10-25）［2024-10-06］.https://www.sport.gov.cn/gdnps/files/c25531179/25531211.pdf.

［34］《体育与健康》教学改革指导纲要（试行）［EB/OL］.（2021-06-30）［2024-10-06］.http://www.moe.gov.cn/srcsite/A17/moe_938/s3273/202107/t20210721_545885.html.

［35］大中小学劳动教育指导纲要（试行）［EB/OL］.（2020-07-15）［2024-10-06］.http://www.moe.gov.cn/jyb_xwfb/gzdt_gzdt/s5987/202007/t20200715_472806.html.

［36］关于大力加强中小学校园文化建设的通知［EB/OL］.（2006-04-25）［2024-10-06］.http://www.moe.gov.cn/s78/A06/s7053/201410/t20141021_178233.html.

［37］关于加强残疾儿童少年义务教育阶段随班就读工作的指导意见［EB/OL］.（2020-06-22）［2024-10-06］.https://hudong.moe.gov.cn/srcsite/A06/s3331/202006/t20200628_468736.html.

［38］关于加强和改进新时代学校体育卫生与艺术教育工作的若干意见［EB/OL］.（2021-06-30）［2024-10-06］.http://www.moe.gov.cn/srcsite/A17/moe_938/s3273/202107/t20210721_545885.html.

［39］关于加强新时代乡村教师队伍建设的意见［EB/OL］.（2020-08-28）［2024-10-06］.http://www.moe.gov.cn/srcsite/A10/s3735/202009/t20200903_484941.html.

［40］关于加强新时代中小学科学教育工作的意见［EB/OL］.（2023-05-29）［2024-10-06］.http://www.moe.gov.cn/jyb_xwfb/gzdt_gzdt/s5987/202305/t20230529_1061835.html.

［41］关于加强中小学地方课程和校本课程建设与管理的意见［EB/OL］.（2023-05-17）［2024-10-06］.http://www.moe.gov.cn/srcsite/A26/s8001/202305/t20230526_1061442.html.

［42］关于切实加强新时代高等学校美育工作的意见［EB/OL］.（2019-04-11）［2024-10-06］.http://www.moe.gov.cn/jyb_xwfb/gzdt_gzdt/s5987/201904/t20190411_377509.html.

［43］关于全面加强乡村小规模学校和乡镇寄宿制学校建设的指导意见［EB/OL］.（2018-05-02）［2024-10-06］.http://www.moe.gov.cn/jyb_xxgk/moe_1777/moe_1778/201805/t20180502_334855.html.

［44］关于全面加强新时代大中小学劳动教育的意见［EB/OL］.（2020-03-26）［2024-10-06］.http://www.moe.gov.cn/jyb_xxgk/moe_1777/moe_1778/202003/t20200326_435127.html.

［45］关于全面实施学校美育浸润行动的通知［EB/OL］.（2024-01-02）［2024-10-06］.http://www.moe.gov.cn/srcsite/A17/moe_794/moe_628/202401/t20240102_1097467.html.

［46］关于深入推进义务教育均衡发展的意见［EB/OL］.（2012-09-07）［2024-10-06］.http://www.moe.gov.cn/jyb_xxgk/moe_1777/moe_1778/201209/t20120907_141773.html.

［47］关于推进学校艺术教育发展的若干意见［EB/OL］.（2014-01-14）［2024-10-06］.http://www.moe.gov.cn/srcsite/A17/moe_794/moe_795/201401/t20140114_163173.html.

［48］关于印发《全国青少年校园足球改革试验区基本要求（试行）》和《全国青少年校园足球试点县（区）基本要求（试行）》的通知［EB/OL］.（2018-08-29）［2024-10-06］.http://www.moe.gov.cn/srcsite/A17/moe_938/s3273/201808/t20180829_346499.html.

[49] 国务院办公厅关于转发教育部等部门"十四五"特殊教育发展提升行动计划的通知[EB/OL].(2022-01-25)[2024-10-06]. https://hudong. moe. gov. cn/jyb_xxgk/moe_1777/moe_1778/202201/t20220125_596312. html.

[50] 教育部办公厅关于举办第九届全国学生"学宪法讲宪法"活动的通知[EB/OL].(2024-06-19)[2024-10-06]. http://www.moe.gov.cn/srcsite/A02/s5913/s5914/202406/t20240619_1136517. html.

[51] 教育部等七部门关于印发《第二期特殊教育提升计划（2017—2020 年）》的通知[EB/OL].(2017-07-20)[2024-10-06]. http://www. moe.gov.cn/srcsite/A06/s3331/201707/t20170720_309687. html.

[52] 教育系统关于学习宣传贯彻落实〈新时代爱国主义教育实施纲要〉的工作方案[EB/OL].(2020-02-19)[2024-10-06]. http://www.moe. gov.cn/srcsite/A12/moe_1416/s255/202002/t20200219_422378. html.

[53] 学校体育工作条例[EB/OL].(2015-11-19)[2024-10-06]. http://www. moe. gov. cn/srcsite/A02/s5911/moe_621/201511/t20151119_220041. html.

[54] 义务教育体育与健康课程标准（2022 年版）[EB/OL].(2022-04-20)[2024-10-06].http://www.moe.gov.cn/srcsite/A26/s8001/202204/W020220420582362336303. pdf.

[55] 中华优秀传统文化进中小学课程教材指南[EB/OL].(2021-02-03)[2024-10-06]. http://www.moe.gov.cn/srcsite/A26/s8001/202102/t20210203_512359. html.

[56] 中小学开展弘扬和培育民族精神教育实施纲要[EB/OL].(2010-05-27)[2024-10-06]. http://www.moe.gov.cn/s78/A06/jcys_left/moe_710/s3325/201005/t20100527_88477. html.

[57] 习近平给中国农业大学科技小院的同学们的回信[EB/OL].(2023-05-03)[2024-10-06].https://www.gov.cn/yaowen/2023-05-03/content_5754012. htm.

[58] 中共中央办公厅 国务院办公厅印发《关于加快推进乡村人才振兴的意见》[EB/OL].(2021-02-23)[2024-10-06]. https://www.gov.cn/zhengce/2021-02/23/content_5588496. htm.

［59］关于深化教育教学改革全面提高义务教育质量的意见［EB/OL］.
（2019－07－08）［2024－10－06］.https：//www.gov.cn/zhengce/2019－07/08/
content_5407361.htm.

［60］爱国主义教育法［EB/OL］.（2023－10－25）［2024－10－06］.ht-
tps：//www.gov.cn/yaowen/liebiao/202310/content_6911481.htm.

［61］大中小学劳动教育指导纲要（试行）［EB/OL］.（2020－07－15）
［2024－10－06］.https：//www.gov.cn/zhengce/zhengceku/2020－07/15/content
_5526949.htm.

［62］关于构建优质均衡的基本公共教育服务体系的意见［EB/OL］.
（2023－06－13）［2024－10－06］.https：//www.gov.cn/zhengce/202306/content_
6886110.htm.

［63］关于加强和改进新时代全民国防教育工作的意见［EB/OL］.
（2022－09－01）［2024－10－06］.https：//www.gov.cn/zhengce/2022－09/01/
content_5707818.htm.

［64］关于进一步把社会主义核心价值观融入法治建设的指导意见
［EB/OL］.（2016－12－25）［2024－10－06］.https：//www.gov.cn/zhengce/
202203/content_3635246.htm.

［65］关于培育和践行社会主义核心价值观的意见［EB/OL］.（2013－
12－23）［2024－10－06］.https：//www.gov.cn/zhengce/202203/content_
3635148.htm.

［66］关于全面加强和改进新时代学校美育工作的意见［EB/OL］.
（2020－10－15）［2024－10－06］.https：//www.gov.cn/zhengce/2020－10/15/
content_5551609.htm.

［67］关于全面加强和改进新时代学校体育工作的意见［EB/OL］.
（2020－10－15）［2024－10－06］.https：//www.gov.cn/zhengce/2020－10/15/
content_5551609.htm.

［68］关于全面加强和改进学校美育工作的意见［EB/OL］.（2015－09－
15）［2024－10－06］.https：//www.gov.cn/zhengce/content/2015－09/28/content
_10196.htm.

［69］关于适应新形势进一步加强和改进中小学德育工作的意见［EB/
OL］.（2000－12－14）［2024－10－06］.https：//www.gov.cn/gongbao/content/

2001/content_61240. htm.

［70］关于推荐义务教育教学改革实验区和实验校的通知［EB/OL］.（2023－12－18）［2024－10－06］. https：//www. gov. cn/zhengce/zhengceku/202401/content_6925017. htm.

［71］关于新时代加强和改进思想政治工作的意见［EB/OL］.（2021－07－12）［2024－10－06］.https：//www. gov. cn/zhengce/2021－07/12/content_5624392. htm.

［72］关于印发体育强国建设纲要的通知［EB/OL］.（2019－09－02）［2024－10－06］.https：//www. gov. cn/zhengce/content/2019－09/02/content_5426485. htm.

［73］健康中国行动（2019—2030年）［EB/OL］.（2019－07－09）［2024－10－06］. https：//www. gov. cn/xinwen/2019－07/15/content_5409694. htm.

［74］教育部关于印发义务教育课程方案和课程标准（2022年版）的通知［EB/OL］.（2022－03－25）［2024－10－06］. https：//www.gov.cn/zhengce/zhengceku/2022－04/21/content_5686535. htm.

［75］青少年法治教育大纲［EB/OL］.（2016－07－18）［2024－10－06］. https：//www.gov.cn/xinwen/2016－07/18/content_5092493. htm.

［76］青少年体育"十三五"规划［EB/OL］.（2016－09－12）［2024－10－06］.https：//www.gov.cn/xinwen/2016－09/12/content_5107582. htm.

［77］全民健身计划（2021—2025年）［EB/OL］.（2021－08－03）［2024－10－06］. https：//www. gov. cn/xinwen/2021－08/03/content_5629234. htm.

［78］深化新时代教育评价改革总体方案［EB/OL］.（2020－10－13）［2024－10－06］. https：//www. gov. cn/zhengce/2020－10/13/content_5551032. htm.

［79］新时代爱国主义教育实施纲要［EB/OL］.（2019－11－12）［2024－10－06］.https：//www.gov.cn/zhengce/2019－11/12/content_5451352. htm.

［80］新时代公民道德建设实施纲要［EB/OL］.（2019－10－27）［2024－10－06］.https：//www.gov.cn/zhengce/2019－10/27/content_5445556. htm.

［81］中国教育现代化2035［EB/OL］.（2019－02－23）［2024－10－06］.

https://www.gov.cn/zhengce/2019-02/23/content_5367987. htm.

[82] 中华人民共和国爱国主义教育法[EB/OL].(2023-10-25)[2024-10-06].https://www.gov.cn/yaowen/liebiao/202310/content_6911481. htm.

[83] 中华人民共和国国防教育法[EB/OL].(2024-09-13)[2024-10-06].https://www.gov.cn/yaowen/liebiao/202409/content_6974369. htm.

后 记

　　如何培养高质量与高适应性的乡村振兴人才，怎样让越来越多的青年大学生愿意到乡村、能够在乡村贡献智慧力量，这是乡村人才振兴中一个必须予以正视与解决的关键课题。因此，增加地方乡村知识，丰富地方乡村实践，培养爱农兴农的在地乡村人才，显得尤为重要而紧迫。

　　2022年，乐山师范学院党委与中共乐山市委组织部联合举办"乡村振兴后备人才培养'育苗班'"，目前已有上千名学生参加了第一阶段"选苗"的校内培训。但是在实践探索中，我们发现"育苗班"学生到乡村跟岗实践的意愿并不强烈，在乡村振兴第一线有效开展工作还存在能力素质短板，特别是他们对地方乡村情况与发展概况不熟悉不了解，迫切需要我们编写一套介绍乐山市乡村振兴情况的丛书。

　　2023年下半年以来，在中共乐山市委组织部以及乐山市教育局、农业农村局、文化广电旅游局、自然资源和规划局、生态环境局等的大力支持下，乐山市各级各类学校、企事业单位积极提供乡村振兴发展案例素材。随后，我们组织专家、学者围绕乐山市乡村产业振兴、人才振兴、文化振兴、生态振兴与组织振兴，进行理论阐释与案例解读。其中《嘉乡嘉人——乡村人才振兴篇》由佘万斌教授领衔，组织四川省社会科学高水平研究团队"农村教育的历史发展与当代改革研究团队"的专家、学者收集整理资料与编撰写作。全书由佘万斌进行统稿，第一章由佘万斌教授负责整理编写，第二章由何晓军教授负责整理编写，第三章、第四章、第五章、第六章、第七章由佘万斌教授、杨婷婷讲师负责整理编写，左莉、吴永胜、金春燕、张广云、魏阳灿对部分章节进行了审读并提出修改建议。在此，感谢每一位参与本书编写的同仁，是你们的辛勤付出，让本书的文字充满了力量。感谢乐山市教育局、提供案例的各级各类学校，是你们的改革实践，让本书内容散发着智慧的光芒。

　　该书是四川省社会科学高水平研究团队"农村教育的历史发展与当代

改革研究团队"的阶段性研究成果，也是四川省高校思想政治工作精品项目"党建引领乡土青春——乡村振兴后备人才'育苗班'的探索与实践"的阶段性成果，得到了乐山师范学院党委组织部、教学部、科研处、学科建设与发展规划处以及教育科学学院的大力支持，在此表示衷心的感谢！

在本书的出版过程中，西南财经大学出版社编辑为选题的申报和书稿的编辑、审校付出了大量的心血，在此向他们致以诚挚的谢意。

本书参考文献资料，凡能注明的已尽量注明，但也难免有遗漏。囿于水平，书中一定有不足之处，恳请各位专家、学者、同事、朋友给予理解与批评指正。

佘万斌

2025 年 3 月于乐山师范学院